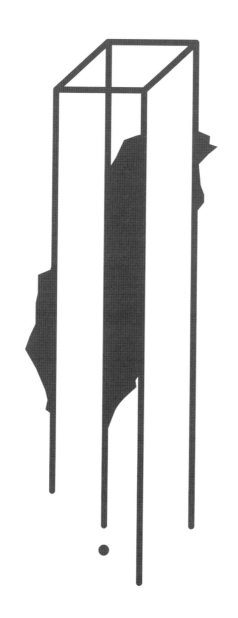

臺灣文化權利地圖

劉俊裕 張宇欣 廖凰玎 ○ 主編

The
Mapping of
Cultural Rights
in Taiwan

藝術管理與文化政策

02

臺灣文化權利地圖

國家圖書館出版品預行編目（CIP）資料

臺灣文化權利地圖 /
　劉俊裕, 張宇欣, 廖凰玎 主編 . -- 初版 .
-- 高雄市：巨流, 2015.01
　　面；　公分
　　ISBN 978-957-732-495-5（平裝）

1. 文化政策、2. 文化行政、3. 文集、4. 臺灣

541.2933　　　　　　　　　　103021516

主　　　編	劉俊裕、張宇欣、廖凰玎
責 任 編 輯	林瑜璇
封 面 設 計	Lucas
發　行　人	楊曉華
總　編　輯	蔡國彬
出　　　版	巨流圖書股份有限公司
	80252 高雄市苓雅區五福一路 57 號 2 樓之 2
	電話：07-2265267
	傳真：07-2264697
	e-mail: chuliu@liwen.com.tw
	網址：http://www.liwen.com.tw
編　輯　部	23445 新北市永和區秀朗路一段 41 號
	電話：02-29229075
	傳真：02-29220464
郵 撥 帳 號	01002323 巨流圖書股份有限公司
購 書 專 線	07-2265267 轉 236
法 律 顧 問	林廷隆律師
	電話：02-29658212
出版登記證	局版台業字第 1045 號

ISBN 978-957-732-495-5（平裝）
初版一刷・2015 年 1 月

定價：420 元

Contributors（依篇章順序排列）

廖凰玎 律師
社團法人臺灣文化法學會秘書長
國立臺灣藝術大學
藝術管理與文化政策研究所博士候選人

張依文
臺灣文化政策研究中心副研究員
國立臺灣藝術大學
藝術管理與文化政策研究所博士研究生

劉俊裕
國立臺灣藝術大學
藝術管理與文化政策研究所副教授
臺灣文化政策研究中心研究員兼召集人

連子儀
南台科技大學通識教育中心兼任講師
國立臺灣藝術大學
藝術管理與文化政策研究所博士候選人

王志弘
國立臺灣大學
建築與城鄉研究所教授
編著有《文化治理與空間政治》

張宇欣
臺灣文化政策研究中心副研究員
國立臺灣藝術大學
藝術管理與文化政策研究所博士研究生

陳世瑋
國立臺灣藝術大學
藝術管理與文化政策研究所碩士研究生

郭玟岑
國立臺灣藝術大學
藝術管理與文化政策研究所博士研究生

作者簡介

「文化主導權」與「文化領導權」的描圖

我研究臺灣風景畫，從 Formosa 地圖的製作與八景詩開始追溯，再推向象徵符號和風景的形構，最後探討美學圖象、藝術論述和殖民權力交織成一個表面美麗動人、但內裡卻複雜深重的風景畫系統。同樣的，文化是一群人的生活方式，內在卻是極為幽微難測的。文化如同我所研究的風景畫歷史，都有形構的樣貌，分析起來，這些交錯衝撞的軌跡真真正正就構成了文化－一個舉重若輕同時是舉輕若重的觀念與實踐，或想像與真實的複合體。《臺灣文化權利地圖》，是另一種地圖形態，企圖描繪出構成臺灣文化分佈的權力分配與運作的軌跡，因此著實顯示著各式臺灣文化的另一種現形記（realization and visualization）。

本書談文化與權力的關係，其實兩者之間是一種辯證性的關係，換言之，文化形構的主導力量是瞬息萬變的，在這個場域裡，時間、空間、歷史、社會、價值、意義，甚至是 Bourdieu 特別關注的慣習、文化資本等等都扮演重要因素，誰主導、誰退場、誰上台誰下台，在在端視現實條件與情境而定。事實上，從文化形式的描述到文化權力的批判，顯示我們對文化的觀念移轉，從靜態到動態，從「適麗天成」（自然化）到「思力交至」（人為）…。文化的現象不會無緣無故地如此這般，特別是現代民族國家的框架下，文化政策（一種有權力決定誰的權利多，誰的權利少的機制）已成為文化權利之版圖分佈的體現。就此而言，文化權利雖指出確實存在一種與人權、政治權等基本權利一樣重要的權利形式，我還是認為不足以透徹文化權利在國家權力操作下的真正形態。我們應該實證地問：誰在現階段主導那個文化的分配、誰擁有路徑與發聲媒介、誰有能力再現或表徵？這是「文化主導權」與「文化領導權」的問題。在我看來，本書從理論思考與案例分析所描繪的臺灣文化地圖，其實是觀察主導臺灣文化走向與分析臺灣文化領導結構的描圖工作。我們期待這本書能把臺灣文化政策研究帶向一個可能的方向，甚或到達目的地－如果地圖的功能是如此的話。

－廖新田　國立臺灣藝術大學人文學院院長－

《藝術管理與文化政策叢書》

當代藝術文化環境急遽的改變，使國家、都市及公、私文化部門的藝術管理與文化政策面臨前所未有的挑戰。而當代國家與都市治理的文化轉向，則使得藝術文化這個在政策領域，長期被忽視或視為邊陲的資源、變項，在當代國家、區域、都市和地方的政治、經濟、社會面向治理過程中，開始被賦予前所未有的核心角色及定位，而在地的歷史、人文與社區特色亦重新被發掘。在這個急遽變動的時代，臺灣必須積極思考如何因應變遷，發展出具有在地特質的藝術文化治理新機制。藝術、文化理論是藝術與文化政策治理的深層思維基礎，然而如何將藝術與文化政策置於當代藝術、文化研究的思考脈絡中進行批判性對話，發展出在地的文化論述，在實務面著實是一道難題。臺灣的學術界、藝術文化創作與工作者、藝文產業、藝文機構與政府部門之間，對於彼此所扮演的角色與介入藝文政策的模式等認知，似乎仍存在著一道深深的鴻溝。

為因應臺灣當前與未來、區域與全球架構下國家藝文發展之趨勢與需求，國立臺灣藝術大學於 2006 年 8 月成立理論與實務兼具的「藝術管理與文化政策研究所」，也是國內唯一以文化政策為名的碩、博士班研究所。藝術管理與文化政策研究所在宏觀層次以國家及都市文化政策的規劃、實踐為藍圖、理論批判為核心；在微觀層面以視覺藝術機構的經營管理為主軸，並強調藝術文化政策規劃面與藝文機構實務操作面的互為表裡，希冀在國內公部門文化政策、行政與博物館管理領域，以及國際藝術管理與文化政策領域，厚植在地文化論述，樹立臺灣的特色與品牌。

在 2011-2012 年，國立臺灣藝術大學藝術管理與文化政策研究所透過與國內在社會科學和文化研究出版領域深耕多年的巨流圖書合作（非常謝謝巨流圖書對於本所在臺灣藝術管理與文化政策研究領域的肯定，在過程中給予編者與作者相當寬闊的自由論述空間），共同規劃《藝術管理與文化政策叢書》，動機便在於透過專業叢書的出版，匯聚臺灣藝術管理與文化政策的整體文化論述：尋求一種具有文化研究批判特性的開放性論述，一種具有臺灣特色的在地文化治理模式，以及一種多層次、多中心、多面向的文化治理體制。《藝術管理與文化政策叢書》書亟欲紮根臺灣，建構

有別於歐美的文化理論，逐步地爭取臺灣藝術文化主體思維在國際學術舞台的話語權。希冀透過本所及國內學者積極參與各級政府、藝文組織的實務規劃，文化立法的草擬與諮詢經驗，落實學術論述在政策層次的實踐。最後，更希望透過叢書對公、私藝術文化機構的合作與策略聯盟，深耕地方（社區）的藝術文化再造的努力，以及對學術社群參與地方政府文化政策的規劃、諮詢與實踐經驗的彙整，發展出一套足以融攝臺灣與國際思維的全球在地文化論述。

國立臺灣藝術大學藝術管理與文化政策研究所

賴瑛瑛 教授兼所長

劉俊裕 副教授

2012.10.30

《臺灣文化權利地圖》是國立臺灣藝術大學藝術管理與文化政策研究所師生，與巨流圖書合作的第二本專著，收錄於「藝術管理與文化政策系列叢書」。在臺灣，從政府文化部門到地方藝術文化工作者，應當沒有人會否認「文化」對人民日常生活的重要性。然而，談及人民的「文化權利」究竟應該如何界定、如何落實、如何實踐？從學界、文化公部門到實務界，卻往往欠缺在地的論述、藍圖和案例，更遑論透過政府具體的政策、法規、策略藍圖和民間的藝文行動來構築。2011 年到2014 年間，筆者參與文化部《文化基本法》草擬諮詢的過程中，每每觸及國家的《文化基本法》該如何界定、落實人民基本「文化權利」時，都面臨難以說服公部門將「文化權利」具體入法的困境（見本書第二章）。

因此，專書作者們主要的企圖，就在讓國內外「文化權利」的學理論述與臺灣各個都市、地區的實踐個案相互接軌，試著讓讀者可以按圖索驥，逐步給予臺灣文化權利地圖一個更清晰的輪廓。專書主編們從主題的構思、徵稿、撰文、論壇發表、同儕審查、多次修改、校訂到全書完稿，歷時將近二年。同時也邀請長期以來對臺灣城市文化治理研究貢獻卓著的王志弘教授，針對臺灣城市文化權利撰寫專文，銜接國家與都市層級之間文化權利的論述空缺。

專書成書之際，正值 2014 年的太陽花運動、香港的佔中運動，以及年底的臺灣六都大選。2014 年 9 月 4 日，臺北市許多藝文界的朋友共同草擬了《臺北市市民文化宣言》，由「文化元年」代表發起市民連署運動。希望這份市民「溫潤」而「堅定」的力量，可以透過政治選舉的法定、體制內程序，落實各地市民基本文化權利的訴求，也讓縣市文化政策與文化治理體制的變革，得以藉由都市《市民文化宣言》的連署在全臺各個縣市遍地開花。宣言得到臺北市市長柯文哲的正面回應，承諾儘快制定《臺北市文化自治條例》、「文化整體影響評估機制」，重視臺北市「文化自治、文化主體性、文化優先」，並保障市民言論自由，朝著釋放藝文資源和展演空間等方向邁進，讓臺北市成為名符其實的「文化首都」。然而，時至 2015 年，全臺各地的藝文工作者，仍在透過各種途徑為自己的基本文化權利而奮鬥。

以下，我將 2014 年 7 月 22 日個人於聯合新聞網專欄中，針對臺北市市民發起爭取文化權利連署運動所撰寫的專文：〈2014《臺北市市民文化宣言》—21 世紀臺灣的新文藝復興運動〉納入本書的序文，用以記錄，並且見證 2014 年臺灣人民由下而上爭取市民文化權利的一個重要里程碑。

2014 六都大選與《臺北市市民文化宣言》：
臺灣的新城市文化解放運動

六都（以及全國縣市長）大選將至，藝術文化人和市民們四年才有一次機會，要求掌握決策大權的縣市長候選人聆聽我們微弱的聲音，正視市民卑微的文化訴求。2014 年我們把《臺北市市民文化宣言》寫在投票前，發起城市市民（不只是文化人）連署運動，希望市長候選人不只是玩玩冰桶急凍的冷卻遊戲，或喊喊「文化自治」選舉口號，更要有魄力地簽署藝文界所草擬的《市民文化宣言》，提出市長候選人文化政策的具體規劃，承諾並回應都市和各個地方未來將如何落實市民文化訴求，真正以「文化」來「治理」和「翻轉」臺灣的各個都市。

2014《臺北市市民文化宣言》的連署運動雖從臺北發起，但絕不僅止於臺北，我們期待《市民文化宣言》的連署運動可以在全臺各個縣市遍地開花。就我的觀察，《臺北市市民文化宣言》的發起，不單單只是幾個藝術文化人，或者所謂政治外圍團體偶發的連署運動。2014《市民文化宣言》代表的意義是臺灣藝文界和所有市民，針對當前政治亂象與困境所發起的一波「新城市文化解放運動」：

> 藝文界朋友們透過類 17、18 世紀歐美發起的《人權宣言》和《獨立宣言》形式，提出《臺北市市民文化宣言》，來爭取臺北市市民的文化基本權利，讓藝術文化的內在超越精神和力量，在臺灣各地的都市中重生。《市民文化宣言》的連署運動試圖讓臺灣的地方政治、選舉主軸，得以真正超越世俗權力與利益的算計爭鬥，回歸人民日常文化生活意義的價值辯論，回歸藝術與文化人對於「生命的感動、人文的關懷、美學的情操、生活的意義」等核心價值的辯論。《市民文化宣言》的推動，更是藝文界試圖召

喚新一波臺灣城市文化治理內在價值典範轉移，以及臺灣新時代
精神再造的開創性嘗試。

2014《市民文化宣言》：市民文化權利意識的覺醒

何以如此說呢？就在六都市長競選如火如荼展開的同時，臺灣各個都
市的文化資產依舊持續不斷地被損毀，臺北寶斗里強拆事件、文萌樓古蹟
與都更的爭議持續，行政院剛剛修過的《文資法》在都市裡尷尬地如同一
張廢紙。原住民族少數文化權利依舊持續未受尊重，阿美族馬太鞍、太巴
塱部落傳統祭典，也傳出縣府未經部落同意安排穿插廣西壯族的表演的狀
況；新住民和外籍勞工在臺灣的文化生活依舊受到非議，三萬印尼勞工伊
斯蘭教開齋節在臺北車站的聚會仍受到臺灣遊客們的指指點點。

臺灣各個都市街頭藝人的藝術表達自由持續受制於市政府的證照審查
規範，而各地文創園區（如松菸、華山、大巨蛋）的商業開發及委外經
營，依舊妥協於財團與商業利益，無法照顧弱勢的獨立藝文創作者與微型
文創事業。《殺佛》在誠品書店依舊持續地無法上架，各地獨立書店經營
依舊困頓；各個社區與在地文化營造依舊無力自主發展，而市民的文化政
策參與機制（包括兩岸文化服貿）、都市的文化影響評估機制，以及民間
對市府文化監督機制依然音訊渺茫。這些都涉及了與市民生活息息相關的
文化與商業價值選擇，有形及無形文化資產和歷史記憶的長存，社群文化
意識的覺醒與自主，以及文化政策機制的變革和落實，也因此臺灣的市民
們確實需要一個新文藝復興運動。

自 2011 年起，「夢想家事件」對百年國慶藝文補助的爭議，臺灣的藝
文界已乍然掀起了陣陣的文化波瀾。緊接著一波波藝文界的發聲，從藝文
界介入臺東美麗灣原住民傳統領域的抗爭、藝文界串連反對花蓮太魯閣
劇場的興建、藝文界大串連搶救花東海岸、藝文界串連反旺中媒體壟斷事
件、藝文界串連反對核四興建案、藝文界連署反對國光石化開發案、藝文
界介入苗栗大埔開發案事件、藝文界 818 串連拆政府、藝文界搶救淡水夕
照與反對淡江大橋興建等等，到了 318 太陽花運動更是一連串能量累積的
爆發。而 2014《市民文化宣言》的連署，則象徵著臺灣藝術文化人與市
民們文化權利意識的覺醒，以及文化人透過體制內進行訴求的一種嘗試。

2014《市民文化宣言》：21 世紀臺灣的新文藝復興運動

人權雖然是天賦的，但現實世界的文化權利從來就不會從天而降，當然也不能期待都市政權會天外飛來一筆，毫無條件地主動賦予。21 世紀的市民文化權利，必須靠各個在地的市民積極主動訴求和爭取，讓縣市長候選人正視這個發自在地與民間的聲音，而願意透過政策體制來落實。也因此在幾番的努力匯集意見後，近來臺北市藝文界的朋友們，共同草擬發起了《臺北市市民文化宣言》的連署運動。除了爭取人民參與文化生活和文化政策決策的基本權利，同時向縣市長參選人提出明確的文化政策訴求，追求「臺灣新文藝復興運動」。

也因此，我將 2014《臺北市市民文化宣言》的連署運動，定位為 21 世紀「臺灣新文藝復興運動」的發起－它雖源自於臺灣藝術文化人與藝文團體對文化生活與政治社會的公共參與，本諸市民的城市文化基本權利所提出的新主張。但運動的精神並不僅止於藝文界的藝術文化思潮的創新，以及藝文政策和環境訴求，而是一個寓意更深遠、視野更寬闊的市民文化憲章精神，企圖讓臺灣社會與人民的生活態度，藉由這新一波的臺灣「文化轉向」而「重新」省思、重新「再生」，更期待臺灣主流社會的價值觀和世界觀，能夠在新藝文創新風潮的推波助瀾下，重新獲得「解放」與「翻轉」。也因此連署運動由文化學界與藝文界朋友共同討論草擬，由民間的「文化元年基金會（Cultural Renewal）」來號召代表發起，也別具象徵意義。

六都市長候選人，誰來許我們一個文化的春天？

然而，為什麼藝文界要透過市民和縣市長候選人的共同連署，來推動這個《市民文化宣言》或者「臺灣新文藝復興運動」呢？對我而言，這或許需要一些的說明和闡述。

儘管我們相信政治人物可能有深刻的文化理念與高遠的文化願景，但不容否認，現在政治人物的「文化修辭學」越來越深奧而精妙。平常已經習慣了以政治權力的分配與經濟利益的計算來統治國家與都市的政治人

物，若不是為了爭取更寬廣的市民票源支持，是不會主動與一群自詡超脫世俗利益，與社會功利價值思維逆反，而對政治權力和經濟利益漠然的藝術文化人共治，甚至讓他們成為都市治理的主體的。

反過來說，藝術文化人原本希望藉由都市文化治理、文化政策與創意文化經濟的趨勢，以及當代藝文潮流的解放，使文化真正成為都市政治、經濟與社會發展的主軸，卻往往發現藝術文化在現實的政治經濟的體制中，只是政權為了維持其獲取或鞏固他們的統治位置，所發明出的一種工具論述。所謂獨裁者的進化，收編、分化與假民主我們都懂。

藝術文化人常常面對的困境是，既不願意放棄藝術文化的世俗超脫性，卻又欠缺在政治、經濟體制中實務管理分配權力、資源的「專業能力」。在現實的生活上，藝術文化人也經常必須與政治權力、經濟利益相互妥協謀生，並且產生自身的權力、利益觀。也因此在主客觀層次上，文化人既難以自我設限，自外於臺灣城市政治經濟的發展，也難以「取代」政治人物、企業家，而成為城市文化治理的行為主體。

也因此，在臺灣的民主社會中，藝術文化人只得透過選舉時，提出《市民文化宣言》或「新文藝復興運動」，讓市民的文化權利和文化政策參與機制的設計得以法制化，同時落實市民的文化監督機制，讓縣市長候選人在選舉前的競選承諾，持續受到市民的檢證與監督，也希望透過藝文體制改革，引發社會文化價值自發性的集體反身、改造運動。

當然我們也必須提醒藝術文化人和市民們，在縣市長候選人簽署《文化宣言》訴求承諾的那一刻開始，並不代表就此贏得市民對候選人無條件、片面的選票支持。這同時意味的是，市長候選人擔負起了藝術文化政治的責任，也是城市市民和藝文團體嚴格監督與檢驗市長參選人，是否真心落實藝文政策改革訴求，以及都市治理價值典範轉移的開始。縣市長候選人借勢承諾，要許給臺灣的藝術文化人和市民們一個文化的春天，而市民則希望這藝文再生的價值理念，可以在臺灣各地遍地開花！

2014《城市市民文化宣言》連署運動：
臺灣新文藝復興運動的「遍地開花」

　　雖然 2014《臺北市市民文化宣言》的連署從臺北發起，但對臺灣人民對在地文化的關懷和文化意識的覺醒，絕不僅止於臺北。期待新北市、桃園市、臺中市、臺南市、高雄市六都和所有縣市的市民與藝文團體能接續響應，讓這份市民「溫潤」而「堅定」的力量，可以透過政治選舉的法定、體制內程序，落實各地市民基本文化權利的訴求，也讓縣市文化政策與文化治理體制的變革，可以藉由各都市《市民文化宣言》的連署和臺灣新文藝復興運動而遍地開花。

　　針對城市文化治理所應提出的明確方向，六都和縣市長候選人不容迴避。在文化法規機制上，透過地方藝術文化團體對於在地文化價值的凝聚，以及《都市文化自治條例》的推動，或許能讓 2014 的縣市長候選人更加正視市民文化權利的落實，以及城市文化政策體制的改革。我們呼籲六都和縣市長候選人在大選投票前，正面回應市民的文化政策與文化權利訴求，提出具體的都市文化政策藍圖和改革配套機制。

　　以下的《臺北市市民文化宣言》雖由臺北發起，但我們將藝文界共同草擬的宣言文本和文化訴求視為一項公共財，希望同時將這個文本提供給臺灣各縣市的藝文團體和市民們，依據各自在地的文化特色、情境與條件，做各自必要的節錄、增修與轉植，由各個都市的市民和藝文團體逕自再發起屬於在地的市民文化憲章的連署運動，敦促各城市的縣市長候選人明確表態，簽署承諾，也讓我們期待「2014 臺灣新文藝復興運動」的崛起。

劉俊裕

《臺北市市民文化宣言》

✧ 臺北市做為臺灣的首都應彰顯文化主體性；臺北市市長的文化願景與藍圖應清楚陳述；

✧ 我們認為文化不是一種奢侈的權利，都市治理不能只滿足市民的基本人權、政治參與權和經濟發展權，市政府更應落實市民的文化權，包括原住民族及新住民等少數社群之文化權的新主張；

✧ 我們認知到市民參與文化政策是下一波民主發展的指標，臺北市應與公民社會建立共議基礎，創造自有活力的「民間文化公共領域」；

✧ 我們確信臺北市應強化保障公共文化輿論以及藝術文化的多元性與表達自由，表現首都的高度包容風範，包括積極庇護批判性與擾動式的藝術文化表達；

✧ 臺北市應尊重文化自主性，特別是實踐社區文化自治，由社區充分地自主彰顯其文化意識；

✧ 我們深信臺北市具有保障有形及無形文化資產的魄力，運用積極政策工具，主動捍衛臺北市的文史資產和公民記憶；

✧ 我們認知都市發展和經濟政策應秉持「文化優先」原則，重大政策應審慎評估「文化整體影響」；

✧ 臺北市政府應採取都市文化自治措施，發展文創經濟政策時，應堅持臺北市的文化主體性；發展文化服務產業時，應保障在地文化生產，以提供文化生活之多元選擇；

✧ 我們認為臺北市應採用對藝術文化最低干預的政策模式，同時建立有效整合各局處之機制，並由民間文化監督機制之啟動，發揚城市文化自治之精神。

為積極推動並落實上述原則，我們要求臺北市市長候選人簽署下列具體「文化政策」訴求：

一、制定《臺北市文化自治條例》：臺北市政府應透過公民文化參與機制，積極匯聚民意，二年內制定《臺北市文化自治條例》，確立臺北市文化自治原則、方針與下列制度。

二、擴大市民文化政策參與，召開「臺北市市民文化會議」：每兩年由市長召開臺北市市民文化會議，依據會議共識明確提出短、中、長期臺北市文化政策方針與文化策略；

三、落實「文化權利調查報告」及「市民救濟管道」：每兩年進行並公開《臺北市文化權利調查報告》（包括原住民族、新住民的少數文化權利），建立市民文化權利訴訟與救濟管道；

四、妥善分配「藝文資源與展演空間」：建立「臂距原則」的專業法人機構，統籌藝文資源及展演空間的公平分配，確保獨立藝文工作者（及街頭藝人）藝術自由表達的權利；

五、有效保護「都市文化資產」：一年內修訂文資保存相關條例，制定積極有效的自治法規與政策措施，確保臺北市寶貴的有形、無形文化遺產不再因商業利益開發而受損毀；

六、「社區文化自主與彈性治理」：確認臺北市各地區與社區的文化權限，推動社區文化政策的自主、自治，尋求更彈性而協力的文化治理模式，確保在地文化的主體性與多樣性；

七、建立「文化整體影響評估機制」及「臺北市文化評議會」：臺北市重大政策、法規、都市發展計畫，皆應進行獨立的「文化整體影響評估」並定期公開；市長每半年召開跨局處首長、學者、專家及藝文工作者組成之「臺北市文化評議會」，議決重要文化事務與政策；

八、建立「民間藝文政策監督機制」：臺北市應協助孕育獨立、自主的第三部門，監督並評量都市文化整體影響評估與臺北市文化評議會之運作，以及專業法人機構的藝文資源分配。

目錄

第一篇

臺灣文化權利的理論與分析架構－
由國家到城市

第一章

臺灣文化權利的理論圖繪

－廖凰玎、劉俊裕－

　　「文化」究竟是不是一種奢侈的權利？2014 年 1 月巴西政府決定，要給予貧窮的民眾每個月價值 20 美元（約新臺幣 600 元）的「文化消費券」（Vale Cultura），讓文化生活的選擇權回歸於人民。這張可重複加值的消費券磁卡，可以用在包括舞蹈課、參觀馬戲團、購買書籍或電影票等各式文化活動上。巴西文化部長 Marta Suplicy 表示：「世上還沒有其他國家這麼做。我希望這能引發此地的文化革命。它提供了從未擁有藝文生活的民眾一個機會，同時又能影響文化產業。」[1]

　　依據世界貨幣基金的資料，2012 年巴西這個仍與貧窮奮戰的國家，國民年平均所得約為 13,316 美元（全球排名第 54 名），臺灣國民年均所得則為 23,380 美元（全球排名第 35 名）將近是巴西的二倍，但巴西卻是世界上第一個推行窮人文化消費券的國家。「文化權利」難道一定必須置於政治、經濟與社會權利發展之後嗎？或者它是一個可以翻轉當前社會核心價值的 21 世紀新思維⋯

1　劉耘。2014。〈提升素養巴西發窮人文化消費券〉,《立報》。引自 http://www.lihpao.com/?action-viewnews-itemid-137931（查詢日期：2014 年 5 月 10 日）

為什麼要對文化權利進行論述？

　　「文化」常被忽視，經常是排序在政治、經濟之後。但人們卻又發現，「文化」不僅影響著政治、經濟，甚至是在社會生活中各個領域都可以感覺到「文化」本尊或是其影子。「文化」所引發的問題，常令施政者焦頭爛額。「文化」的複雜與所存在之處，超過人們所以為與認知。左派與右派皆得以「文化」之名，做為主張和根據。從英國文學理論家 Eagleton 對於「文化」的犀利分析，可以清楚見識到「文化」的辯證性，既能載舟，也能覆舟的能耐（Eagleton 2000）。在 T. H. Marshall 試圖為福利國家層出不窮的社會問題提供良藥時，注意到公民權除在政治權利、經濟權利與社會權利之外，還有個文化公民權。自此後 T. H. Marshall 的文化公民權幾乎成為經典，常被提起。顯示國家的文化政策，取經於文化公民權的歷史，同時也成為國家應該盡到照顧人民文化生活的責任之論據與說明。

　　經歷二次大戰的屠殺，引發國際對於人權的關注，1948 年《世界人權宣言》、1966 年的《政治及公民權利國際公約》、《經濟、社會及文化權利國際公約》，標榜宣示著人權的價值。雖然這些國際典章不斷成為追溯文化權利的重要文件，但是文化權利仍舊是所有人權類型中被實踐最少的。並非所有國家都簽署公約，簽署國家如何轉化到其國內法，以及如何認定與執行等等都是問題（劉俊裕 2007；廖凰玎 2012）。如果嚴肅的分析這些人權典章所宣示的內容，不正是代表在戰爭中無數人命的犧牲所換取？「權利來自惡行」，是無數的受害者，經過漫長且成敗未知的奮鬥和說服歷程（Dershowitz 2007）。權利從來都不是天上掉下的禮物，事實上人們目前所享有的權利，背後都是一頁頁奮鬥與鬥爭的血淚史。德國法學權威 Rudolf von Jhering 所著《為權利而奮鬥》（*Der Kampf ums Recht*）一書中所提到：「法律的目的是和平，而達到和平的手段則為鬥爭」、「法律的任務在於保護權利，不問民族的權利或個人的權利，凡想保全權利事前需有準備」（王澤鑑 1983）。

　　對於「權利」要特別注意社會學家對權利的觀察：權利如何變成社會性的存在（social being）、並在社會實踐（social practice）中運作？權利服務是哪些人的目的？什麼利益受保護，哪些又是被排除在外？「權利」本身是否受到法律的文字意義與實際運作所保障或是被其壓抑（莫里斯2009）？

　　最狹義的「權利」是法律所明文規定的權利規範類型，「權利」在法律上的定義是指受法律所保護的地位和利益。哪些事項可以成為法律上的權利，則是經過相當時間的演化與篩選的成果，其中最大的特徵是被特定化之某類型特定性的利益，該被思考的是「保護誰的利益」與「排除誰的利益」。[2] 這原則可以適用於任何文化法規的檢視和反思，例如對於《文化基本法》的探討。做為所有文化法規上位階的《文化基本法》，其內容如何規範與設計，正是足供檢視政府的文化施政價值與態度。

　　做為享受和參與文化生活之公民的文化權利，這並非是國家的恩寵或賞賜，而是需要做為文化主體性的公民努力去爭取，在諸多的奮鬥與鬥爭之中，不斷地進行論述、再論述，溝通與說服，既顯明文化權利的重要性，也建構文化權利的內容與意義。也就是說，既是公民所需要享有的文化權利，那麼就由公民自己去澆灌、培養到生產，至終形成屬於公民的文化權利，那才是合適與真實的文化權利。人民不需要空泛性的文化權利，也不需要虛假美名的文化權利，更不需要國家當權者為了鞏固其統治合理性與正當性，所編寫出各種詞藻華麗的文化權利「修辭學」。在這現今全球化與資訊化的社會生活世界裡，強調文化公民權是一種促成溝通社會（communicative society）的核心關鍵（Stevenson 2003）；透由各類途徑，不斷對話與論述，建構公民的文化權利，實踐文化公民權。

2　例如臺灣最近對於多元成家法案的爭議，凸顯出現行法律制度所保護的婚姻、親屬、繼承等等，是在以男女成家的性別設定前提的價值觀，維持鞏固此利益為主的法令制度，不在此價值之內的其他價值就被排除在法律保護的利益之外。

臺灣文化權利的理論與發展

　　全球化脈絡下，人口流動、跨國組織、移民婚姻與工人、生態環保、資訊快速傳播、尖端科技與倫理等等，各行各類的議題，混雜著無數的主張與抗爭，顯示出差異與多元的面向，文化多樣性的概念成為重要的關鍵，這在聯合國教科文組織（United Nations Educational, Scientific and Cultural Organization, UNESCO）分別於 1996 年提出《我們的文化多樣性》（Our Cultural Diversity）報告；[3] 2002 年的《世界文化多樣性宣言》（Universal Declaration on Cultural Diversity）；[4] 2004 年的《人類發展報告：今日多樣世界的文化自由》（Human Development Report: Cultural Liberty in Todays Diverse World）；[5] 以及 2005 年的《保護和促進文化表現形式多樣性公約》（Convention on the Protection and Promotion of the Diversity of Cultural Expressions, CPPDCE），[6] 清楚呈現出多元文化的議題，強調多元文化和跨文化對話的政策，承認差異，多樣性和促進在地文化自由，讓所有的人可以選擇說他們的語言、信奉自己的宗教、決定自己的性傾向，並參與塑造自己的文化，讓所有的人可以選擇做他們是誰。

　　在多元文化的視角下，重新詮釋基於公民身分與地位（citizenship）所關涉的多元文化公民權（multicultural citizenship），深深影響對於文化公民權的觀點與看法，其中更關注於差異性的面向，例如族群、語言、宗教、性別等等，當中少數族群的文化權利更被不斷論述而得到重視

3　　UNESCO. 1996. Our Cultural Diversity.
　　　http://unesdoc.unesco.org/images/0010/001055/105586e.pdf (accessed July 17, 2014)

4　　UNESCO. 2002. Universal Declaration on Cultural Diversity.
　　　http://unesdoc.unesco.org/images/0012/001246/124687e.pdf#page=67 (accessed July 17, 2014)

5　　UNESCO. 2004. Human Development Report: Cultural Liberty in Todays Diverse World.
　　　http://hdr.undp.org/sites/default/files/reports/265/hdr_2004_complete.pdf (accessed July 17, 2014)

6　　UNESCO. 2005. Convention on the Protection and Promotion of the Diversity of Cultural Expressions.
　　　http://unesdoc.unesco.org/images/0014/001429/142919e.pdf (accessed July 17, 2014)

（Kymlicka 1995），不僅聯合國 1992 年通過《隸屬少數民族或宗教與少數語言族群的權利宣言》（Declaration on the Rights of Persons Belonging to National or Ethnic, Religious and Linguistic Minorities），[7] 此外，少數族群的文化權利也被實踐在正式制度而得到具體的保障，例如北歐斯堪地那維亞半島的薩米人（Sami）的語言文化權利的實踐（Magga 1998: 76-84）。

　　在臺灣亦相應於國際上多元文化的議題，例如 1980 年代的原住民「還我土地」運動、主張自有「命名權」和客家「還我客語」運動等等（黃宣範 1993：49-83）。在法制度面，《憲法》增修條文 1992 年增加對婦女地位、殘障者、山胞等保障規定，[8] 1996 年 12 月成立行政院原住民委員會，在 1997 年《憲法》增修條文第 10 條第 9 項規定：「國家肯定多元文化，並積極維護發展原住民族語言及文化。國家應依民族意願，保障原住民族之地位及政治參與，並對其教育文化、交通水利、衛生醫療、經濟土地及社會福利事業予以保障扶助並促其發展，其辦法另以法律定之。」2005 年原住民電視台開播，《原住民族基本法》施行。

　　從國際和全球化的脈絡下，文化權利的議題相當熱門且重要，此從不斷進行文化權利的整理和清單的提出，甚至是重新詮釋文化權利的內涵，國際上對於文化權利的論述和討論，早已多方進行，呈現出對於文化權利

7　UNESCO. 1992. Declaration on the Rights of Persons Belonging to National or Ethnic, Religious and Linguistic Minorities. http://www.unesco.org/most/lnlaw7.htm (accessed July 17, 2014)　在宣言的第 2 條規定：「隸屬少數民族或宗教和少數族群語言者，有權去享有其自身的文化，宣揚與實踐其自身的宗教，在公私領域使用其自身的語言，並且不受到任何干預或是各種型式的歧視…」第 4 條第 1 項規定：「國家必須採取措施去創造有利環境，以讓隸屬少數族群人們能展現其自身特性，與發展自身文化、語言、宗教、傳統與習俗。但是若其明確的習慣是違反國際法與國際標準相違背者，不在此限。」第 4 條第 2 項規定：「國家須採取適當的措施，並在儘可能的情形下，去使隸屬少數民族或族群、宗教和語言者擁有充分的機會去學習其母語或去教授其母語。」第 4 條第 3 項規定：「國家必須在教育領域採取適當的措施，去鼓勵研究在現有疆域內少數族群關於歷史、傳統、語言、文化的知識。隸屬少數族群的人們應有充分的機會去獲得整個社會的知識。」

8　《憲法》增修條文第 18 條第 4、5、6 項規定：「國家應維護婦女之人格尊嚴，保障婦女之人身安全，消除性別歧視，促進兩性地位之實質平等。國家對於殘障者之保險與就醫、教育訓練與就業輔導、生活維護與救濟，應予保障，並扶助其自立與發展。國家對於自由地區山胞之地位及政治參與，應予保障；對其教育文化、社會福利及經濟事業，應予扶助並促其發展。」

的研究、再編制（inventory）、與再編碼（coding）的進行歷程（王俐容 2006；劉俊裕 2007；王志弘 第三章；廖凰玎 2012），此現象表徵出試圖從文化權利找出更多能量與論述方向。

在臺灣，文化權利的理論與發展，大體而言，既爬梳國際上關於文化權利的公約等典章規範外，也援引國外有關學者的研究（王俐容 2006；劉俊裕 2007；王志弘 第三章），再繼而轉接到臺灣本身相關的文化權利議題。這當中首先被關注和最常被提起的，就是 2004 年 7 月文化建設委員會提出《文化公民權宣言》，以「文化公民權」做為政府的文化政策方針之一。當時文建會的主委陳其南為此政策所書寫關於「文化公民權」論述：「從社區公民意識的形成到國家公共政策的參與，都是公民社會權利義務的確認和提升。透過公民社會的建立，經由偕同參與、集體創造的土地認同與共同記憶，才能超越族群、血緣、語言、文化的侷限，邁向一個新的國家共同體的重建。」他指出必須喚起國人「文化公民」的責任和義務的意識，強調建構「文化國家」理念。在此之下，「文化公民權」的第一層意義在於保障每一位國民對於文化教育資源的享用權利（accessibility），發展其「文化質能」（資質與能力）。文化公民權的第二層意義是指國民在參與（participation）創造臺灣文明和保護各類型文化資源資產的義務，關鍵在於權利與義務是並存。《文化公民權宣言》內容也成為後續諸多論述根據與討論對象（王俐容 2006；許育典 2006）。本書中第五章、第六章，也援引《文化公民權宣言》，對臺北電影節、高雄春天藝術節進行觀察與論述文化權利的都市實踐。

前文建會主委陳其南對於公民意識與現代性國家的議題有深入的研究與理解（陳其南 1992、2001），基於文化人類學家的學術背景，更深深掌握文化的核心與價值，將文化與審美置高於人類的救贖性；但理念與策略上則是從臺灣土地長出的文化，許多人甚至稱其為臺灣社區總體營造之父，彷彿回扣到其最早期的重要學術著作中文化土著化的觀點（陳其南 1994）。從公民權（citizenship）意義，是在共同體（community）裡產

生的概念，指涉與描述相對於群體之個體成員的權利與義務關係，因此文化公民權是建立在個人與共同體之間的權利與義務連結上，朝向以文化做為認同的國家。換言之，《文化公民權宣言》除轉化西方希臘雅典民主城邦的公民概念外，在因應臺灣文化主體性不足之下，特別以文化做國家認同。但此文化非一元式，亦非由上而下，而是需要臺灣土地上的公民，從自家的社區與居家環境的公共性參與做起。論述重點不在於成果的驗收，反重在討論過程中的公共性。《文化公民權宣言》意不在學術理論的建構，主要是能成為文化政策實際操作時的導引與想像，公民並非是以年齡國界來區分，而是以文化做為公民的形容詞與動詞，透由各地各社區的公民，串點連起文化公民的內容之想像與實踐。具體事例來說，像是各地自行建立文化資產保護巡守隊。

社區總體營造與在地文化守護和參與，對臺灣的文化發展產生很深遠的影響，如果連原本在西方是具有相當文化資本性的博物館運作，在臺灣竟轉向與在地文化連結和建構做為理念的實踐（施岑宜 1994），那麼所顯示出的是該文化政策所擴及的範疇與層次，似乎是如同陽光灑落在各地。另外在本書中第九章的書寫，以臺南市 321 巷古蹟保存，論述文化權利的公民參與和實踐，也是在此脈絡下的實際案例。這些文化積累就是我們的文化資產，亦是公民的文化權利實踐。

雖引用西方關於文化公民權、文化權利的概念，但臺灣有自己的文化議題與困境，也有從社區總體營造與在地文化守護和參與，所生長和發展出的文化脈絡與能量，因此產生得以轉化、融攝西方的文化公民權、文化權利，涵化成為臺灣自己的文化公民權、文化權利的實踐。而這部分在本書中各案例，所進行觀察與書寫，是可以較詳細看到轉化的細節與過程。記錄著也論述著，使言說展現穿透的能力。

文化權利之中，有關原住民或是少數族群的文化權利與多元文化議題一直被關注，如前所述。在臺灣有關原住民傳統領域保護、文化發展權、認同權與自治權等等，已由理論的論述進展到立法，但即使在《原住民族

基本法》已立法通過之下，依舊面臨如何落實文化權利的困境（施正鋒 2005、2007、2008；張宇欣 2012）。另外客家族群的《客家基本法》制定，亦是在多元文化脈絡裡取得法律的合法性地位。而這兩個基本法，顯示獨立出其他的文化權利的發展狀況，區隔文化政策與立法的差異性，並且呈現制定不周延的法令，反導致困境，例如基本法反成為政府已經有所回應或是已賦予權利的藉口，接下來反導致陷入法令無法運作的僵局裡，相關真正能落實的實行細則久久未能制定，進退維谷，甚至於是法令未能周延性的規劃，與現行規範產生衝突矛盾。原本應是保護權利的法律，弔詭地反變成對權利的壓抑（莫里斯 2009）。

有關文化權利的法律概念部分，區分兩部分來談，一是解釋的問題，另一個則是立法的問題。在解釋的部分，首先是尋找在《憲法》層次的規範根據，也就是試圖說明文化權利是《憲法》裡頭人民基本權利之一，其路徑大約是從文化《憲法》的理念出發，援引德國關於文化國家的論述觀點，做為闡釋我國《憲法》文化權利的根據（陳淑芳 2006；許育典 2006）。既然要用解釋的方法，也就是表示法律條文中無明文的文字的意思，舉例來說，財產權是《憲法》的 15 條明文規定的基本權，但文化權利還無明文規定，目前法律界有以《憲法》第 11 條或是第 22 條規定做為解釋的根據。[9]

在立法的部分，是關於《文化基本法》中文化權利的制定。法律重視「概念」的操作與解釋，因此基本上可得而確定的不確定法律概念，是法律所能容忍的極限，在之此下，通常都是較狹義性、嚴謹性或是非開放性的概念，使得可以維持可被理解與解釋的界線。以權利與利益而論，基本上都有其一定種類與範圍，而「權利」是已經發展成熟，經法律體系予以類型化的類型（陳忠五 2007）。因此在立法技術面向，關鍵是文化權利是否為已經發展成熟，可成為法律所操作的「概念」。

9　《憲法》第 11 條：「人民有言論、講學、著作及出版之自由。」《憲法》第 22 條：「凡人民之其他自由及權利，不妨害社會秩序公共利益者，均受《憲法》之保障。」

　　有關《文化基本法》與「文化權利」間議題，本書第二章一方面從文化政策與文化研究路徑論述，同時也回顧有關國內外學者研究觀點，以及歐洲聯盟的運作情形。劉俊裕試圖轉化這些研究成果，重新從文化是一種常民的日常生活實踐的觀點，建構文化權利的分析架構，做為臺灣《文化基本法》的理論根據。王志弘的第三章則是臺灣對於文化權利論述的最新析論，從空間治理與都市文化權利的觀點，循著文化研究的犀利批判性的路徑，融合有關要素，並以其獨特的**翻譯政治**（politics of translation）的理念，對概念與實作之間進行批判與接連，既解構也建構文化公民權、文化權利。從國際相關文化權利整理清單中，可知文化權利的種類多、範疇大（廖凰玎 2012），因此所涉及的研究領域不少，除上述所提到的幾個面向外，其他如從歐盟文化政策或是國際規範探討我國的文化權利實踐（徐揮彥 2008、2010）、從傳播媒體觀點探討文化公民權（羅世宏 2008）。

　　綜觀臺灣文化權利的理論與發展，本文略將分為二個時期，第一波是2004 年《文化公民權宣言》提出前後，國內學者有關的研究與文章發表；第二波則是在 2011 年《文化基本法》立法草案的提出，所開啟的文化權利研究。前者較著重於文化政策，多以文化公民權為焦點，以激發社區居民的文化公民意識為核心；後者較側重於《文化基本法》與「文化權利」立法問題探討，從文化做為一種「內涵」、「手段」、「目的」與「權利」的關係為論述基礎，思考文化權利的制度化、法制化，以及透過人民的文化行動與抗爭和對政府文化部門的監督。

　　「文化」、「公民」、「權利」這三個詞彙，都是相當複雜且多義性，充滿太多可能性的面向，甚至於本身就具有不斷變化與辯證的特性，想把這些詞彙賦予單一性的確定概念或是定義，就如同要抓住風，那是非常困難的。但是我們可以感覺到風輕拂臉上的感覺，是既真實又清楚。或許讀者會困惑於「文化公民權」與「文化權利」二者間概念是否相通、是否相同？依照目前在國內外有關研究，皆指出這兩組概念仍舊處於發展狀況，尚未定型，或是形成被接受的共識。在此建議讀者可經由文章內所談論的內容，識別出所指的「文化公民權」或是「文化權利」的意義內涵。

有關研究與書寫，分別引進國外有關學者的研究，例如 T. H. Marshall、Nick Stevenson、Colin Mercer、Kymlicka、Turner、Wieviorka、Stam 和 Shohat 等等（王志弘 第三章；劉俊裕 2007），這些也可見於本書各章所參照引用的文獻裡頭。這些文章和研究，系統性為我們爬梳了國外有關文化公民權與文化權利的文獻，並貢獻出其研究心得與見解。本書各章書寫皆可看見其足跡，以及沿著足跡前進的成果。

《臺灣文化權利地圖》問題意識與研究方法

關於文化人權、文化基本權利、文化公民權等，不論在文化政策、文化法規或是文化研究等領域都是重要的焦點。但是各領域所提及的文化權利內涵有相似與不相似之處，也產生上述的不同語彙。為了對文化權利有更清晰的認識，並開拓其視野、論述之範疇以及建構其理論之可能性，本書作者嘗試從法學、社會學、人類學、文化研究、文化治理與政策、城市理論等相異取徑，進行文化權利概念的爬梳。此外，作者們進一步以臺灣在地的文化權利個案，做為理論析辨與對照的實例，讓每一位散步悠遊於臺灣文化權利地圖上的讀者，都能一步步在臺灣文化權利地圖的脈絡間「按圖索驥」，尋找與印證其間是否存有關聯性和接合的可能。

本書第一篇〈文化權利的理論與分析架構〉接續前人的研究成果，繼續深耕臺灣的文化權利論述和描繪。在第二章與第三章對於文化權利理論的建構有更深入的論述。第二篇、第三篇〈臺灣文化權利在地實踐〉中各章所探討的個案與內容，則特別以縣市、地區的文化公民權、文化權利發展個案為概念，展開不同文化面向的議題，希望能夠更具體化呈現出臺灣各地文化公民權、文化權利的真實情況。除個案在實際地理空間上定著於臺灣島上的縣市位置外，個案所探討議題也正是該縣市在地性相關文化權利議題。這意味著屬於臺灣在地性、真實性的文化權利實踐，也發揮著言說性的力量，使得臺灣文化權利地圖處於形塑進行狀態中。

　　本書各章的論述與分析架構，如「圖1-1：臺灣文化權利分層互動的可能取徑分析」所示，分別處理文化權利在臺灣，A. 國家、都市與地方政府層級（上層）、B. 文化第三部門、藝文團體、文史團體、族裔團體和文化公共輿論（中層）、C. 人民、藝術文化工作者的日常文化生活（底層）等能動者，彼此之間對於文化權利不同的理解、想像與內涵界定，以及差異的互動模式，可能對臺灣各地文化權利的實踐產生各種不同的分析取徑。首先，上層的能動者可能自發性地（或者被動地因應人民抗爭與訴求），透過文化政策措施與法規（Y），積極主動地為人民進行文化賦權（A1）；而中層藝文團體則可能對文化權利進行個別的轉譯與詮釋，使政府對民眾的文化賦權得以發揮協力加乘的作用（B1）；至於底層的人民、藝術家、文化工作者則得以藉由文化的參與，承繼國家賦予公民的文化權利（C1）。

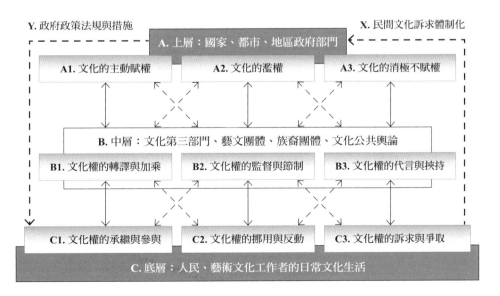

圖1-1：臺灣文化權利分層互動的可能取徑分析（劉俊裕繪製）

其次，在現實層次，我們不能排除上層的國家機器可能透過法規政策的嫻熟運作而產生政府文化濫權的可能（A2）；對此，中層的文化第三部門與文化輿論則可能發揮其對上層的文化監督的角色，節制政府的文化濫權（B2）；而底層的民眾面對國家的文化濫權，則勢必各自思索其消極的抵制與不配合的方式，對文化權利進行各自挪用、漠視，甚至進一步進行文化的反動及抗爭（C2）。第三種模式是，國家和地方政府部門可能發生對人民的文化需求虛應故事，消極地不賦權（A3）；此時中層的文化團體與公共輿論則扮演文化權的代言角色，協助民眾凝聚底層的文化訴求並要求政府予以體制化，但也可能因此出現專業藝文團體挾持民意的可能（B3）；至於底層的藝文工作者和人民，則需要更明確提出其文化求與爭取自身的文化權利（C3），由下而上地爭取自身文化權利訴求的體制化（X）。最後，上層、中層、底層能動者之間的四組虛線箭頭，則進一步複雜化文化權利實踐的場域中，可能存著在比上述三種「理想型」論述更加繁複的「交錯行為模式與動機理解取徑」。也就是說文化能動者之間可能由於彼此資訊的不透明、不對稱，以及彼此之間權力關係的不對等，因而產生種種對彼此行為與動機的「相互猜測、曲解」或者「交互導正、抵消」的關係。也因此研究者必須更實證而謹慎地釐清政府、文化第三部門以及民眾在臺灣文化權利實踐的過程中，各自真實扮演的角色和位置。

質言之，本書希望透過臺灣在地的實際個案，清楚圖繪出政府與其他文化能動者間對文化權利的實踐與實際互動關係，包括政府積極主動落實公民文化權利的具體政策、措施、作為；政府與人民、藝術家、文化工作者、文史團體、族裔團體之間不同的文化協力過程；或者分別唱獨角戲，毫無交集的實際狀況，以及彼此抗爭、反動，相互抵消力量的狀態及過程。在個案書寫中能更實際瞭解各種落實臺灣文化權利的行動化過程與細節，展現出不同層面的文化權利議題與多樣的臺灣在地文化意涵。據此，貫穿本書各篇章的主要共同提問包括：

1. 文化人權是什麼？什麼是文化基本權利？文化權利、文化公民權又是什麼？在國內外不同學門、學科的理論上如何被描述？如何被論述和定義？

2. 在臺灣，國家、都市與地方層級對於文化權利的理解與想像是什麼？其內涵如何被界定？彼此如何連結？其發展又面臨什麼不同的困境？而國際文化公約如何被轉化、落實？是否刻意強調或者忽略哪些層次？

3. 在臺灣，人民、藝術家、文化工作者、族裔團體需要什麼樣的文化權利？政府與其他文化能動者如何透過具體的政策、措施以及行動來落實或爭取公民的文化權利？是否出現不同的文化協力、代言、抗爭與反動力量？其行動化的過程為何？由下而上爭取文化權利體制化的結果和可能性如何？

4. 臺灣不同在地的文化實踐，凸顯出哪些層面的文化權利議題與個案（例如文化政策參與權、原住民傳統領域保存、少數族群文化發展權、藝術家文化生存及自由表達權、社區營造與文化認同或歸屬權、文化生活參與權、文化資產的保存權、文化資訊近接權等）？各自呈現什麼在地樣貌與圖繪？

5. 臺灣的文化權利發展，是否展現出有別於西方文化的價值論述與實踐機制？其在地的特質為何？在地文化如何吸吮、融攝國際文化權利理念？本土與全球的脈絡如何掌握？其當前發展現況、潛能與限制為何？

以下就各章在《臺灣文化權利地圖》之位置與問題回應，分層次來說明其問題意識與研究方法。劉俊裕的〈《文化基本法》：追尋臺灣人民參與文化生活的基本權利〉一章從國家文化政策的高度與《文化基本法》的立法過程，析論政府主動賦予臺灣人民文化權利的可能性與侷限性。奠基於「文化做為一種常民的日常生活實踐」的文化概念下，作者以「生活內在的本質、意義與價值」、「生活外在的行為、組織與實踐」、「生活意義與實踐的互為主體」（特殊的生活方式）、「文化與政治、經濟生活的繁複連

結」（整體的生活方式），等四個象限面向做為分析架構；並且以親身參與 2011-2014 臺灣《文化基本法》草案立法諮詢的經驗，探究參與文化生活權利的法制化議題，檢視臺灣民眾參與文化生活的權利，能否在《文化基本法》草案中得到落實。劉俊裕文章所提出的問題：「文化權利」究竟是當代國家基於「善治」的責任理念，政府理應積極賦予人民的基本人權？還是一種奢侈的社會福利，勢必要經過民眾的運動抗爭，流血、流汗方能爭取得來的反動人權？文化與文化權利該透過什麼架構分析？作者認為當前臺灣人民參與文化生活權利的實踐，確實無法單純依賴政府自省、主動立法的善意，而仍須透過文化的公共論壇、第三部門的文化行動，以及常民自主性參與文化政策規劃為後盾，亦步亦趨地爭取而逐步落實。**若文化是一種常民日常生活的實踐，則《文化基本法》由下而上的推動和法制化過程，則仍是當前臺灣人民爭取文化基本權利的未竟之志。**

王志弘在第三章〈通往城市權的文化路：都市脈絡下文化權利多重性的限制與可能〉中從都市層次，思辨文化權的理念與實踐，文中對於文化權與政治、經濟、社會權等概念的多重接軌與衝突有精闢的辯證分析。作者以「通往城市權的文化路」明確揭示文化權不應淪為霸權規訓、資本積累和階序劃界的工具，反而是爆破既有體制的引信，或許必須**將文化權統合於爭取城市權的整體戰略中**，使其成為當代普遍都市化趨勢下，通往城市權的目標、媒介與實踐過程。在普同性與特殊性的辯證中，王志弘認為文化權並非只是抽象理念或僵滯體制，也不淪為忽視正面差異的普同主義，或具排他性自保意識的特殊主義。做為一個通過鬥爭以邁向理想社會的重要領域，文化權必須安置於通往城市權的集體社會轉型計畫中，方能收攏文化與文化權的多重詮釋和理解，並使之得以相互交流（翻譯）。反之，文化的多義性確保了差異並存的城市權內涵（使用價值優先之差異空間），文化的多義性與正當性也有利於接軌政治、經濟和社會等不同領域的運作和爭論，並成為其理解的基本條件。如何將目前比較侷限於主流多元文化主義、族群認同、藝文生產和消費，以及競爭性之教育、知識和智

財權的文化權利主張，拓展擴延而成為通往普遍城市權，以及社會結構轉型的文化大道，乃是文化政治的要務。

　　第四章〈臺灣原住民族文化權利的美麗與哀愁—以臺東美麗灣案與卡地布遷葬案為例〉，張宇欣聚焦於臺東縣的「美麗灣事件」以及知本「卡地布遷葬案」，思考國際原住民文化權利所指涉的實質內涵，在臺灣是如何地被主張與實踐，並進一步檢視原住民文化權利在臺灣的現況與困境。除論證原住民族特殊文化權利之正當性外，並且關注到在權利主體主張與操作的過程中，「文化權利」所產生角色的削弱、變異與流動。原住民族「文化權利」角色的削弱在美麗灣事件中極為顯著，即使最高行政法院已判定美麗灣開發方停工定讞，但事實上判決勝訴所持的理由卻與文化權利主張無關。而在卡地布遷葬案，更是典型經濟開發與文化權利衝突，「文化權利」無可施力的案例。政府為求經濟利益而使部落世代以來存續的命脈與祖靈信仰陷入失落的恐慌，在國家體制治理權力下，漢人意志的執行凌駕在部落思維之上，將「遷葬」這個行為過度簡化為將土地下的祖靈搬移到靈骨塔「妥善安置」，然而卻殊不知被遷移的何止是祖靈，而是部落的根，而動搖的更是原住民族世代以來對祖靈、部落與族人之間密不可分的共生價值。原住民族文化的美麗，在於文化權利得以主張和實踐多元族群所呈現的文化表徵與獨特面貌，然而原住民族文化權利的深深哀愁，就在於每當文化權利遭遇經濟開發以及與國家利益相觸時，大多是被漠視且戕害的一方。臺灣原住民族文化權利之現況與困境讓我們反思，在《憲法》、《原基法》、《文化基本法》之法制規章下，在臺灣的政府對少數群體或原住民族，美其名以法制施行國家治理，事實上卻是比沒有法制更加野蠻，顯示原住民文化權利在臺灣的現況與困境。

　　陳世瑋的〈城市藝文節慶與文化公民權－以臺北電影節為例〉與郭玟岑的〈城市藝文節慶與文化公民權—以高雄春天藝術節為例〉等兩章，分別從都市藝術文化節慶活動的層面，檢視臺北市與高雄市對於公民文化權利的積極賦權與落實。陳世瑋指出，從 18 世紀工業革命後開始，城市開

始奇幻之旅，就在當代全球化浪潮下，更是去除地理和國家的疆界，甚至比國家還耀眼，現代化是城市的別稱。大量累積經濟資本，並置文化符號於資本主義的經濟活動之中，同時也是常民生活文化與各種意識型態、政治權力等場域所交織的關鍵場所，城市文化就在多重脈絡影響下展開，公民的文化權利在此空間維度中被塑造或轉化，也開始奇幻之旅。作者特別以臺北電影節做為觀察研究對象，檢視文化節慶與文化公民權在臺北城市裡頭是何景象。藝術文化節慶做為一種都市文化策略，所被關注的是社會資本、經濟資本、藝術文化資本等如何進行整體性普查、保存，並在文化公共領域中，匯聚在地文化特質、情感與核心價值，做為凸顯都市個性、品牌，建構一個以文化為核心的治理境遇與氛圍。作者提問，臺北市市民的文化權利究竟該如何從城市藝文節慶中釋放？市民需要從中獲得什麼樣的文化權利？一個統整性的都市文化治理網絡，城市主體性與文化性，及城市住民共同的文化參與，則是核心關鍵的所在。

　　郭玟岑在第六章將高雄春天藝術節置於文化公民權與城市文化節慶的都市文化治理網絡下，藉由對於該藝術節五年辦理的節目規劃之資料整理與分析，對照相關報導觀察，以及與當地藝文人士的深度訪談，描繪高雄春天藝術節辦理之現狀，呈現臺灣文化公民權透過藝文節慶實踐的在地樣貌。作者分別從以下幾個面向觀察文化公民權發展：1. 中央政府和地方政府的關係、扮演的角色以及互動關係。2. 在地藝術工作者、市民以及表演團隊對於春天藝術節的看法之中，關於資源分配的透明性與公平性、節目的策劃上更具高雄在地文化的特殊性等等仍持保留的看法。3. 市民參與、包含兼顧不同區域市民的文化參與，而參與不只是靜態描繪，而是更能夠讓文化藝術的沃土孕育公民的主動性，並推進文化公民權發展。在都市文化治理網絡，藝術文化節慶做為一種都市文化策略，其中關於精緻藝術與國際接軌的文化政策，如何處理與在地脈絡文化及城市住民共性參與，呈現出城市主體性與文化性，仍舊是關注所在。

　　第七章〈淡水，孕生於在地的文化權利覺醒與實踐〉作者張依文從政府與公民團體上、下交互檢證的取徑，探討淡水在地的文化權利覺醒與實踐。從 1970 年代在鄉土情懷的浪潮下，帶動淡水地區文史團體的成立，有關藝術家、文學家、關心淡水發展的居民，致力於保護淡水歷史記憶、文化資產和建構淡水在地認同的活動。1990 年代這些文史團體走向組織化，引領出民間文化權利的覺醒。2000 年後，多次的公民會議，更可以視為文化權利覺醒後的實踐。在 1980 年代因觀光熱潮對在地的衝擊，及淡水快速道路發展計畫的議題，引發淡水居民關心在地，透過各種公民運動尋找淡水意象，建構起地方認同。從 1984 年「滬尾文教促進會」開始、1990 年成立的「淡水文史田野工作室」、「滬尾文史工作室」、1993 年「淡水社區工作室」、1995 年「淡水文化基金會」等陸續成立，這些團體多顯示淡水住民從鄉土愛、愛淡水出發自主成立，策辦了許多文化節和藝術節活動，並且積極地提供公共對話的場域；邀請在地居民共同思考淡水的發展藍圖。從歷史記憶、藝術文化的保存和發展提升了在地居民的地方認同，藉著在地文史團體的努力又提升了居民的公民意識，引發出對於自身文化權利的關心。1995 年舉行「淡水文化會議」提供住民一個對於地方未來想像對話的場域；2006 年針對淡水的發展舉行了「淡水公民會議」，更可以視為是長期以來文化權利意象的積累後，朝著文化權利的實踐前進的里程碑。在記錄和梳理淡水所存在文化權利的覺醒和實踐，並從其中反省和提出公部門在此過程中應該扮演的角色。

　　廖凰玎在第八章以〈消失的客家方言島—雲林縣崙背鄉「詔安客語」語言文化權利實踐的困境〉為題，從語言權切入，觀察即將消失的雲林縣崙背鄉「詔安客語」。語言既是文化本身，也是文化的載體，同時涉及認同與文化生產的意涵和功能。對人類來說，語言多樣性如同生物多樣性，是同樣重要。在臺灣的多種語言議題中，例如南島語系、原住民族語言或是客語，這些語言都是有待關注，以做為一種文化權利的保障。但是如何實踐語言的文化權利保障？每個語言所面臨的問題並不相同，所以如何具

體的對語言進行落實保障，須視語言情況不同而有不同做法。作者嘗試以崙背鄉「詔安客語」議題做為觀察對象，研究崙背鄉「詔安客語」的發展與語言文化權利的實踐和困境。語言其實是存活於生活之中，因此應該思考如何在生活脈絡下，進行「詔安客語」的保護，以及積極使用的誘因提供，盡可能擴充「詔安客語」在各領域的使用，除家庭中使用外，包括學校、家庭與社區三者關聯性建立的語言復興。而語言文化權利的最核心乃是關於文化培力（cultural empowerment），找回語言的活力，所以如何激發與誘發，詔安客語自我的文化身分認同與能力，在日常生活中以詔安客語之參與和實踐，才是詔安客語重要的扎根工作。

連子儀的〈文化權利的公民實踐：以臺南市公園路 321 巷日式宿舍群的保存與發展為例〉一章，詳實細膩記錄而描繪臺南市公園路 321 巷日本宿舍區（「原老松町日軍步兵第二聯隊官舍」）的保存與發展歷程，此區為臺南市內保存最完整的日治時期建築群，於 2002 年列定為臺南市市訂古蹟後，曾多次面臨解編、拆毀不等的保存危機，能夠留存至今，在地非營利機構及公民的守護行動是為關鍵。此案例充分顯示出公民文化權利於在地文化資產保存的實踐歷程，尤其是關於公民意識與社區營造發展及在地文化資產的保護之間，息息相關連結連動之密不可分的關係。從 2011 年至今，作者親身參與 321 巷聚落保存的經驗與紀錄整理來看，321 巷日式宿舍區及郭柏川紀念館的保存，其力量來自於在地社區、社群和民眾，包括在地知識分子、文史人士、臺南市社區大學及其師生和學員、古都保存再生文教基金會、文資協會、五柳枝文化生活協會、綠色團體、那個劇團、城市故事人等。從在地長出的動力，公民對於自身文化參與權與文化遺產接近權的守護，有著良好基礎，包括在地知識分子的參與、多元的守護行動，以及社區營造的有力基礎，並指出唯有根基於族群或社區自發性的認同，才有守護的動機與成功條件。

最後，在第四篇〈結論：臺灣文化權利理論與實踐的再省思〉中，張宇欣、劉俊裕〈文化權利的在地實踐：臺灣的文化多樣性與融攝性〉，重

新對文化權利在臺灣的在地實踐，以及第一篇的理論辯證做深入的析論與整合。由於文化的多元性意涵，文化與政治、經濟、社會領域間所存在的不可分割性，以及文化權利和其他權利的架接與轉化的關係，文化權利成為一種不斷流動移轉與交錯融攝的動態過程。臺灣文化的多樣性與融攝性，一如臺灣文化權利地圖所希望帶給每一個旅者的，是一個個永遠說不完的故事、一片片看不完的風景。文化權利在臺灣，是美麗，也是哀愁。因為人民始終都應該是文化權利的主體，但限於多重的政治、經濟與社會環境現實，權利卻常常在權力與利益的衝突下，無法如理想般地落實。文化權利畢竟不是靜態而自我隔離的存在，文化權利的作為與主張註定是權利主體—「人民」不斷努力實踐其日常生活的「多義動詞」。

參・考・書・目

Alan Dershowitz 著。黃煜文譯。2007。《你的權利從哪裡來？》。臺北：商周。

Lydia Morris 著。楊雅婷譯。2009。《權利的社會學思索》。臺北：韋伯。

Eagleton, Terry. 2000. *The Idea of Culture*. Oxford: Blackwell.

Magga, Ole Henrik. 1998. Cultural Rights and Indigenous Peoples: the Sami Experience (76-84). In UNESCO (ed.). *World Culture Report: Culture, Diversity and Markets*. Paris.

Stevenson, Nick. 2003. *Cultural Citizenship: Cosmopolitan Questions*. Maidenhead: Open University Press.

Kymlicka, Will. 1995. *Multicultural Citizenship*. New York: Oxford University Press.

王澤鑑。1983。《民法實例研習叢書》。臺北：三民。

王俐容。2006。〈文化公民權的建構：文化政策的發展與公民權的落實〉。《公共行政學報》，20: 129 -159。

徐揮彥。2008。〈從歐盟文化政策之發展與實踐論文化權之保障：以文化多樣性為中心〉。《歐美研究》，38(4): 671-751。

徐揮彥。2010。〈從國際人權規範論我國對文化權之實踐〉。收錄在社團法人台灣法學會主編，《台灣法學新課題（八）》。臺北：元照。

張宇欣。2012。〈從少數群體權利談台灣原住民傳統領域之定位〉。發表於「2012年文化的軌跡：文化治理的想像與實證國際研討會」，國立臺灣藝術大學教研大樓 10 樓國際會議廳，11 月 9-10 日。

陳淑芳。2006。〈文化憲法〉。收錄在蘇永欽主編，《部門憲法》。臺北：元照。

陳忠五。2007。〈論契約責任與侵權責任的保障客體：「權利」與「利益」區別正當性的再反省〉。行政院國家科學委員會補助執行 95 年度專題研究計畫。計畫編號：NSC95-241-H-002-024。

廖凰玎。2012。〈文化權利立法之研究初探〉。發表於「2012 年文化的軌跡：文化治理的想像與實證國際研討會」，國立臺灣藝術大學教研大樓 10 樓國際會議廳，11 月 9-10 日。

劉俊裕。2007。〈歐洲聯盟文化政策『超國家特質』之研究〉。國科會專題研究計畫。計畫編號：NSC 95-2414-H-160-002。

陳其南。1992。《公民國家意識與台灣政治發展》。臺北：允晨。

陳其南。1994。《臺灣的傳統中國社會》。臺北：允晨。

陳其南。2001。《文化結構與神話》。臺北：允晨。

施岑宜。2012。〈博物館如何讓社區動起來？臺灣地方文化館政策中的社區實踐－金水地區為例〉。《博物館季刊》，26(4): 29-39。

施正鋒。2005。〈原住民族土地權的國際觀〉。發表於「原住民族與國土規劃研討會」。臺北：臺灣大學法律學院國際會議廳，7 月 21-22 日。

施正鋒。2007。〈台灣少數族群的政策探討〉。《教育資料與研究專刊》，12: 59-76。

施正鋒。2008。〈原住民族的文化權〉。《台灣原住民研究論叢》，3: 1-30。

許育典。2006。〈文化國與文化公民權〉。《東吳法律學報》，18(2): 1-42。

羅世宏。2008。〈通訊傳播管理法草案的盲點：文化公民權／傳播權視野之批判〉。《科技法學評論》，5(2): 1-29。

第二章

《文化基本法》－
追尋臺灣人民參與文化生活的基本權利

－劉俊裕－

賦權與抗爭？追尋臺灣人民參與文化生活的基本權利

「文化權利」（cultural rights）究竟是當代國家基於「善治」的責任理念，政府理應積極賦予人民的基本人權？還是一種奢侈的社會福利，勢必要經過民眾的運動抗爭，流血、流汗方能爭取得來的反動人權？本文主要的思索課題，即臺灣是否可能透過國家積極立法，主動保障並落實人民參與文化生活的權利。若政府未能主動賦權，人民又當如何由下而上抗爭，爭取其「與生俱來」的文化權，並將之法制化？當代國家文化部門政策領域與職權的擴張，透過執政者嫻熟的文化政策「修辭學」（從增加藝文活動補助、強化文化資產保存、增加藝文設施建構，到推動社區營造、公民美學教育、文化創意產業、結合藝文節慶與文化觀光、普及運動休閒活動及文化參與等），確實使一般民眾對於政府可能積極主動賦予人民文化權利，產生了諸多遐想。但相對地，現代國家機器結合資本企業和財團，透過各式文化政策工具的主導、干預，也引發知識分子對於政治、經濟力量逐步滲入其日常生活的憂心和疑慮（即所謂「獨裁者的進化，收編、分化與假民主」）（Dobson 2014）。個人認為，在選擇樂觀地相信與悲觀地質疑國家之間，臺灣人民日常生活的文化空間，正面臨著現代官僚體系和資本商業價值無情的摧殘與擠壓[1]，常民參與文化生活的基本權利仍亟待臺灣人努力的爭取與追尋。

自 2011 年至今，臺灣的藝文界和常民乍然掀起了陣陣的文化波瀾。從「夢想家事件」對百年國慶藝文補助的爭議，總統候選人首度針對國家文化政策進行公開辯論，答覆藝文界的十二大文化政策提問，到 2012 年 520 文化部成立後接連九場文化國是論壇的召開，乃至於 2013 年文化部滿週年的民間文化國是論壇等，首波藝術文化政策相關的文化公共論壇，映射了藝文界對於臺灣文化政策思維過度狹隘、藝文資源分配不公，以及文化行政官僚長久以來自我行政角色為中心的不滿。緊接著一連串文化事件：藝文界介入臺東美麗灣原住民傳統領域的抗爭、藝文界串連反對花蓮太魯閣劇場的興建、藝文界大串連搶救花東海岸、藝文界串連反旺中媒體壟斷事件、藝文界串連反對核四興建案、藝文界連署反對國光石化開發案、藝文界介入苗栗大埔開發案事件、藝文界 818 串連拆政府、藝文界串連反對兩岸服務業貿易協定、藝文界搶救淡水夕照與反對淡江大橋興建等等，臺灣的藝文界屢屢介入了與常民日常生活息息相關的議題。2014 年的反服貿運動更揭示一連串民間文化抗爭運動的能量蓄積與爆發，一個多月的抗爭運動，不但引發了臺灣社會對於「文化」與「政治經濟」價值的爭辯，也刺激臺灣社會重新省思人民的文化權利與主體意識（劉俊裕 2014a）。

這一方面顯示當前臺灣民眾與藝術文化工作者，對於自身文化生活權利意識的抬頭，不願繼續接受國家政權與資本財團的壓迫與宰制，以及公民對於文化自省與自主的渴望。一方面則宣示了長期以來，常民對於未能有效參與文化政策決策機制的不滿，以及臺灣「文化公共領域」與人民文化行動的崛起（劉俊裕 2013a）。相應地，學術界也觀察到了所謂社會運動的「顯性文化轉向」，凸顯出「文化」做為臺灣社會運動的策略或目標（王志弘 2012），或者以「新社會運動論」強調一般民眾試圖抗拒國家

1　無論是西方韋伯、哈伯瑪斯式的系統世界對生活世界的控制與侵蝕，葛蘭西式的國家文化霸權論述，傅柯式的文化「統理性」論述，或者列斐伏爾、德瑟鐸的現代資本主義對日常生活實踐的商業殖民等，都指涉現代政治經濟威權體制或者菁英文化工程，正一步步凌駕於常民的「世俗價值品味」與常識理性的現實（劉俊裕 2011）。

及市場力量侵入日常生活，將後者殖民化或文化同質化的壓力（王甫昌 2003：449）；抑或者連結文化實踐與社會運動，將文化改造視為社會運動的目標，主張文化認同本身就是新社會運動的一部分，也是最受重視的社會參與方式等等（管中祥 2005）。

　　於此同時，文建會／文化部自 2011 年起在立法院在野黨的壓力下，[2] 開始研議草擬的國家《文化基本法》草案，似乎是一個臺灣政府部門可能具體回應種種文化運動訴求，並且落實公民參與文化生活權利的法制化作為。然而，隨著 2012 年國會的全面改組，以及新一屆民意代表的產生，《文化基本法》草案延宕近一年，文化部才於 2013 年 4 月重啟內部草擬程序（劉俊裕 2013b）。

　　上述背景引發本文的幾個提問：1. 文化與文化權利的概念如何論述？透過什麼架構分析？2. 在臺灣，國際文化權利公約如何被轉化、落實？國家文化部門對於文化人權、文化基本權利的理解與想像是什麼？其內涵如何被界定？3. 臺灣的《文化基本法》如何積極賦予人民文化權利？文化做為一種常民的日常生活實踐，臺灣人民參與文化生活的權利是否可能做為文化立法的基礎？4. 臺灣的人民、藝術文化工作者、族裔團體需要什麼樣的文化權利？當政府失能，人民是否可能透過抗爭，爭取其與生俱來的文化權利？筆者透過參與 2011-2014 年臺灣《文化基本法》草案立法諮詢的過程，試圖檢視臺灣民眾參與文化生活的權利，能否在目前草案的框架中得到落實。

2　早在 2009 年 6 月 2 日，翁金珠立委便於立法院第 7 屆第 3 會期第 15 次會議提出《文化基本法》草案版本，交付教育及文化委員會審查。2011 年 4 月文建會主委盛治仁在立法院接受質詢時表示，由於《文化基本法》法案並無急迫性，希望可以在 2012 年 5 月 20 日文化部正式成立後運作半年到一年的時間，再由文化部提出較為周延的《文化基本法》草案，但並未被立法院接受。2011 年 5 月開始研擬的《文化基本法》草案也就在文建會倍受立法院在野黨立委的壓力下，半推半就地完成。至今文化部已成立一年多，2013 年 3 月文化部方才開始重新審視《文化基本法》草案，針對 2011 年的草案條文做實質的增補與修訂。由於《文化基本法》的草案仍在諮詢與公聽的過程中，本文係以 2013.10.02 諮詢會議版本為分析對象。

文化做為一種日常生活方式

「文化」這個概念指涉範疇的廣泛性和其內在意涵的繁複性，是當今學界、政府部門、藝文機構和常民在理解「文化權利」時，所面臨的共同困境。不同文化思維所指涉的文化權利概念，以及由此衍伸而出，各種範疇寬廣而相互交疊的文化政策意涵，確實影響了文化權利的論述內涵與各種權利的交互運作關係。本文認為國家文化政策與文化權利的探討，不應當僅僅停留在藝術、美學的精緻文化的補助、贊助層次。如同 R. Williams 所言，文化是「平常的」、「簡單的」（culture is ordinary）。每個社會都有自己的形貌、目的、意義與方向，而文化代表的是一個共同的意義，一個群體的整體產物，文化同時也賦予個人意義（Williams 2002 [1958]）。王爾敏（1992）認為傳統中國庶民的日常生活，從四時、十二月、二十四氣、七十二候的律動，到民間節日慶典、祭祀神祇，抬神賽會、廟會，民間生活知識、風尚禮俗，乃至於公眾娛樂形式等，一直有自己的步調和節奏，唯獨欠缺政治活動。[3] 因此，文化政策法規、文化權利與常民的日常生活息息相關。

參酌學術界的文化論述以及聯合國教科文組織（United Nation Educational Scientific and Cultural Organization, UNESCO）對於文化概念的界定，[4] 本文將文化視為「日常生活」的四個向度（圖 2-1），藉此發展出一個文化權利的分析架構。文化可以被視為一種：一、「內在的本質、意義與價值」：文化代表日常生活中各種事物內在本真的意義，社會或群體的核心價值、藝文美學的素養、風俗信仰、道德傳統、文明教化等知識內涵，以及個人與群體的情感歸屬、歷史記憶和文化認同。二、「外顯的行為、組織與實踐」：文化做為生活中外在可觀察的物質文明與器物生產，

3　金觀濤、劉青峰（2000：chap 3）更指出中國自宋、明以來，甚至發展出了結構完整的「常識理性」，相對於西方現代性為中心的「工具理性」，常識理性涵蓋了直觀外推的物之常理、人之常情、以及道德與倫理與自然世界緊密整合的日常生活世界。

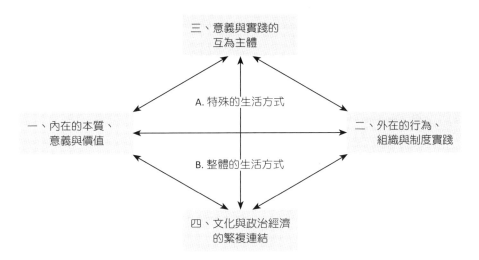

圖 2-1：文化做為日常生活的四個向度（資料來源：作者整理）

人們外顯行為、組織、機構、制度等具體實踐，以及文化機構透過政策程
序與制度化過程，所衍伸而出的作用性與工具性政策和目標。三、「意義與
實踐的互為主體」（intersubjectivity）：個人和群體生活的內在價值與外顯實
踐之間的關係並非靜止而互不影響的，相對地，它們經常是交互滲透且互
為主體的。唯有掌握一個群體內在意義、價值與外在行為、制度不斷交織
的互為主體過程，方得理解日常生活中不斷變動的文化邏輯與時代精神，
並且標示個人或群體殊異性的「特殊生活方式」。四、「文化與政治經濟的
繁複連結」（complex connectivity）：文化與政治、經濟生活之間並非相互切

4　依據聯合國教科文組織的定義，文化是：(a)「某個社會或社會群體特有的精神、物質、知識
　　和情感特點的總和，[其] 除文學和藝術外，還包括生活方式、共處的方式、價值觀體系、
　　傳統和信仰」（聯合國教科文組織，《世界文化多樣性宣言》序言第 5 段）；(b)「就其本質而
　　言，是個人在創造性活動中的參與和合作造成的一種社會現象，並不限於接觸藝術和人權作
　　品，同時也是知識的獲取，對生活方式的要求和交流的需要」（教科文組織關於人們普遍參
　　與文化生活及其對文化生活的貢獻的建議，1976 年，奈洛比建議，序言第 5 段 (a) 和 (c)）；
　　(c)「包括那些價值觀、信仰、信念、語言、知識和藝術、傳統、體制和生活方式，個人和群
　　體據此表達人性和對自己的存在和發展所賦予的意義」（關於文化權利的《弗萊堡宣言》，第
　　2(a) 條）；(d)「物質和精神活動的總和，是特定社會群體的產品，該群體據此與其他類似群
　　體相區別，是特定文化群體長期以來產生的價值觀體系和信條，它為個人提供了日常生活中
　　的行為和社會關係所需的路標和意義」。

割、分離的，無論是文化行動與政治、經濟行為之間，或者文化的價值理念和政治、經濟的價值理念之間，在日常生活中無疑地形構成一個繁複的連結體制，也不斷交互影響，因此交織出一個群體寬廣的「整體生活方式」（Liu 2003: chap 2；余英時 1992：20-21；龔鵬程 1995：41；王志弘 2010：41；Williams 1982 [1958]: xvi, 295、Bourdieu 1977: 82-83、Taylor 1958: 1）。

文化與文化權利論述的分析架構

　　關於文化權利的概念，在現代國際法的架構中其實並不清晰。人權的概念落實於當代國際法與國際組織的架構，則可以回溯自 1945 年的《聯合國憲章》，其第 1 條第 3 項規定，聯合國的目標在透過國際合作解決經濟、社會、文化或人道性質的問題，並且「不分種族、性別、語言與宗教，促進並強化全體人類對人權以及基本自由的尊重。」[5] 1948 年 12 月 10日聯合國在紐約通過《世界人權宣言》，宣言中第 27 條規定，人們應享有「自由參與社群文化生活，享受藝術及分享科學進步及其利益的權利」，同時締約國應保障科學、文學或藝術作品生產者所應獲得之道德與實質利益的權利。[6] 從《聯合國憲章》到《世界人權宣言》雖然都提及了與文化息息相關的權利，但卻都未曾將公民權利、政治權利、社會權利與經濟權利等加以區分，亦未曾確立或援用特定「文化權利」的概念。直到 1966 年聯合國會員國簽署了《公民與政治權利國際公約》（International Covenant on Civil and Political Rights, ICCPR），[7] 以及《經濟、社會與文化權利國際公約》（International Covenant on Economic, Social and Cultural Rights,

---

5　UNESCO. Constitution of the United Nations Educational, Scientific and Cultural Organization, 1945, available at http://unesdoc.unesco.org/images/0012/001255/125590e.pdf# constitution（accessed October 25, 2011）

6　United Nation, Universal Declaration of Human Rights, G.A. res. 217A (III), U.N. Doc A/810 at 71 (1948); and Bruce Robbins and Elsa Stamatopoulou, 2004, "Reflections on Culture and Cultural Rights," *The South Atlantic Quarterly* 103 (2/3 Spring/Summer): 433.

ICESCR）⁸，方才開始出現較為明確的規範。

　　ICESCR 第 15 條進一步條列了文化權利的相關內容，包括《世界人權宣言》中曾提及承認締約國人民參與文化生活的權利；享受科學進步及其成果應用所獲得之利益的權利；保障科學、文學或藝術作品生產者享有其所應獲得之道德與實質利益；以及科學研究與創新活動的自由等。同時又加列了締約國應盡其所能達成「保存、發展與散播科學與文化的權利」，以及「鼓勵並發展科學與文化領域的國際交流與合作」等項目。在 2001 年通過的《世界文化多樣性宣言》（Universal Declaration on Cultural Diversity）中，將文化多樣性界定為「社會或社會團體獨特的精神、物質、學術與感情特色，包括除了藝術、文學之外，如生活形態、相處方式、價值體系、傳統與信仰等」。2005 年 UNESCO 又通過了具法律約束力之《保護及促進文化多樣性表達公約》（Convention on the Protection and Promotion of the Diversity of Cultural Expressions, CPPDCE），並於 2007 年 3 月 18 日生效。文化權利的概念在國際組織與國際法的架構下，似乎有了較為明確的依據。

　　然而，過去數十年間文化權在國際社會中仍然經常被忽略，主要原因包括，第一，國際人權及法學專家為了保持幾十年來努力建構的人權概念之整體性，因此許多專家們覺得最好不要特別談文化權，避免刺激文化相對主義者，對文化意義與價值產生懷疑。第二，則是文化此一概念具有流動性與變異性，UNESCO 人類學式的文化定義過於寬廣而模糊，難以為具體的文化權利及義務奠基。第三，相對於基本生存的權利（水和麵包）而言，文化權常被視為一種「奢侈」的權利，一種社會發展不同階

7　ICCPR 於 1976 年 3 月 23 日生效。United Nation, International Covenant on Civil and Political Rights, G.A. res. 2200A (XXI), 21 U.N. GAOR Supp. (No. 16) at 52, U.N. Doc. A/6316 (1966), 999 U.N.T.S. 171.

8　ICESCR 於 1976 年 1 月 3 日生效。United Nation, International Covenant on Economic, Social and Cultural Rights, G.A. res. 2200A (XXI), 21 U.N.GAOR Supp. (No. 16) at 49, U.N. Doc. A/6316 (1966), 993 U.N.T.S. 3.

段的權利，因此不需如此急迫地處理。縱然從過去幾百年的歷史經驗中，沒有人能夠否認，文化做為個人和社群的精神、道德秩序，以及自我指認與自我的尊嚴的基礎，其與經濟發展是並行不悖的，但文化權利並未受到國家政權相對的重視。第四，在國際外交的脈絡下，聯合國組織的成員都是政府，而國家其實並不願碰觸彼此內部族群多元分歧的少數權利議題。一旦賦予特定族群實質的文化權利，族群認同權利的議題將直接威脅到諸多締約「民族」國家既有主權與領土疆界的完整性。第五，在草擬與執行 ICESCR 時，聯合國體系下的經濟、社會、人權委員會與 UNESCO 之間欠缺實質的聯繫與協調。機構間欠缺互動不但損及了兩個組織的職權，同時也損及文化權的落實（Stamatopoulou 2007: 4-6）。

　　由於長期以來文化權概念的發展多半在於國際組織的層次，許多文化權利的實踐問題，仍停留在烏托邦的階段。對於期望在這個世界中建立新民主對話架構與文化互動，也顯得相當不切實際（Stevenson 2003: 153）。Tony Bennett（1998）等學者因此主張應將文化政策納入文化研究的範疇中，使文化研究關切的文化權利議題，得以透過對文化政策之執行體系的改革而獲得具體實踐。Jim McGuigan（2004）也認為必須從國家治理、市場、文化產業、消費、媒介與傳播科技的層次，來重新省思文化政策、認同與公民權的議題。Colin Mercer（2002: xix）在其《邁向文化公民權》一書中，則具體闡述了文化政策與文化權利之間的緊密關係。他指出自 18 世紀末 19 世紀初，文化政策在歐洲開始成為現代政府統治的手段之一，例如法國大革命後，行政、立法人員與知識分子等無不將文化視為在民主國家中管理其公民與社群的策略性工具。從語言政策、國家教育課程、民族與社群的博物館、圖書館等，他們努力形塑共和的新象徵、圖騰與遺跡，企圖為新認同、生活形態與個人或團體行為規範建構來源題材。當時的文化政策與現在一樣，目的在於藉由提供認同與歸屬的題材，來塑造公民或促成公民權利。到了 21 世紀初，文化已經成為與產業、交通、通訊、認同和日常生活等等面向結合的新策略，在全球化的世界中，如何

使人民擁有足夠的文化資源，已經成為一個重要的議題。文化權利的建立正是文化政策存在的基本目的。質言之，隨著文化公民權的提出，國際間對文化權利應如何獲得具體落實的管道也越來越加注意，此亦即個人文化授能（empowerment）的議題，確認國際法上的文化權概念得以在國家層次，從法律、政策與制度面獲得具體實踐（王俐容 2006：143）。

　　歸納國際法對文化權利的規範，L. V. Prott（1998: 96-97）指出其內涵應包括：表達自由，教育權，父母為子女教育選擇權，參與社群的文化生活權，保護藝術文學與科學作品權，文化發展權，文化認同權，少數族群對其認同傳統、語言及文化遺產的尊重權，民族擁有其藝術、歷史與文化財產的權利，民族有抗拒外來文化加諸其上的權利，公平享受人類共同文化遺產的權利。而 UNESCO 的文化與發展協調辦公室則將文化權歸納為下列十一個範疇，包括：文化認同的尊重、被認可為一個文化社群的權利、參與文化生活、教育與訓練、資訊權、接近文化遺產權、保護研究、創意活動、智慧財產權與文化政策參與權（王俐容 2006：143）。2007年 5 月 7 日，學者專家和 UNESCO 主席還共同發表了《佛萊堡文化權利宣言》（Cultural Rights, Fribourg Declaration），進一步闡述文化權利的內涵、定義、範疇與實踐方式等重要原則，而文化權利的內涵則被區分為認同與文化遺產權、指認文化社群的權利、接近和參與文化生活的權利、教育和訓練的權利、資訊與溝通的權利，以及文化合作的權利等。

　　針對 ICESCR，聯合國經濟暨社會理事會下的「經濟社會文化權利委員會」不定期發表一般意見，協助締約成員進一步瞭解公約所確認之權利。該委員會於 2009 年 12 月 21 日發表了關於 ICESCR 第 15 條第 1 項第 1 款「人人都有參與文化生活的權利」的《第 21 號一般性意見書》（以下簡稱《意見書》），對於常民參與文化生活的權利有更清楚的詮釋。首先，委員會確認，公約中的「人人」一詞可指個人或集體。換言之，文化權利可由一個人 (a) 做為個人；(b) 與其他人聯合；或 (c) 如此在一個群體或團體內行使。而文化包含「生活方式、語言、口頭和書面文學、音樂和

歌曲、非口頭交流、宗教或信仰制度、禮儀和儀式、體育和遊戲、生產方法或技術、自然和人為環境、食品、服裝、風俗習慣和傳統，透過這些，個人、個人的團體和群體表達其人性及其賦予生存的意義，並建立其世界觀，這是一個人與影響其生活的各種外部力量遭遇的總和。文化塑造並反映個人、個人的團體和群體的幸福價值觀和經濟、社會和政治生活。」至於「參與」或「參加」文化生活的權利，至少有三個互相關聯的主要組成部分：(a) 參與、(b) 享有、(c) 為文化生活作出貢獻。[9]

結合本文所界定的四個日常生活文化向度，以及國際法與國際組織對於文化權利範疇的多樣歸納，得初步發展出「圖 2-2：文化向度與文化權利的分析架構」，用以理解文化做為日常生活實踐與文化權利論述之間的連結關係。圖 2-2：象限 A. 區塊所展現的是，個人或群體為了維繫其「一、生活的內在本質、意義與價值」，所需要的認同、歸屬、語言、表達等文化權利，以及透過「二、外在組織、制度」，對其文化遺產的保護研究、創新與教育訓練、文化自主與藝文活動參與等權利。在「三、意義與實踐的互為主體」表達的過程中，逐漸標示一個文化的殊異性，形塑一個集體的「特殊生活方式」，或者爭取「a. 被認可為一個文化社群的權利」。而象限 B. 區塊試圖表達的，是個人或群體的生活「內在本質、意義與價值」，透過「外在行為、組織與制度化實踐」的過程，所衍生而出種種與「四、政治經濟繁複連結」相關的文化權利，包括文化政策參與、保護藝

9　依據《第 21 號一般性意見書》，所謂 (a) 參與尤其包括人人有權－單獨、或與他人聯合或做為一個群體－自由行動，選擇自己的身分，認同或不認同一個或多個群體或改變這種選擇，參加社會的政治生活，從事自己的文化實踐和以自己選擇的語言表達自己。每一個人還有權尋求和發展文化知識和表達方式，並與他人共用，以及採取創新行動和參加創新活動；(b) 享有尤其包括人人有權－單獨、或與他人聯合或做為一個群體透過教育和資訊瞭解和理解自己的文化和他人的文化，以及在充分顧及文化特性的情況下接受優質教育和培訓。人人還有權透過任何資訊和通信技術媒介學習表達和傳播方式，遵循與文化產品和資源（如，土地、水、生物多樣性、語言或特殊體制等）的使用相關聯的生活方式，以及受益於文化遺產和其他個人和群體的創造；(c) 為文化生活作貢獻是指人人有權參與創造群體的精神、物質、知識和情感的表達方式。與此相配合的是參加自己所屬群體的發展的權利，以及參加對自己行使文化權利有影響的政策和決定的界定、闡釋和實施的權利。

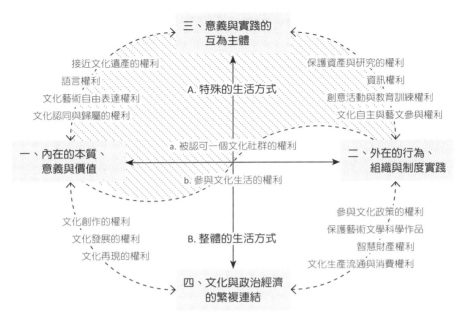

圖 2-2：文化向度與文化權利的分析架構（資料來源：作者整理）

文科學作品、智慧財產權、文化生產、流通與消費權利等。而相對地，「政治經濟」體制對於保障、延續「文化內在本質、意義與價值」所涉及的，則是文化再現與文化發展與文化創作等權利。換言之，在文化與政治經濟生活的交互滲透與連結過程中，交織成一個群體不可分割的「B. 整體生活方式」，以及常民的「b. 參與文化生活的權利」。A、B 二個象限的交互運作、互為主體構成了文化權利的迴路與分析架構。換言之，不同文化權利之間是彼此連結的，民眾的文化生活參與不應當再被視為一種奢侈與虛構的權利，而應當透過國家的政策與法規積極加以落實。[10]

10　西方文化理論中的「互為主體性」與「繁複連結性」其實與傳統中華文化中陰陽五行的思想，衍發出萬物生生不息的內在動力概念相互接合。作者以形似太極的圖像描繪稼接「文化向度與文化權利的分析架構」，旨在思索一種接合西方與在地文化權利論述的可能性，從文化的四個向度互動，衍生出各種人民參與文化生活所需的權利。

《文化基本法》與常民參與文化生活的權利

　　2004 年 6 月 9 日聯合國所有 191 個成員國皆已經批准 ICESCR，而臺灣亦於 2009 年 3 月 31 日審議通過《公民與政治權利國際公約及經濟社會文化權利國際公約施行法》，並於 2009 年 12 月 10 日正式實施。依據「圖 2-2：文化向度與文化權利分析架構」，以及聯合國經濟社會文化權利委員會《意見書》對於「人人都有參與文化生活的權利」的詮釋，我們進一步檢視在《文化基本法》草案的草擬過程中，臺灣的國家文化部門可能透過什麼樣的法律內涵，落實人民參與文化生活的權利。而文化做為一種常民的日常生活實踐，是否可能做為文化立法的基礎？

一、「生活內在的本質、意義與價值」與文化權利

　　首先，《文化基本法》的立法過程和法律的內涵，攸關臺灣社會內部核心價值的凝聚。然而，基於臺灣多元的歷史文化條件、客觀的政治現況與現實的立法程序，現階段臺灣社會顯然對於核心文化意義與價值欠缺明確的共識。因此，目前的《文化基本法》既無法，也不宜由上而下地具體界定臺灣文化精神、核心文化價值之內涵。《基本法》草案第 1 條所揭示的立法目的，雖然提及「…凝聚我國核心文化價值，故制定本法」，但條文說明中關於文化國力的思維，其實趨近一種國家文化策略性、目的性、工具性的論述，而非內在本質、意義與價值的論述。第 1 條條文中所謂「尊重文化多樣性、自主性及創新性」，與第 2 條文化多樣、平等、參與等內涵，則試圖與國際（歐、美）文化論述所謂的「普世價值」接軌。至於如何凝聚我國文化價值的具體作為和內涵並無著墨，採取一種存而不論的文化宣示，甚至連「臺灣文化」或者「中華文化」的詞彙、內涵或措施，都未見於任何條文（劉俊裕 2013b）。

　　既然臺灣核心文化價值目前難以界定，也不應當由上而下地由國家來界定，《文化基本法》因此轉而強調藉由保障民眾文化藝術之自由、創作與表達（第 1 條說明），透過文化實踐，由下而上地逐步凝聚臺灣多元、多樣的核心文化價值與基本精神（第 3 條條文說明）。草案總說明中更提出：「我國文化豐富且多樣，長久以來我國之文化基本策略，就在於肯定並強調跨文化之和諧、共存、平等、交流與對話」的基調。至於未來的共識凝聚，則必須透過草案第 7 條規範每四年召開之「全國文化會議」，第 10 條定期進行之文化研究與調查，以及第 3 條政府、藝術文化工作者未來在各個藝術、文化領域以及施政範疇的具體實踐，共同逐步匯聚、界定臺灣文化精神與特色。[11]

　　這個存而不論的策略思維，雖然是基於臺灣內部的政治現實，但難免令人產生在臺灣的《文化基本法》中，卻看不到臺灣在地文化論述與核心價值的缺憾，以及臺灣的《文化基本法》難以超越西方文化價值理念論述框架的內在文化主體性限制（劉俊裕 2013b）。其實，2010 年 520 馬總統就職二週年提出「文化興國」理念，強調要以文化發揚臺灣優勢，讓國際社會認識到「具有臺灣特色的中華文化」。而 2011 建國百年，馬總統則指出臺灣是全球華人世界貫徹落實中華文化最徹底、最普遍的地方，「正直、善良、誠信、勤奮、孝親、尊師、仁義、進取、包容等中華文化」，是幾千年來備受大家肯定的核心價值，並早已成為臺灣人民日常生活中的一部分。對此，當然也有民眾質疑為何不是「具有中華特色的臺灣文化」為核心，強調如人情味、純樸、草根性、民間社會的自主性，以及臺灣習自西方的民主、自由、人權、法治與尊重差異的現代價值等（劉俊裕 2014b）。

11　此與《歐洲聯盟運作條約》第 167 條及相關文化政策措施中，對「歐洲文化」、「歐洲價值」、「歐洲文化面向」、「對歐洲具有重大意義的文化」等概念採取存而不論，期許歐洲公民、藝文機構、組織經由各項政策措施與活動由下而上的逐年實踐、累積、發想與創新來凝聚共識有對等的思考（劉俊裕 2007）。

　　《文化基本法》的立法過程，其實有助於進一步引發全民對於臺灣核心文化價值與當代國家文化政策的全球在地引述與再詮釋等議題的討論和思考。沒有經過公民程序和政策辯論的文化價值，是難以凝聚臺灣人民文化共識的，未來在《文化基本法》的立法推動，文化部應更積極透過公共論壇，凝聚臺灣社會文化共識與核心文化價值，重新探索傳統文化價值在當代國家文化政策中的時代意義，並試圖使在地與全球文化潮流、價值接軌，藉由《文化基本法》的立法彰顯臺灣「核心文化價值與基本精神」。另外，參酌歐盟、日本與韓國的立法經驗，諸如「臺灣文化首都」、「臺灣文化日」，以及關於臺灣文化核心價值的長期民意調查，[12] 都是可能逐步由下而上，逐步漸進凝聚臺灣核心文化價值的方式，可惜目前《文化基本法》中未能將具體措施納入規範。

二、「生活外在的行為、組織與實踐」與文化權利

　　在功能性與工具性策略目標方面，《文化基本法》對於文化政策事務範疇的界定，有助於政府主動、善意地透過文化治理，積極賦予人民的文化權利，以及協助常民文化自主、參與和反思，達成文化「自理」的可能（劉俊裕 2013a）。在《意見書》中指出，締約國有義務須採取各種積極措施，包括財政措施，促進人人有參加文化生活的權利的實現。[13] 對此，《文化基本法》草案的第 3 條羅列了十二項政府應推動的文化事務範疇；第 9 條規範了行政院各部會預算屬於文化支出用途者，由文化部整合納入文化發展會報作成決議，整合各部會文化資源；第 11 條明定各級文化主管機關文化經費應有之比率；第 12 條則規範了文化發展基金的設置；而第 13 條、第 14 條則規範了政府對於整體文化人才培育，積極延攬多元文化人才參與文化工作，以及健全文化專業人員之進用管道。上述條文都是

12　歐洲聯盟的「歐洲晴雨表」（Eurobarometer）便針對歐洲文化價值的內涵，進行長期的民意調查與分析。

涉及政府透過文化政策與治理機制動員財政與人力資源，積極促進常民參與文化生活的相關措施。

　　《文化基本法》立法的意義，除了法律的實質內涵與影響之外，最重要的就是藉由《文化基本法》諸多核心議題的討論，促進臺灣人民對於文化公共事務的理性辯論和積極參與，在臺灣社會形成更強而有力的文化公共領域，以及培養公民文化自主的能力。目前一般民眾對《文化基本法》內容並不瞭解，法律未能與常民的日常生活產生連結與共鳴，也因此民眾的參與度相當低。做為一個國家的《文化基本法》草案，整個研擬、諮詢到公聽的過程，顯然欠缺足夠的民意基礎。文化部針對《文化基本法》的立法推動，應廣徵民意，多方進行諮詢、座談、公聽，鼓勵民間自發性進行論壇，甚至召開全國文化會議，[14] 展現對《文化基本法》的重視。全國文化會議或文化國是論壇的進行，雖然在實質議題上未必能夠獲得最專業而適切的解決方案，但卻有助於文化立法資訊的透明、公開，培養全民參與文化公共事務的理性思維、能力與態度，賦予攸關全民參與文化日常生活的《文化基本法》最基本的程序正義。

　　關於人民參與文化政策規劃和執行的權利，CPPDCE 操作指南第 11 條中指出，民間社會包括非政府組織、非盈利性機構、文化與相關部門的從

13　例如 (a) 制定政策，保護和促進文化多樣性，便利使用豐富多樣的文化表現形式，包括特別為此採取措施，建立和支持實現這些政策所必要的公共機構和文化基礎設施；以及透過地方和少數民族語言的公共廣播加強多樣性；(b) 制定政策，使屬於不同文化群體的人能夠在不受歧視的情況下自由地從事其自己的、以及別人的文化習俗活動，並自由選擇其生活方式；(c) 促進文化和語言少數團體為發展其文化和語言權利行使社社的權利；(d) 向藝術家、公私立組織，包括科學研究機構、文化協會、工會和其他從事科學和創作活動的個人和機構，提供財政或其他援助；(e) 鼓勵科學家、藝術家等參加國際科學和文化研究活動，例如，專題座談會、會議、研討會和講習班；(f) 制定適當措施和方案支持少數民族或其他群體，包括移民群體，努力保存其文化；(g) 採取適當措施糾正某些結構性歧視，以確保某些群體的人在公共生活中代表性的不足不致於對其參加文化生活的權利產生負面影響；(h) 採取適當措施，為在互相尊重、理解和容忍的基礎上建立個人和團體之間的建設性文化交流關係創造有利條件；(i) 採取適當措施，透過媒體、教育機構和其他現有管道開展公眾宣傳運動，消除對個人或群體的基於其文化特性的一切形式的偏見。

14　全國文化會議自 2002 年舉辦了第三屆後，就不再召開。馬總統 2008 年提出的「文化諮議小組」，召開年度「總統文化論壇」也未曾發生。

業人員，以及支持藝術家和文化界工作的團體等，在實施公約過程中具有相當重要的作用：「它向各國政府傳遞公民、協會和企業所關心的問題，監督各項政策和計畫的實施情況，並發揮監督、預警、維護價值觀和創新的角色，同時也有助於促進政府政策管理的透明化。」確實，借重獨立運作第三部門（或學術研究單位、文化智庫、學會或協會）的力量，常態監督政府文化部門的藝術文化補助，評量政府其他部會的文化相關事務，定期提出公開評估與調查報告，正是近年來臺灣藝術文化行動與新社會運動顯性文化轉向的重要訴求。但目前《基本法》草案僅在第 10 條中規範，政府應定期進行文化調查研究，建置文化研究資料庫，並與各研究機構建立長期合作機制。雖然第 5 條明定：「基於國家長期發展利益，政府制定政策及法律時，應考量或評估對文化之發展及影響。」然而對於民間團體的監督角色和對政府定期提出公開評估與調查報告等方面卻隻字未提。

三、「生活意義與實踐的互為主體」－特殊的生活方式與文化權利

文化做為一種意義與實踐的互為主體過程，凸顯了一個文化社群特殊的生活方式，而國家則有義務保障其疆域內不同族群，希望被認可為一個文化社群的權利，尤其對於原住民的少數權利的落實，如傳統領域保護、文化發展權、認同權等（Kymlicka and Newman 2000；Young 1989；施正鋒 2005、2007、2008；張宇欣 2012）。二次戰後的數十年中，少數族群與多數族群之間產生了越來越多衝突的議題，例如語言權利、區域的自主、政治代表、教育課程、土地所有權、移民以及歸化政策、甚至民族象徵（如國歌與節慶假日）的決定等等（Kymlicka 1995: 1）。從對於過往歷史詮釋與理解的爭議，到承認並接受不同族群文化的宗教信仰、價值體系與生活方式的主張等，如今已經面臨政治與法律解決與制度化轉變的時刻（Wieviorka 1998: 881-889）。

　　1948 年《世界人權宣言》，宣言中第 27 條規範，人們應享有「自由參與社群文化生活」的權利。聯合國人權理事會針對第 27 條相關判例中指出，若政府的措施影響或者干涉少數族群具重大文化意義的經濟活動時，相關措施的接受度取決於相關的少數族群是否有機會參與此措施的決策程序，以及究竟他們是否能夠持續從傳統的經濟中獲益。政府積極的法律措施，需要少數社群的有效參與，特別是攸關少數社群的決策。國家文化政策的參與，事實上就應預設公共參與的制度化存在，例如透過文化、教育部門、國家與學校或教育機構、公共文化中心、博物館、圖書館、劇院或藝術工藝機構，以及藝術研究與訓練的機構，展開政策諮詢機制（Stamatopoulou 2007: 142）。

　　ICESCR《第 21 號一般性意見書》中更進一步說明，所謂「人人都有參加文化生活的權利」，要求締約國應採取具體措施，以實現對每個人個別地、或與他人聯合、或在一個群體或團體內所具有的權利的尊重，包括：(a) 自由選擇自己的文化認同，屬於或不屬於某個群體，和使自己的選擇受到尊重；(b) 享有意見自由和以自己選擇的一種或多種語言的發表自由，以及不論何種疆界尋求、接受和傳遞資訊和一切種類和形式（包括藝術形式）的思想的權利；(c) 享受個別地、或與他人聯合、或在一個群體或團體內創作的自由，這意味著，締約國必須取消對藝術和其他表達形式的文化活動的審查制度，如果有的話；(d) 可使用其自己的和其他人的文化和語言遺產，特別是各國必須尊重少數民族自由使用其文化、遺產和其他表現形式，以及自由發揚其文化認同和習俗。締約國還必須尊重原住民使用其文化和遺產的權利，保持並加強他們與祖先的土地和歷來所擁有、佔領和使用、以及對其文化生活不可或缺的其他自然資源之間的精神聯繫；(e) 以積極和知情的方式，在毫不受歧視的情況下，自由參加可能對其生活方式。

　　對此，目前《基本法》草案的第 2 條顯然停留於一個宣示性的條文，僅被動地規範「政府應推動各類文化發展，提供人民平等參與之機會，不

得因族群、性別、年齡、宗教信仰、社會經濟地位、地域及其他條件而有所差異。」換言之，《文化基本法》雖援引聯合國 ICESCR 的文化權利精神，但其所採取的是一種消極的「文化平等權」概念。在《文化基本法》中，對於臺灣的少數族群、藝術文化工作者、創作者、民眾、藝術文化弱勢團體，政府既無積極的文化權利調查與補正機制，亦無明確的法律規範，允許個人、族群或團體在其文化權益受損時，得以提出法律或行政救濟的途徑。以臺東「美麗灣事件」為例，美麗灣的開發限制了原住民阿美族刺桐部落的傳統領域，輿論與學界都認為主張開發案明顯地危害原住民族的「文化發展權」和少數族群參與日常文化生活的基本權利。然而文化部以及主管原住民事務的國家原住民委員會卻都無法表示態度積極介入。臺灣原住民族傳統領域和文化發展權的問題，顯示臺灣雖空有《原住民族基本法》規範了原住民族傳統領域的概念，但卻礙於《原住民族土地及海域法》以及《原住民族自治法》等相關作用法的難產，致使《原住民族基本法》的文化發展權利規範形同虛設（施正鋒 2008；張宇欣 2012、本書第四章）。文化部方糖溶於水的思維，以及跨部會協調溝通整合的機制都未能積極落實。

這樣的政治與社會現實揭示，若沒有明確的文化權利調查機制與相關的救濟條款，《文化基本法》將來即使順利通過，勢必同樣難以發揮保障人民參與文化生活權利的目的。針對文化調查機制，《意見書》指出：「締約國應在國家策略和政策中確定適當的指標和基準，包括分類統計和時程，以便有效監督人人都有參加文化生活的權利的實現情況，並評估這一權利的全面落實進展。」而臺灣現有的《公民與政治權利國際公約及經濟社會文化權利國際公約施行法》第 6 條則規定：「政府應依兩公約規定，建立人權報告制度。」

如前文所述，在草擬與執行 ICESCR 過程中，聯合國體系下的經濟、社會、人權委員會與 UNESCO 之間欠缺實質的聯繫與協調。機構間的欠缺互動不但損及了兩個組織的職權，同時也損及了文化權的落實。在臺

灣簽署公約後，主導政治人權推動的總統府（下設之）人權委員會，職掌文化政策賦權的行政院文化部，以及主掌司法人權改革的司法院法務部之間，也同樣欠缺合作協調機制，以致臺灣文化權利的調查與落實成效明顯不彰，在數百頁的聯合國兩公約《人權報告書》中，文化權利調查的篇幅僅佔區區幾頁。對於臺灣人民實務上如何主張文化權利的管道，以及臺灣的藝術文化工作者、創作者、民眾、藝術文化團體、弱勢族群（尤其原住民的少數權利，如傳統領域保護、文化的發展權與認同權等）等在文化權益受損時，應如何提出法律救濟的途徑，在《人權報告書》中的文化權利部分卻都隻字未提，這無疑是文化部難以推卸的職責。因此，政府有必要透過《文化基本法》設立文化人權（權利）調查與推動單位，由文化部積極協同相關部門（此涉及性別、弱勢或特定生活方式的族群）提出國家文化人權報告，並將文化人權監督具體納入《文化基本法》規範中。相關報告更應定期公開，藉此促進臺灣內部文化多樣表達的自由，以及個人、族群、團體參與文化社群與文化生活之權利。

另外，《意見書》要求締約國必須「頒佈適當的法律和建立有效的機制，使個人單獨地、或與他人聯合、或在群體或團體內，得以有效參加決策過程，要求保護其參加文化生活的權利，和在這些權利受到侵犯時，要求並獲得賠償。」關於救濟責任方面則規範，「締約國的策略和政策應規定，如不存在有效機制和機構，應建立此類機制和機構，以調查和審查所稱關於第 15 條第 1 項第 1 款的違反，確定責任，公佈結果並提供必要的行政、司法或其他救濟措施為受害人提供賠償。」[15] 聯合國在 1980 至

15　除了《第 21 號一般性意見書》外，《第 20 號一般性意見書》的「救濟和責任」部分也規範，國家立法、策略、政策和計畫應規定出機制和機構，切實分析經濟、社會、文化權利領域的歧視所造成傷害的個別和結構性質。負責處理歧視問題申訴的機構通常包括法院、法庭、行政機關、國家人權機構和／或監察使，每個人均應可不受任何歧視地利用這些機制。這些機構應對申訴及時進行公平和獨立的裁決或調查。在只有政府機關或其他機構掌握全部或部分有關事實和事件的情況下，應當由政府機關或其他機構負擔舉證責任。這些機構還應當被授權提供有效救濟辦法，如補償、賠償、回復原狀、不再發生的保證和公開道歉，締約國應確保這些措施得到切實執行。這些機構對國內法律保障和不歧視的解釋應當有利於增進和充分維護經濟、社會及文化權利。

1990 年代擬定了經濟、社會與文化國際公約締約成員選擇性加入的議定書：依據「經濟、社會與文化國際公約盧森堡實踐原則」及「危害經濟、社會及文化權利馬斯垂克指導綱領」，公約允許個人及群體在相關權利受損時，向聯合國經濟、社會、文化權利委員會提出司法救濟請求。由於文化權利常被視為一種奢侈的權利，文化議題與文化權利的司法救濟在學術界也鮮少被研究，因此須強調的是，包括原住民的傳統領域、傳統經濟活動、傳統儀式，宗教、神聖遺址、原住民語言、課程教學、衣著服飾、藝術作品表達，原住民文化發展延續，以及文化政策代表參與決策等等，都是可能提到法院審理的文化權利議題（Stamatopoulou 2007: 161, Appendix Two）。臺灣的《文化基本法》除了現行第 2 條的文化權利平等保障宣示條文外，應當積極訂定人民文化權利受損的相關法律救濟條款，使個人、族群與團體文化自由表達與參與文化生活之權利受損時，得依法提出行政訴願或司法救濟。否則未來勢必將面對臺灣內部的個人、團體或少數族群，越過國家機制，直接向聯合國提出訴訟或救濟的窘境。

四、「文化與政治經濟生活的繁複連結」－整體的生活方式與文化權利

UNESCO《保護和促進文化表現形式多樣性公約》第 13 條，將文化納入永續發展的重要考量。2009 年 6 月，經第二次締約方大會批准指導方針，方針第 7 點指出，為了發展政策的自主性和協調一致性，締約方在制定政策時應考慮，「經濟、環境、社會和文化系統是相互依存的，不能將它們割裂開來，因此在制定促進可持續發展的政策與措施時，要與各部門和各級主管當局協商。為此需要建立有效的協調機制，尤其是在國家層面。」如同王志弘（本書第三章）對於文化與政治、經濟、社會多重權利接軌與衝突模式的分析，無論是將文化視為一種獨立的範疇與其他政治、經濟、社會權利產生交互連結，或者將文化權視為瀰漫內蘊於政治、經濟、社會權中的互為主體，都揭示文化與政治、經濟、社會權利必須是互

為表裡、相輔相成的。而延伸其政策意涵，則在於要確保人民的文化生活得以完整地實踐，國家勢必要促成政治、經濟、社會與文化部門彼此縝密的溝通與協商，並且將文化與政治、經濟、社會繁複的互動連結機制，以及國家「文化整體影響評估制度」法制化，使文化在與其他多重權利的接軌與衝突過程中反覆不斷辯證其意義與內涵，進而產生文化權利與價值的主體性。對此，《文化基本法》草案第 6 條規範，全國性文化事務，應由文化部統籌規劃，政府各機關應共同推動；第 8 條明定行政院應設文化發展會報，由行政院院長召集，邀集學者專家、中央部會及地方政府首長組成，協調整合中央、地方及跨部會文化相關事務；第 9 條規定行政院各部會預算屬於文化支出用途者，各部會應就資源分配及推動策略擬訂方案跨部會協調機制，即是希望透過《文化基本法》的制定，積極建構跨部會文化治理的協調、溝通及資源整合機制。

在現代社會中，商業市場與政治力量對於常民的文化生活產生了極大的影響，列斐伏爾清楚地點出「商品、市場、貨幣擁有頑強的邏輯，而這種邏輯已經掌控了日常生活。資本主義的擴張，已經長驅直入到日常生活中最微不足道的細節裡。」因此「革命不能只是改變政治人物或制度；它必須改變日常生活，一個已經被資本主義確切地加以殖民化的日常生活。」（Lefebvre 1988）相承於《文化多樣性保護公約》，在政策法規領域，相對於經濟、政治部門的相對弱勢，《文化基本法》有必要針對文化的特殊性與優先性進行宣示，確保常民日常生活不致過度被政治經濟邏輯宰制。文化的特殊性的核心思維是文化多樣的價值，「個人主義」、「追求利潤」、「自由主義」和「開放市場」的資本主義價值並非普世價值，更不是至高無上價值。不應一昧地將「藝術自由表達」、「文化歸屬與認同」，以及「文化永續生存發展」等文化、藝術核心價值附帶於經濟、商業與商品的價值之下。2012 年至 2014 年臺灣政府文化服務貿易談判引發了臺灣民間和文化界廣大的反彈，原因在於臺灣政府與談判代表經濟邏輯掛帥的粗糙決策，政治權力、經濟商業意識凌駕文化的思維，而臺灣人民參與文化生

活及文化政策的權利被剝奪。[16] 2014 年 3 月 18 日的臺灣反服貿運動,一方面宣示了臺灣人民維護文化主體意識的核心價值,強力挑戰執政官僚體系的專業主義與權力價值,以及財團、產業等企業的商業利潤經濟貿易價值。另一方面則揭示了臺灣民間社會文化自主性與反身性的崛起。從文化的核心思維探討國家治理,執政者應當意識到,臺灣的兩岸和對外政治、經貿政策的制定,終須回歸到人民日常生活的感受,以及政策的「後設文化價值」辯論,進而在臺灣尋求一種文化政策與文化治理的價值典範轉移(劉俊裕 2014a)。

相承於 CPPDCE 在政策法規領域,相對於經濟、政治部門的相對弱勢,《文化基本法》第 4 條因此針對文化優先性進行宣示,「為促進國家文化永續發展…政府應對各類文化事務,於符合國際協定情形下,採取適當之優惠、獎勵、輔導、減免稅或補償及其他必要保護措施。」此及參考聯合國 CPPDCE 的規範,將文化活動、產品及服務之特殊性納入考量,在文化表達形式受到嚴重威脅時採行文化保護措施,以維護及促進我國文化多樣性之發展。未來面對世界貿易組織(WTO)對文化商品貿易與服務自由貿易原則,如何務實地主張文化的特殊性確立「文化例外」原則,並取得臺灣政府文化與貿易部門跨部會的共同立場,也是不可忽略的議題。

為了維繫常民文化生活的整體性,關於國家重大政策、法規、施政綱領的「文化整體影響評估」,世界各國(和國際組織)已經實施運作了二十多年,然而臺灣的政府文化部門卻一直以立法技術不足或涉及範圍太廣為由,持續排拒這個制度。顯示文化部門和首長欠缺強烈的文化主體思

---

16 過去臺灣在加入 WTO 入會談判過程中,基於美國堅持的入會條件,不得不犧牲臺灣的影視產業,謀取入會的資格,放棄了大部分 WTO 締約國尤其歐洲國家所堅持不將影視產業納入服務業貿易協定承諾,也放棄了其他國家允與保留對國外影視節目進口的配額,以及政府對於國內影視產業的補貼等,WTO 最惠國待遇的豁免措施。令人不解的是在臺灣加入 WTO 之後,2000 年到 2008 年多回合服務業貿易談判過程,臺灣的政府貿易談判代表明知道影視產業已經幾乎被好萊塢、韓劇、日劇、港劇、陸劇競爭對手環繞,但竟然還加入了協助美國推動電影市場自由化的親善團體,成為影視市場自由化的推手之一,明顯地暴露政府欠缺整體國家文化經濟論述(Singh 2010)。

維與文化政策的整體論述，也欠缺貫徹文化優先的決心。目前浮出檯面的議題，如兩岸服務貿易協定的文化衝擊、美麗灣事件對原住民傳統領域與文化生活權利的影響、自由市場經濟掛帥導致美國好萊塢電影主宰臺灣電影院線、藝文補助政策失焦與文化投資不彰等等，都是長年來沒有建立「文化整體影響評估」制度，以及欠缺由獨立第三部門針對文化影響評估進行的「定期公開與監督審查」機制有關。

關於「文化整體影響評估」（integrated cultural impact assessment）國際上的實務作法大致有三：第一，政策法規的整體文化意識與思維評估。歐洲聯盟從 1990 年代就進行了第一次文化整體影響評估的報告。《歐洲聯盟運作條約》第 167 條第 4 項規定，歐洲聯盟在本條約其他條款下之行動，特別是有助於促進文化之多樣性發展者，應考量其文化面向。[17]
2010 年歐盟更提出一份名為《歐洲文化議程》的報告書，針對視聽產業、教育訓練、多語主義、積極公民權、青年、傳播、平衡發展政策（結構發展基金）、資訊政策、企業與產業、就業、社會福利與平權、自由安全與司法、競爭政策、稅制及關稅、內部市場、農業與鄉村永續發展、海洋政策、消費者政策以及外交政策等等，逐一進行文化整體策略評估（European Commission 2010）。目前歐盟正審慎思考在所有政策程序中納入「文化整體影響評估」或「文化相關影響評估」制度的可行性。第二，透過環境影響評估（《環評法》、環評制度）強化文化影響評估的指標。目前各國針對文化影響評估的相關法規如下：除歐盟之外，目前許多國家都透過環境保護相關的法規明定文化影響評估條款，例如美國 1969 年通過的《國家環境政策法》要求透過社會科學不同學門方法的整合運用，具

17　此條文規範了歐盟其他政策與文化之間的平行整合連結，強調歐盟其他部門在執行所有政策時，都必須有文化的思維與文化意識，並注意視聽、文化商品與文化勞務的特殊性質原則。依據此項規定，歐盟自 1996 年起便開始針對不同政策中的文化面向進行政策與法規盤存，並提出公開的檢討報告。報告中包括人員、商品、勞務自由流通、競爭政策、觀光政策、區域發展政策、環境政策、人力資源…等等層面，歐盟皆針對其文化目標作通盤性、周延性的考量與配合，有系統地將文化目標融入各政策中（European Commission 1996）。

體評估政策對環境的影響。香港的環境影響規章訂定調查和評量方式與標準，評估文化遺產與遺址的影響；紐西蘭 1991 年制定的《資源管理法》；塞內加爾 1998 年制定的《環境法》；南非的《國家環境管理法》等。第三，文化多樣性國際網絡（International Network for Cultural Diversity, INCD）在 2004 年提出了「文化影響評估框架」計畫，針對文化影響評估的程序、評量指標與變項提出了初步的參考框架（Sagnia 2004）。目前雖然還沒有確切執行，但卻是各國和國際組織目前正積極研議的方向。

目前《文化基本法》草案第 5 條規定：「基於國家長期發展利益，政府制定政策及法律時，應考量或評估對文化之發展及影響。政府從事國土規劃、經濟、交通、營建工程及其他科技建設時，應避免對文化有嚴重不良之衝擊影響。」此即文化影響評估相關的條文。然而，除了要求針對國家重大政策、法規、施政綱領應有文化整體影響評估外，臺灣更需要的是針對文化整體影響評估的「定期公開與監督審查」機制，由（文化部委託）獨立的第三部門進行評估報告的監督與審查，並且定期對外公開。此配套措施最主要的用意是使文化部和其他政府部門，都能在媒介和公共輿論的壓力下，開始有積極的文化意識，正視文化議題。在政府逐年檢討改善文化整體影響評估的跨部會運作過程，媒體和第三部門要確實督促政府部門持續對文化影響評估的實質內涵提出改進，甚至要求提供一般民眾和藝文團體文化權利救濟與國家賠償的可能。否則即使有了文化影響評估制度，此評估制度仍容易形同具文。目前《環評法》中的文化影響評估、《原住民族基本法》中對原住民種種權利的主張都沒有落實，原因不是沒有法源，而是各部會不會有自發性配合措施，政府作為也沒有定期公開監督審查的機制。目前《文化基本法》草案第 5 條仍然不願意採納實質的「文化整體影響評估」與「定期監督審查機制」，只希望透過現行環評制度中去進行強化文化影響評估運作，相當遺憾。政府所有政策、法規與措施應開始逐步推動「文化整體影響評估」，同時藉由文化資源與預算的合理分配原則，使國家文化政策的基本方針規劃與實踐回歸法制化。

《文化基本法》：
常民爭取參與文化生活權利的未竟之志

　　本文以文化的四個向度為基本分析架構，探討並歸納國內外對於文化權利概念的論述。從《文化基本法》草案的條文分析發現，臺灣的文化部門對於文化權利的概念並不清楚，對於國際間討論已久，賦予民眾積極的文化基本權利內涵，例如保障文化的認同與歸屬權利、促進民眾接近文化遺產權利、強化公民文化政策參與權，以及人民參與文化生活權利等（Prott 1988；Mercer 2002；Stevenson 2003；許育典 2006；王俐容 2006；劉俊裕 2007；廖凰玎 2012），在條文中都沒有明確宣示或具體策略與實施步驟。自 2011 年推動至今，攸關臺灣人民文化基本權利的《文化基本法》草案，全國上下仍鮮少對它有所瞭解，截至 2014 年底，臺灣的《文化基本法》仍在文化部與行政院的內部審議程序中。[18] 而反觀韓國則後發而先至，在朴槿惠總統的大力推動下，就任之後一年內便於 2013 年 12 月 10 日快速地通過了國家《文化基本法》。[19]

---

[18] 2011 年的《文化基本法》草案從草擬、諮詢到北、中、南各舉辦一場公聽會，公聽會每場次參與人數應當都不超過 50 個人，雖然參與者可能代表若干藝文團體、地方政府文化局、藝文機構、學者專家，但總計不過 200 人。2013 年重新啟動的《文化基本法》雖增加了內部草擬、諮詢的會議次數，並於 10 月份召開第一次專家諮詢會議和北、中、南、東各地區的公聽會。然而，北部公聽會在文化部四樓進行，會議出席者主要是行政院各部會代表，再加上中、南、東三場，應當也不過 200-300 人次。若就此通過國家的《文化基本法》，實在不符合文化母法立法的程序正義，以及公民參與文化政策的基本文化權利。只是，何以一部如此重要的國家《文化基本法》，竟落得全國上下鮮少人關注呢？其實並非國家的《文化基本法》不重要，而是目前臺灣這部《文化基本法》的精神、內容和立法方式，皆無法引起民眾的共鳴，也難以和人民的日常生活產生關連。它既沒有辦法處理臺灣民眾關切的文化議題，也沒有辦法與一般人的基本文化權利產生關係。以國立臺灣藝術大學藝術管理與文化政策論壇、臺灣文化法學會和洪建全教育文化基金會於 2014 年 1 月 11 日共同主辦的「《文化基本法》：公民開講」論壇為例，單一場次便湧進了一百多位關心《文化基本法》的民眾與藝文界人士（藝術管理與文化政策論壇 2014）。

[19] 韓國《文化基本法》中不僅宣示國民享有文化表達、自由創造及參與文化活動的基本權利（第 4 條），同時正式將中央與地方政府所有政策措施可能對人民生活造成的「文化影響評估」制度正式入法（第 5 條），更要求總統和文化觀光體育部每五年必須制定國家文化總體規劃，明確確立五年的文化整體目標、文化政策方向（第 8 條）。

　　臺灣的《文化基本法》草案在本質上並未以人民的日常生活實踐為主體，也沒有將落實人民參與文化生活的權利視為主要的課題，而在性質上更接近一部國家文化部門功能導向的《文化「行政」基本法》，其凸顯的問題包括：一、文化做為生活的內在本質、意義與價值方面，《文化基本法》內容難以窺見臺灣的文化主體性或者核心文化價值的論述，也因此對於國家文化認同、歸屬、表達等文化權利欠缺具體思考與作為。二、從文化做為生活外在行為、組織與制度化實踐方面分析，《文化基本法》是國家的文化根本大法，但《文化基本法》立法、諮詢過程欠缺廣泛的民意基礎與討論，內涵也難以回應臺灣藝術文化行動與新社會運動顯性文化轉向的訴求。由於文化部透過跨部會協調整合機制職權擴張，但卻缺乏第三部門監督與評量機制，因此常民文化自主的權利，以及參與文化政策的權利並未得到充分的保障。三、在生活文化意義與實踐的互為主體的向度，個人、團體或族群被認可為一個文化社群的權利，以及選擇一個集體的「特殊生活方式」的權利方面，《文化基本法》欠缺積極規範（如文化人權報告、主動積極的行政補正），也沒有消極的行政與司法救濟條款，因此難以充分保障常民文化自由表達與參與文化生活之權利。四、在文化與政治經濟生活繁複連結層面，目前《基本法》草案仍然不願意採納實質的「文化整體影響評估」與「定期監督審查機制」，僅採取國土開發等環境影響評估取徑。由於文化部門與其他政治、經濟與社會部門溝通協調機制沒有建立，也因此難在文化與政治經濟連結過程中，彰顯文化的主體性、特殊性與優先性，以及跨領域文化資源統合的整體性。

　　文化權利究竟是當代國家基於「善治」的責任理念，理應積極賦予人民的基本人權？還是一種勢必要經過民眾的運動抗爭，流血、流汗方能爭取得來的反動人權？2014 年《海峽兩岸服務貿易協議》的爭議中，臺灣政府部門試圖結合臺灣文化產業優勢與文化服務貿易「經濟獲利」的邏輯，凸顯政府部門由上而下「文化治理」對於民眾的積極「文化賦權」，但卻意外地引發了臺灣內部由下而上的大規模文化反抗行動。事實上《文

化基本法》草案的幾個核心原則與機制，包括文化優先與文化例外原則，公民參與文化政策制定的基本權利，獨立第三部門的文化監督、審查機制，建立文化整體影響評估等的法制化規範，以及國家政策「文化優先」與「文化例外」原則的法制化等，都可能避免此次民間大規模的反服貿運動（劉俊裕 2014a）。

　　從《文化基本法》的案例分析，臺灣政府文化部門在人民文化權利的賦予，顯然不夠積極。現行《基本法》草案並未以一般民眾的基本文化權利和日常生活為主體，而是以國家文化行政部門的行政運作為思考核心。文化部透過《文化基本法》擴張部門職權、增加預算、統整資源、鬆綁文化人才任用條例，但卻欠缺立法的透明性，也欠缺資訊公開和接受人民監督評量機制的法制化，也因此難以引發民眾的共鳴。若未能針對立法程序和人民文化權利做更具體的促進與保障，則勢將成為一部令人民「無感」的《文化基本法》。當前臺灣人民參與文化生活權利的實踐，確實無法單純依賴政府自省、主動立法的善意（雖然我仍不願排除這一絲微弱的可能性），而仍須透過文化的公共論壇、第三部門的文化行動，以及常民自主性參與文化政策規劃為後盾，亦步亦趨地爭取而逐步落實。若文化是一種常民日常生活的實踐，則《文化基本法》的由下而上的推動和法制化過程，則仍是當前臺灣人民爭取落實參與文化生活權利的未竟之志。

參 · 考 · 書 · 目

Bennett, Tony. 1998. *Culture: A Reformer's Science*. London: Thousand Oaks, Calif., Sage.

Bourdieu, Pierre. 1977. *Outline of a Theory of Practice*. Cambridge: Cambridge University Press.

De Certeau, Michel. 1984. *The Practice of Everyday Life* (Steven Rendall trans.). Berkeley, Los Angeles and London: University of California Press.

Dobson, William J.。謝惟敏譯。2014。《獨裁者的進化：收編、分化、假民主》。臺北：左岸。

European Commission. 2010. The European Agenda for Culture-Progress towards Shared Goals Accompanying Document to the Commission Report to the European Parliament, the Council, the European Economic and Social Committee and the Committee of the Regions on the Implementation of the European Agenda for Culture. Com (2010) 390, July 19. Available at http://eurlex.europa.eu/LexUriServ/LexUriServ.do?uri=COM:2010:0390:FIN:EN:PDF (accessed November 1, 2011)

European Commission. 1996. First Report on the Consideration of Cultural Aspects in European Community Action. Com (96) 160, April 17.

Kymlicka, Will and Newman, Wayne. 2000. *Citizenship in Diverse Societies*. Oxford: Oxford University Press.

Kymlicka, Will. 1995. *Multicultural Citizenship*. New York: Oxford University Press.

Lefebvre, Henri. 1988. Towards a Leftist Cultural Politics: Remarks Occasioned by the Centenary of Marx's Death. (D. Reifman, Trans.) (75-88). In Press. C. Nelson & L. Grossberg (eds.), *Marxism and the Interpretation of Culture*. Urbana: University of Illinois.

Liu, Chun Yu. 2003. *Comparative Studies of European and Chinese Cultural Identity-A Conceptual and Historical Approach*. Ph. D Thesis of Faculty of Humanity, The Nottingham Trent University, United Kingdom.

McGuigan, Jim. 2004. *Rethinking Cultural Policy*. Maidenhead: Open University Press.

Mercer, Colin. 2002. *Towards Cultural Citizenship: Tools for Cultural Policy and Development*. Stockholm, The Bank of Sweden Tercentenary Foundation.

Prott, L. V. 1988. Cultural Right as People's Rights in International Law (93-106). In James Crawford (ed.), *The Rights of Peoples*. Oxford: Clarendon Press, Clarendon Press.

Sagnia, Burama K.. 2004. *Cultural Impact Assessment Project: Framework for Cultural Impact Assessment*. International Network for Cultural Diversity, Dakar, Senegal.

Singh, J. P. 2010. *International Cultural Policies and Power*. Basingstoke, UK, Palgrave Macmillan.

Schindler, Jörg Michael Schindler. 2012. En route to a Practice of European and National 'Culture-Related Impact Assessment' (CRIA)? Website of Compendium of Cultural Policies and Trends in Europe. http://www.culturalpolicies.net/web/compendium-topics.php?aid=222 (accessed October 20, 2012)

Stamatopoulou, Elsa. 2007. *Cultural Rights in International Law*. Article 27 of the Universal Declaration of Human Rights and Beyond. Leiden and Boston, Martinus Nijhoff Publishers.

Stevenson, Nick. 2003. *Cultural Citizenship: Cosmopolitan Questions*. Maidenhead: Open University Press.

Tylor, E. B. 1958. *Primitive Culture. Researches into the Development of Mythology, Philosophy, Religion, Art and Custom*. Gloucester, MA, Smith.

UNESCO. 2005. Convention on the Protection and Promotion of the Diversity of Cultural Expressions. Available at http://www.unesco.org/culture/en/diversity/convention (accessed November 10, 2011).

United Nation. 1948. Universal Declaration of Human Rights. G.A. res. 217A (III), U.N. Doc A/810 at 71.

United Nation. 1966. International Covenant on Economic, Social and Cultural Rights. G. A. res. 2200A (XXI), 21 U.N.GAOR Supp. (No. 16) at 49, U.N. Doc. A/6316, 993 U.N.T.S. 3, available at http://treaties.un.org/Pages/CTCTreaties.aspx?id=4&subid=A&lang=en (accessed September 10, 2012).

United Nations. 2009. Committee on Economic, Social and Cultural Rights, Economic and Social Council. *General Comment No. 21. E/C.12/GC/21*, 21 December.

Wieviorka, Michel. 1998. Is Multiculturalism the Solution? *Ethnic and Racial Studies*, 21(5): 881-910.

Williams, Raymond. 1958. Culture is Ordinary. In Ben Highmore (ed.), *The Everyday Life Reader*. London: Routledge.

Williams, Raymond. 1982. *Cultural and Society*. London, The Hogarth Press, First Published in 1958.

王志弘。2010。〈都市社會運動的顯性文化轉向？ 1990 年代迄今的臺北經驗〉。《國立臺灣大學建築與城鄉研究學報》，16: 39-64。

王甫昌。2003。〈社會運動〉，收錄在王振寰、瞿海源主編，《社會學與臺灣社會（第二版）》，頁 421-452。臺北：巨流。

王俐容。2006。〈文化公民權的建構：文化政策的發展與公民權的落實〉。《公共行政學報》，20: 129-159。

王爾敏。1992。〈傳統中國庶民日常生活情節〉。《中央研究院現代史研究所集》，21: 147-176。

余英時。1992。《從價值體系看中國文化的現代意義》。臺北：時報文化。

金觀濤、劉青峰。2000。《中國現代思想的起源－超穩定結構與中國政治文化的演變》。香港：香港中文大學。

施正鋒。2005。〈原住民族土地權的國際觀〉。發表於「原住民族與國土規劃研討會」。臺北：臺灣大學法律學院國際會議廳，7 月 21-22 日。

施正鋒。2007。〈臺灣少數族群的政策探討〉。《教育資料與研究專刊》，12: 59-76。

施正鋒。2008。〈原住民族的文化權〉。《臺灣原住民研究論叢》，3: 1-30。

徐揮彥。2010。〈論經濟、社會及文化權利國際公約中文化權之規範內涵：我國實踐問題之初探〉。《中華國際法與超國際法評論》，6: 453-509。

張宇欣。2012。〈從少數群體權利談臺灣原住民傳統領域之定位〉。「2012 年文化的軌跡：文化治理的想像與實證國際研討會」，國立臺灣藝術大學教研大樓 10 樓國際會議廳，11 月 9-10 日。

許育典。2006。〈文化國與文化公民權〉。《東吳法律學報》，18: 1-42。

廖凰玎。2012。〈文化權利立法之研究初探〉。發表於「2012 年文化的軌跡：文化治理的想像與實證國際研討會」，國立臺灣藝術大學教研大樓 10 樓國際會議廳，11 月 9-10 日。

管中祥。2005。〈文化實踐與社會運動〉。《世新大學多元文化學程教材》。引自 http://cc.shu.edu.tw/~e62/HRIM/sub03/9603/17.pdf（查詢日期：2012 年 3 月 20 日）

劉俊裕。2007。〈歐洲聯盟文化政策『超國家特質』之研究〉。國科會專題研究計畫。計畫編號 NSC 95-2414-H-160-002。

劉俊裕。2011。〈歐洲文化治理的脈絡與網絡：一種治理的文化轉向與批判〉。*Intergrams*，11(2): 1-15。

劉俊裕。2013a。〈文化「治理」與文化「自理」：臺灣當代知識分子與文化公共領域的結構轉型？〉。發表於「公共性危機：2013 文化研究會議」。臺北：國立臺灣師範大學，1 月 5-6 日。

劉俊裕。2013b。〈「文化基本法」：一份學界參與文化立法的紀實與反思〉。《國家與社會》，13(3): 67-112。

劉俊裕。2013c。〈都市文化治理與文化策略的形構〉，收錄在劉俊裕主編，《全球都市文化策略：國際節慶、活動與都市文化形象展現》，頁 3-35。臺北：巨流。

劉俊裕。2014a。〈文化治理與文化自理？從臺灣《文化基本法》析論兩岸服貿爭議中的治理與反抗〉。上海，2014 年兩岸文化政策論壇。

劉俊裕。2014b。〈文化治國、文化興國（中）：臺灣文化政策的藍圖該如何擘劃？〉。《udn 聯合新聞網》。7 月 26 日。引自 http://mag.udn.com/mag/news/storypage.jsp?f_ART_ID=526028（查詢日期：2014 年 7 月 28 日）

藝術管理與文化政策論壇。2014。〈野火再起，民間『文化基本法公民論壇』燃起遍地烽火！官民不同調，『文化基本法』野火燒向文化部！〉。《苦勞網》。1 月 12 日。引自 http://www.coolloud.org.tw/node/77095（查詢日期：2014 年 1 月 14 日）

龔鵬程。1995。《思想與文化》。臺北：業強出版社。

附件一 《文化基本法》草案（**2013.10.02諮詢會議版本**）

（102.07.29）

條文	說明
第1條 為健全文化環境，保障人民平等參與文化及藝術之權利，尊重文化多樣性、自主性及創新性，凝聚我國核心文化價值，特制定本法。	一、本法立法精神及目的。 二、由於「文化國力」已成為衡量國家競爭力之重要指標，為健全文化環境，本法致力於保障民眾文化藝術之自由、創作與表達，及平等參與文化生活之權利，並尊重文化多樣性、自主性及創新性，以凝聚我國核心文化價值。
第2條 政府應推動各類文化發展，提供人民平等參與之機會，不得因族群、性別、年齡、宗教信仰、社會經濟地位、地域及其他條件而有所差異。	依《經濟社會文化權利國際公約》第15條，人人有權參加文化生活，爰明定政府推動文化發展，應提供人民參與文化之平等權利。
第3條 政府應推動下列文化事務，以促進國家文化永續發展： 　一、保存及傳承文化資產。 　二、獎助文化藝術。 　三、發展文化創意產業。 　四、培育文化人才。 　五、保障各族群文化權利。 　六、均衡城鄉文化資源，普及文化設施。 　七、推動藝術及美學培育。 　八、養成藝文消費人口。 　九、協助文化藝術傳播及行銷。 　十、推展國際文化交流及合作。 十一、建立人民、事業與各級政府間之文化事務合作機制。 十二、其他與文化發展有關事項。	一、鑑於文化定義難以盡述，爰參考日本之《文化藝術振興基本法》，羅列所要推動之項目，規範文化事務範疇，期能透過文化實踐之過程，由下而上逐步凝聚我國多元、多樣之核心文化價值與基本精神，豐富國民之文化生活，進而充分運用我國文化之軟實力。 二、考量我國多元族群之特性，於第5款以「保障各族群文化權利」涵蓋原住民族、客家、新住民及其他等族群之文化平等權之理念。 三、媒體行銷已成為國民獲得資訊之主要來源，爰於第9款明定政府應透過各種措施，協助文化藝術傳播及行銷。

條文	說明
第 4 條 為促進國家文化永續發展，於符合國際協定下，應對前條事務採取適當之優惠、獎勵、輔導、減免稅或補償及其他必要保護措施。	依照本法立法宗旨，並延續第 3 條推動各項文化事務以促進國家文化永續發展之目的，爰規定於各項文化事務之推動時應採取相關必要之保護措施。
第 5 條 基於國家長期發展利益，政府制定政策及法律時，應考量或評估對文化之發展及影響。 政府從事國土規劃、經濟、交通、營建工程及其他科技建設時，應避免對文化有嚴重不良之衝擊影響。 為落實前二項規定，《環境影響評估法》及其相關法令所定評估事項涉及文化事務者，環境資源部應會商文化部定之。 人民、事業及團體應就第 1 項及第 2 項規定，負協助之責任。	一、為維護我國文化、健全文化環境並保障文化得以保存、傳承與永續發展之理念，尋求文化與相關政策共存共榮之機制，爰於第 1 項明定政府各項政策與法律之制定，應考量文化發展。 二、為落實第 1 項保障文化保存、傳承與永續發展之理念，明文列舉各項建設應避免對文化產生不良影響之規定。 三、政府法規之制定應考量文化層面，《環境影響評估法》及其相關法令，諸如相關審議規範、認定標準涉及有文化事項者，應有文化主管機關之參與評估，爰明定第 3 項。 四、文化保存、傳承與永續發展之實踐不能僅依賴政府，應由社會各界與政府協同合作，唯有全民參與，文化保存、傳承與永續發展之理念始得克竟全功，爰規範第 4 項人民、事業及團體之義務。
第 6 條 全國性文化事務，應由文化部統籌規劃，政府各機關應共同推動。	政府制定政策應有文化思維，文化事務是政府共同之任務，全國性文化事務，除應由中央文化主管機關統籌規劃外，並應由中央與地方各機關共同推動。
第 7 條 文化部應每四年報請行政院邀集相關文化領域學者專家、社會各界及中央、地方政府機關首長，召開全國文化會議，廣納各界意見，並研議全國文化發展事務。	為傾聽各界意見，凝聚共識，爰參酌科學技術基本法第 10 條第 2 項規定明定政府應召開全國文化會議，廣納各界意見，並研議全國文化發展事務。

條文	說明
第 8 條 行政院應設文化發展會報，由行政院院長召集，邀集學者專家、中央部會及地方政府首長組成，每六個月開會一次，依前條會議之建議，協調整合中央、地方及跨部會文化相關事務。	為提高文化事務之重要性，爰明定行政院應設置文化發展會報，建立跨部會協調整合機制，參酌全國文化會議之建議，協調中央及地方於政策制定及規劃時，確實考量國民文化之權益及文化共存與共榮之利益，以示對文化事務之重視。
第 9 條 行政院各部會預算屬於文化支出用途者，各部會應就資源分配及推動策略擬訂方案，由文化部整合納入第 8 條文化發展會報討論決議，行政院各部會應配合辦理。	有鑑於文化事務屬於各部會皆應辦理之事項，各部會皆有編列相關預算進行推動，惟為整合各部會文化支出之資源，以達政策統一與有效運用，爰本條明定應將相關預算運用納入文化發展會報中決議。
第 10 條 政府應定期進行文化調查研究，建立文化資料庫。 公私立學校、研究機構對於文化相關研究著有績效或成果優異者，政府得就其研究發展所需設施及人才進用，給予必要支援，並得建立長期合作機制；其支援對象、方法、合作條件及其他相關事項之辦法，由文化部定之。	一、 參考行政院主計總處定期辦理工商普查、國富調查案例，明定政府應定期辦理文化調查，以掌握文化發展脈動，提供文化政策研擬之重要參考與依據。 二、 為使得各政策研究得以延續、擴充與深入，並為鼓勵對文化進行研究且其績效與成果優異者，爰明定得建立長期與政府配合作政策研究之機制。
第 11 條 各級文化主管機關文化經費預算合計，應不低於該年度預算籌編時之前三年度決算歲入淨額平均值之百分之一點七，以確保國家及各地方自治團體有相當經費提升人民文化生活。	依照釋字第 463 號解釋，《憲法》增修條文第 10 條第 8 項：「教育科學文化之經費，尤其國民教育之經費應優先編列，不受《憲法》第 164 條規定之限制。」爰參酌《教育經費編列與管理法》第 3 條第 2 項規定，明定政府文化預算之比率，充實人民文化生活。
第 12 條 政府應設置文化發展基金，辦理文化資產維護、文化藝術扶植、傳統文化傳承、文化創意產業發展、文化人才充實、文化設施營運及文化交流等相關事項。	文化藝術事業自償性較低且需長期推動，若能以特種基金模式設置文化發展基金以推動各項文化事務，當有助於文化穩定發展，爰參考《原住民族基本法》第 15 條第 2 項、第 18 條、《環境基本法》第 31 條及《科學技術基本法》第 12 條，明定本條。

條文	說明
第 13 條 政府應加強推動整體文化人才培育，積極延攬多元文化人才參與文化工作。 為積極延攬多元文化人才參與文化工作，政府應採取租稅、出入境、居留及其他相關優惠措施，並保障其子女就學權益。	一、人才是各業各界之重要資產，我國為多元社會，面對國境界線愈益模糊、世界快速位移時代，允應積極培育、吸引及延攬多元文化人才，爰明定第1項。 二、另為積極延攬境外文化人才來臺參與文化工作，爰明定政府應採取相關措施，以吸引現行對於境外文化工作者來臺服務，促進我國文化事務之活絡與發展。
第 14 條 為健全文化專業人員之進用管道，政府應訂定公平、公正、公開之資格審查方式，由政府機關（構）依其需要進用，並應制定法律，適度放寬政府機關（構）進用人員法規之限制。	為健全文化專業人員之進用機制、突破學歷資格限制、保障文化專業人才，政府應提供適合文化機關（構）聘任人員之管道及機制，爰明定本條。
第 15 條 政府應結合學校積極推動文化傳承與人才培育，鼓勵大學院校設立文化相關學程，並於中小學設置文化美學學習課程，以落實文化扎根。	人才為文化傳承與發展之根本，文化人才培育，需要政府結合各級學校教育落實扎根與發展，以達成文化永續傳承之目的。
第 16 條 本法施行後，政府應依本法之規定，制（訂）定、修正或廢止相關法令。	由於本法之地位係屬於各文化法規之母法，為健全文化法規整體機制，爰參酌《教育基本法》第 16 條，明定應於本法制定後作相關法規之配套修正。
第 17 條 本法自公佈日施行。	明定本法之施行日期。

第三章

通往城市權的文化路－
都市脈絡下文化權利多重性的限制與可能 [1]

－王志弘－

論旨

　　權利並非天生既予，而是爭取來的。權利是鬥爭的成果，也是奮鬥的理想和憑藉。權利也非恆久不變，而是隨歷史更迭。不過，不同於馬歇爾（Thomas Humphrey Marshall 1950）提出的 18 世紀公民權（civil rights）、19 世紀政治權（political rights）與 20 世紀社會權（social rights）的遞變，以及晚近文化權利（cultural rights）做為權利發展之最新階段的直線演化暗示，權利的變動遠更為複雜曲折，不僅與特定時空脈絡有關，也深深捲入不確定的社會權力鬥爭。

　　據此，本文嘗試將文化權或文化公民權（cultural citizenship）概念，尤其是其多元內涵、限制及展望，定位於都市脈絡中，並通過考察文化權與「城市權」（right to the city）－過著一種改變且革新了的都市生活的權利（Lefebvre 1996: 158）－的關係，提出一個有助於經驗探究的分析視野，主要論點有四：

1　本文曾以〈文化權利的多重性：爭辯、限制與可能〉為題，刊載於《世新人文社會學報》，15 期，2014 年。

　　首先，**文化權的界定與操作，有多重的內涵與模式**。文化權的兩種基本內涵，分別是具普同論（universalism）和平等主義色彩的文化資源（如媒體、教育）近用權，以及具特殊論（particularism）和社群主義色彩的生活方式（如語言、習俗和認同）保有權。再者，文化權有兩種基本實踐模式，分別為制度面與價值觀，前者指涉了機構、法令、政策與行政慣例的確立；後者涉及意義、理念、認同和價值的認定與體現。兩種文化權內涵及兩種實踐模式的共存與緊張，在異質多元又須保有共同秩序的城市脈絡中，可謂格外鮮明。制度面與價值面的文化權實作，兩者理應相互扶持，卻常有制度僵化導致的脫節疏隔，或價值含糊衝突引發的法令與政策困局。另一方面，普遍的文化資源近用權保障了言論和表達自由，以及公共參與機會，特殊生活方式保有權則能維持社群凝聚、身分尊嚴，以及多元價值。然而，普同論和特殊論也是既互相支持，又有著難解的衝突，促使文化權成為不穩定的範疇，導向不同概念與實作之間的**翻譯政治**（politics of translation）。

　　其次，**文化概念與實作皆脫離不了與政治、經濟及社會的關係**。無論如何界定，文化常被挪用且體現於規訓紀律、生意牟利，以及社會階序，文化（及文化權）因而經常成為其他戰役的戰場。文化權利的爭取、賦予和界定，既反映了政治、經濟與社會的鬥爭，也是其產物、媒介和目標。於是，文化權與政治權、經濟權、社會權等權利及義務的爭奪和確立，有著密切關係，不能視為全然獨立的權利領域。文化權隱含於其他權利之中，其伸張無法脫離其他權利的奧援，但也常成為掩蓋其他權利之匱缺不足或不均分配的華美斗篷。

　　第三，**當前的都市文化是治理與規訓權力運作的策略性場域**。晚近，文化差異成為資本積累的擴張利器，文化風格則牽涉區分人我高下的劃界工作，也捲入文化領導權的角逐。然而，文化更逐漸成為治理的安全裝置。主導勢力以文化之名，拆解著持續冒現的社會騷動和危機。這是文化的綏靖與淨化力量，是一種集體象徵暴力和常態化勢力，不僅污名化各類

奇花異果的萌生，也壓制了對平等與公義的普遍渴求。於是，懷抱理想的文化權論述，在各方角力之間容易淪為治理工具。當然，在文化日益受到重視、成為爭鬥關鍵之際，文化權的論述與實踐也是進步力量據以抵抗的槓桿，藉此翻轉主導勢力，確保及延續各項權利主張，進而在社會轉型計畫（social transformation project）中，成為爆破安全裝置的引信。

　　最後，要確保文化權不淪為霸權規訓、資本積累和階序劃界的工具，反而是爆破既有體制的引信，或許必須**將文化權統合於爭取城市權的整體戰略中**，使其成為當代普遍都市化趨勢下，通往城市權的目標、媒介與實踐過程，而非只是抽象理念或僵滯體制，也不淪為忽視正面差異的普同主義，或具排他性自保意識的特殊主義。換言之，在人類正邁向普遍都市化的局勢下，城市權可以是連結紛繁多樣且內蘊衝突之文化權的翻譯橋樑與串接平台。

城市與文化的多重概念化及翻譯必要性

　　何謂城市？何謂文化？城市與文化的關係為何？這是要先釐清的課題。城市與文化，一如所有其他概念，都難以一語道盡，沒有單一定義。這些概念本身的多重意義和爭議，正反映了其所指涉之現象的複雜與持續變化，也指出了在不同概念及其指涉現象之間從事**翻譯**的必要性。

　　這裡的「翻譯」（translation）首先是指語言學上不同符號系統之間的意義轉換，也擴大指涉超乎語言之外的意義轉換和傳遞，亦即一般所謂的「文化翻譯」。翻譯也意味了不同概念網絡之間的溝通與達致（暫時性）共識及解決之道的可能性。這裡的翻譯概念還可以挪用「行動者網絡理論」（actor-network theory, ANT）的 translation 概念（本地學界譯為轉譯、轉換、轉變等），來擴展對於不同文化與城市概念之間關係的理解。

　　由於這些不同文化和城市概念皆非單獨存在，而是置身於多重概念網絡中，還受到生產、傳遞、詮釋和使用這些概念的特定制度、人員、活

動，以及科技物（例如承載和傳遞這些概念的媒體和技術）支持和影響，因此格外適用於強調動態網絡、關係性思考及科技物作用的 ANT 視角（林文源 2007）。網絡中的不同行動者，包括各種文化和城市概念及其內涵，以及其所牽涉的利益和作用，都會不斷變動。然而，為了達致某種可行的運作邏輯或暫時解答，網絡中的不同行動者會招募資源和建立同盟，並協商各方勢力和利益，形成所謂的「邊界物」（boundary objects）以便跨越不同生活世界而達致暫時的共識，令不同網絡得以協作（Star and Griesemer 1989），而這正是翻譯或轉換的效果。

　　就文化概念而論，隨手翻閱文化理論或文化研究的教科書與辭典，都會指出文化概念的多重性，並行禮如儀地引述雷蒙・威廉斯（Raymond Williams 1983）針對 culture 字義的爬梳：文化的字源可以溯及農耕、照料、陶冶教養等意義，也在個人心靈成就、具體藝文作品外，逐漸轉而指稱集體文明，以及特殊群體之整體生活方式等。因此，文化涉及了身分認同、意識觀念、精神思想、價值規範、風俗習慣、分類體系，也牽涉物質性的制度和實作。看重意義之產製和傳遞的學者認為，文化是個由符號構成的表意系統（signifying system）結構或動態的互文網絡（intertextual network）。對於批判學者而言，文化則是以意識形態、領導權（hegemony）、再現政治（politics of representation）、文化工業等概念來探討，專注於其支配和自然化既有秩序的效應。至於關心主體構造及慾望的觀點，則往往援引精神分析視角，討論做為慾望政治、快感政治與認同政治場域的文化。

　　此外，我們見到了文化同各種概念結合而形成許多複合概念，像是文化資本、文化產業、文化政治、文化經濟、文化唯物論、文化帝國主義、文化記憶與文化創傷等。這些新詞本身便呈現了文化的多義性，或者說，通過與不同領域接軌，而延伸和豐富了文化概念的內涵。於是，我們面對的不是單一的文化概念，而是**以文化為名交織起來的概念網絡**；不同文化概念的交鋒和批判，開啟了一場知識鬥爭（Eagleton 2000）。

　　看似比文化容易掌握，具有實質地景及空間樣態的城市，其實也同文化一樣，是個複雜的概念網絡。城市經常被視為人類文明之所在與象徵，跟鄉野和自然有所區別；城市與文化的緊密聯繫，似乎明確而理所當然。於是，前述文化概念的多重性，似乎也暗示了與其相應的城市意義十分多元。以下簡述幾種主要的城市概念化方式。

　　20 世紀初期，芝加哥學派的路易斯・沃思（Louis Wirth）嘗試系統化城市概念，主張城市做為特殊人類聚落，有規模大、密度高、人群與活動具高度社會異質性等特徵（Wirth 1938: 190），展現了某種強度或密集狀態（intensity）（Pile 1999: 42）。然而，無論規模、密度或異質性，看似便於測量且客觀，其衡量標準卻難以劃定。例如，最小城市人口規模的底線應該劃設在哪裡？總是難以取決。再者，單以規模、密度和異質性來看，也很難掌握城市生活表象以外的複雜狀態。於是，出現了各種嘗試理解城市實質環境特徵背後之政治、經濟、社會和文化動力的觀點。

　　首先，德國學者齊美爾（Georg Simmel 1950）認為，面對訊息繁雜、置身匿名群眾的處境，都市人會產生冷漠厭倦（blasé）心態，又會追求時尚以標榜個性。沃思發展了這個觀點，主張城市的規模、密度與異質性會激發獨特的都市文化形態，呈現為膚淺、暫時、片段、功利導向的人際互動模式（Wirth 1938）。

　　其次，芝加哥學派的另一位代表人物羅伯・帕克（Robert Park 1952），則發展出人類生態學（human ecology），以植物群落演替為模型，掌握社會群體在城市環境中的資源競爭與功能調適動態；城市展現為不同階級和族群通過地價、租金及購買力來競逐區位，而形成區隔化的群集居住與活動的土地利用形式（Park, Burgess and McKenzie 1925）。相較於沃思的都市文化（當代城市是一種特殊生活方式）的論點，人類生態學強調的都市特徵過程，乃是社會競爭與社區形成。

　　第三，類似資源競爭與適應的生態模型，受韋伯（Max Weber）影響的學者（Rex 1968；Rex and Moore 1967；Pahl 1975）將城市視為一個不

平等且衝突的資源分派體系，格外強調其政治過程，尤其是資源守門人或經理人－房地產仲介、地方官員、社會工作者等，即控制取用住宅等策略性都市資源管道的人物－的行動，也關心都市資源（尤其住宅）的不平等，如何成為「都市階級鬥爭」動力（Saunders 1985）。

第四，相較於可能過度強調都市經理人之能動性的觀點，政治經濟學的結構性批判視角（尤以馬克思主義為代表），雖各有偏重，但皆重視城市所處的更大結構性力量，以此來界定城市的功能、意義與形式。例如，柯司特（Manuel Castells 1977, 1983）認為城市是勞動力再生產的場域（從而強調城市是集體消費單位，並著重考察地方政府、市民社會及都市社會運動的關聯）；另一方面，哈維（David Harvey）則認為，城市應理解為由生產或資本積累過程主導的都市過程（urban process）：

> 城市乃是在資本積累的時間過程裡，運用勞動力營造的生產力之凝聚體。城市由為了在世界市場交換而進行的資本主義生產之新陳代謝所滋養，並由在城市範圍裡組織起來的、極複雜的生產與分配系統所支持（Harvey 1985: 250）。

於是，城市的存在和變化，某個程度上轉化成為資本積累邏輯的展現，像是都市環境會有持續的創造性破壞，以便調節資本主義危機（例如，以房地產開發來吸收製造業的過剩資本，即所謂「空間修補」）（Harvey 1982）。

無論是將城市視為因規模、密度和異質性而產生的獨特生活方式；因社會群體競逐資源而形成特殊集居型態；資源分配的政治系統與相應的鬥爭；或者，資本主義運作邏輯下，勞動力再生產、集體消費、都市運動、創造性破壞、空間修補等多重都市政經過程，都有難以抹滅的文化面向。不僅生活方式向來被視為文化的核心界定（人類學式的文化整體觀），資源競爭與調適下的區隔社區（階級與族裔社區文化）、資源分配的政治過程（資源取用之公平價值的追求），以及資本主義驅動的都市過程（商業

文化、都市意識形態），也都有其文化意味。

　　晚近在文化研究和後結構主義思潮影響下，從文化、再現、影像、認同、流動和網絡（Amin and Thrift 2002）等角度來分析、進而重新界定城市概念，更是形成了學術風潮。例如，朵琳・瑪西（Doreen Massey）賡續芝加哥學派對於密度、規模和異質性的重視，將城市界定為：時空之中社會關係的密集焦點或節點，是開放的密集體，是不同故事相遇之處（1999: 102, 134）。異質性、密度、密集體、節點，以及故事，指出了城市變動不定的多樣與複雜，而這種複雜多樣正是其典型文化特徵。

　　無論是文化概念或城市概念的多元併陳，都立即呈現出**翻譯**的必要性，也就是在不同認識典範之間轉換和協商，以便相互溝通和理解。當然，就像語言系統之間的轉換一樣，完全透明無礙的翻譯並不存在。因為不同語言系統和知識典範，意味了不同的價值觀、認識論與存在狀態，無法相互化約。翻譯僅能在兩種或多種語言和概念之間協商折衝，在靠近對方（譯出語）或親近己方（譯入語）之間，在直譯硬譯或意譯轉譯之間徘徊，甚且創造出全新的表述方式。這是翻譯的溝通困局，也是創新之所在。

　　文化概念及城市概念的多重性，意味了這些概念的內部需要翻譯；或者說，文化概念網絡及城市概念網絡，本身就是一個翻譯的流通系統。進一步言，文化與城市這兩方之間的接合聯通，也需要翻譯。立足於多重文化概念的文化權，如何接軌於涉及多重城市意義的城市權，正是一個困難的翻譯課題，這涉及了不同語意及價值系統之間的翻譯可能性（或不可能）條件，以及選擇性的詮釋、再現、理解與溝通。

文化權的普同與特殊之辨、制度與價值之分

　　翻譯的必要性，預設的是多元而複雜的文化權概念。例如，米勒（Toby Miller）提出了七種文化公民權概念的理論形構根源，包括：提供文化設施與管制文化產業以確保人民文化能力的政策治理；倡議少數族裔

維持和發展其獨特傳統暨認同;移民和弱勢族裔的多元文化主義;具寰宇主義精神、教導文化識能的普遍教育;破除制度性的種族歧視;經濟與政治力量的衝突通過文化差異而展開;以及文明衝突論(2006: 66-72)。王俐容(2006)則指出了文化公民權理論化的三種意義:拓展公民權概念(保障少數族裔權利)、經由文化能力以提升公民主體與意識(文化能力保障與提升),以及確認文化權內涵(文化認同、文化生活參與權、教育權、資訊權、智財權、文化發展權等)。

面對多樣的文化權概念,我們需要一個提綱契領的架構,藉以釐析文化權概念的基本邏輯,做為翻譯、溝通與跨接的基礎。就此,劉俊裕(2013)提出的分析架構可為參考。他區分出兩個軸向、四個象限:第一個軸向是特殊生活方式與整體生活方式之分,前者涉及意義與實踐的互為主體,後者牽涉文化與政治經濟的繁複連結;第二個軸向則是外在行為、組織與制度實踐,相對於文化之內在本質、意義與價值的區分。我們可以將這個分析架構簡化為文化權概念之普同論與特殊論的內涵差異,以及文化權實作之制度面與價值面的區別。

首先,我們可以區分普同論和特殊論在哲學基礎、目標、內涵及意義等方面的差別(表3-1)。普同論立基於古典自由主義、公民共和主義,以及同一性政治(politics of identity),籲求(國族框架內部或跨國族的)人人平等近用被視為資源的文化產品與活動,藉此深化素養與能力以利公民權利與義務之操作。於是,文化權的內涵主要是文化資源的接近和參與權,以及立足於自由主義私產觀念的智慧財產權和創意成果保護等。順此,其所對應的文化意義,便是文化視為資源與機會(公共參與)、素養與能力(文化識能),以及資產和生意(智慧財產)。相對的,特殊論的文化權立足於多元文化主義、社群主義及差異政治(politics of difference),目標是包容和多元,藉此維護邊緣和少數群體利益、確保文化多樣性。這時,主要的文化權內涵就是文化認同權和文化發展權,而其對應的文化意義,則指涉了認同與生存意義,以及獨特生活方式。

表 3-1　文化權的哲學基礎與內涵

	普同論	特殊論
文化權的 哲學基礎	● 古典自由主義 ● 公民共和主義 ● 同一性政治	● 多元文化主義 ● 社群主義 ● 差異政治
目標	● 平等：公平享用文化資源以利個人自由與秉性之發揮 ● 素養：深化文化素養以利公民身分（權利與義務）的運作	● 包容：擴大權利內涵以維護邊緣或少數群體的權益 ● 多元：尊重多元文化與多樣性以利人類社會整體福祉
文化權 內涵	● 文化資源的接近和參與權（教育和訓練；資訊與言論自由；再現與表達的自由與平等機會；消除階級和品味不平等；共同文化資產如科學、文學和藝術的保護與公平享有） ● 智慧財產、創意、研究活動的保護（創作權、著作人格權和產權保護）	● 文化認同的權利（受認可為自主的文化社群；享有傳統語言、藝術等文化資產的保護與財產權；抗拒外來文化支配的權利） ● 文化發展的權利（持續發展與表達特殊群體的文化；維繫特殊的生活方式）
文化的 意義	● 文化是資源與機會 ● 文化是素養與能力 ● 文化是資產與生意	● 文化是認同與生存意義 ● 文化是獨特生活方式

　　普同論旨在人人相同，平等近用文化資源；特殊論旨在尊重差異，保障獨有認同和文化。同與異的邊界如何拿捏，甚費斟酌。尤其在經費和資源有限的條件下，針對特定弱勢群體給以優惠待遇或專屬資源，可能壓縮或排擠公眾的近用機會。哪些差異需要尊重、界定為文化權利，進而立法保障，也是爭議焦點（例如，近年來臺灣原住民族群分類日益細緻，除了恢復或塑造身分認同外，也有爭取資源的考慮）。然而，同中有異、異中有同，因差異共存而激發創新，以及因異同之分而萌發內部凝聚力量，皆為人類社會常態。因此，普同論和特殊論的文化權，也非僅相互衝突，還有互為奧援之效。但是在協商折衝之間，文化權的界定與爭取，往往會成為一處政治戰場。

其次，表 3-2 呈現了文化權實作的制度面和價值面差異。無論普同論或特殊論的文化權內涵，都必須仰賴文化權的實作，才能推展和延續。實作可以分為制度性保障，以及日常生活和公民社會中的價值內化與爭議。制度性保障又可分為各種公約、法令規章的建立，機構組織的設置，以及政策措施的推展；價值面的實作不僅涉及了公民權利意識的薰陶與深化（普同論），以及文化認同的確立和持續發展（特殊論），也牽涉了文化權之多樣意義、理念和價值的釐清、體現與爭議。換言之，如果沒有制度支持，以及日常生活的理念傳達和實作體現，文化權便無法落實和延續。

　　制度法規面和價值生活面的實作，各有優缺點。制度不僅可以確保必要的經費、人力和資源投注，也能穩固文化權本身的存續、認知及施行。然而，制度法規的穩定與明確，也經常意味了僵固和簡化，無法對應持續變動且複雜的現實；形式化的規範與條文，也不見得能在具體脈絡中落實。此外，也有論者認為，文化權若以法令來規範，反而是揠苗助長的不當干預，不利於文化生活的萌發茁壯。另一方面，價值生活面的文化權實作，往往被視為文化權及其瞻望之社群理想的實質內涵或真確體現，卻可能在多方詮釋和不同實作之間有所爭議、衝突，而顯得模糊、混亂，甚至漸次消散無蹤。

表 3-2　文化權的實作機制與難題

	制度面	價值面
操作機制	● 國際公約、憲法、法律規章與法令 ● 專門機構和一般機構之文化部門的設置 ● 教育宣導和補助獎勵的政策與施政慣例	● 公民權利意識的薰陶和深化 ● 文化權之意義、理念和價值的釐清、爭論及其在日常生活中的體現 ● 文化認同的確立與持續發展
主要難題	● 制度僵化而無法面對複雜的現實 ● 無法落實形式化的法律和政策 ● 國家不當干預的威脅	● 文化權利意識、意義與理念的模糊不清 ● 文化內涵與價值的爭議和衝突 ● 文化認同與生活方式的過快消逝，無以為繼

　　文化權內涵和實作的雙軸區辨，既有助於我們看到文化權的分歧多樣，也將其紛繁複雜歸約於方便掌握的象限化綱領內，成為思辨與行動的依據。再者，這也提示了文化權的理想狀態，既要有制度法規面和價值生活面實作的貫通，也要有特殊論與普同論內涵的接合，以及，文化權實作與文化權內涵的相互支持及辯證發展，這便要求了跨越各方邊界的翻譯與溝通工作。

多重權利的接軌與衝突

　　在搭建可能的翻譯橋樑或平台之前，我們還需要在多元的文化權概念外，考察文化權與其他權利及整體社會動態的關係，也就是要看到文化權概念的外部多重性。不過，文化做為一個領域或範疇，和其他領域有何關係，並非昭然若揭。圖 3-1 便呈現了三種可能的思考方式，各自對應了不同的文化概念和社會觀。

經濟	政治
社會	文化

A. 文化是系統的次領域

意識形態
政治、法律、宗教
經濟基礎

B. 文化是上層結構

經濟
政治　社會

C. 文化瀰漫各處

圖 3-1：文化所在的不同觀點

　　A. 的系統次領域模型中，文化與系統中其他子系統（例如政治、經濟、社會）並存的一個次領域。Talcott Parsons 的 AGIL 模型即最其著名者，他認為每個系統皆可分為適應（adaptation，經濟）、目標達成（goal attainment，政治）、整合（interation，社會秩序維繫）及模式維持（latency 或 pattern maintenance，做為內化價值的文化）等四大結構性功能（Parsons and Smelser 1956）。

　　B. 的上下層結構模型來自馬克思主義，預設了通常較具決定力的經濟基礎（生產力與生產關係），以及往往受到基礎限定的上層結構（國家、宗教、儀式、權力結構、文化等），但兩者並非全然決定的單向因果關係，上層結構也會影響基礎，或具有相對自主性。再者，這種取向對於文化的概念化，不同於前述系統觀中具統合凝聚作用的價值理念，而是強調意識形態的欺瞞、遮蔽或自然化效果。換言之，做為系統次領域的文化發揮的正面凝聚功能，在批判觀點看來，恰好是遮掩或轉移經濟基礎之不平等現實的虛假意識或想像。

　　至於 C. 模型呈現的關係，大致上可以對應於**語言學轉向**（linguistic turn），以迄後結構主義思潮下的文化再概念化，主要是以符號表意系統、訊息、語言、論述、再現，及其積極的建構、塑造或構連（articulation）作用來理解。於是，文化不再只是發揮凝聚價值功能的次領域或子系統，也非遮蔽或自然化不平等秩序的機制，而是吾人認識世界、覺察自我，以及社會交往之所以可能的必要符號與媒介（弱版本建構論）。更甚者，世界、自我與社會（以及政治、經濟、法律等）的存在，本身便是文化性或符號性的建構（強版本建構論）。文化瀰漫於大社會中，貫穿了各種領域，成為各場域得以運作的憑藉，甚而建構了這些場域及它們之間的差異與邊界。

　　綜言之，文化與社會的關係（或謂文化相對於整體社會的作用）為何？有不同看法，也涉及文化的不同概念化。不過，無論文化是具維繫系統凝聚功能的內化價值、是受經濟基礎主導而發揮遮蔽效果的意識形態，或者，文化是建構性的符號媒介，令世界、自我和社會得以為人所認識、順利運作，甚至得以存在，都有言之成理的推論和優缺點，反映了文化概念的多重性。因此，我們不斷言不同觀點的良窳，反而視其為文化（權利）複雜性的展現。不過，無論是哪種模型，都是**關係性的思考**（relational thinking），更意味了文化的概念、現實和實作，皆難以單獨論斷，而必須安置於同其他領域的關係中來掌握。

　　除了文化和整體社會的關係，關係性視角也引導我們關注文化與政治、經濟和社會等主要場域的關聯，以及延伸而來的文化權與其他權利的關係。文化和其他領域的關係，可能是發揮維持體系的功能，或做為該場域運作的媒介，但也可能是引發衝突的根源。表 3-3 以三種文化內涵及其作用為例，概述了文化同政治、經濟和社會場域的關聯。

表 3-3　文化作用及其與其他領域的關係

文化的內涵	價值信念	意識形態	符號系統
文化的作用	凝聚整體	自然化／遮蔽	認識的可能條件
文化與政治	權力集團的凝聚	統治的正當性	權力運作的資訊
文化與經濟	經濟運轉的凝聚	經濟的合理性	能量轉化的知識
文化與社會	階序秩序的凝聚	階層的自然化	人我區辨的象徵

　　我們僅以文化做為**有意義符號的系統及運作**為例來說明文化同其他場域的關連。首先，政治領域主要牽涉了社會生活中權力、權威與資源的生產、配置及運用。在這個領域裡，資訊的生產、控制、隱蔽和運用，是支配、協調和爭議權力及資源的關鍵。資訊並非中立或純粹技術導向的，而是由有意義的評價性符號構成，因此資訊也是文化。具文化性質的資訊，是維繫政治領域的工具或必備功能，也是政治領域得以運作的媒介。在權力與資源鬥爭過程中，敵對各方的資訊蒐集、傳遞、詮釋與利用，正是政治場域的運作手段和衝突根源。

　　其次，經濟領域涉及人類賴以維生的各種能量的生產、交換、傳遞與耗用，即各種有形、無形能源的流通和轉化，包括物質存在型態的轉換，以及生命體的新陳代謝過程。經濟場域的轉換過程，須憑藉各種需要理解的符號才能進展。轉換物質需要各種訊息搭配，也涉及人類的創新和知識。在持續擴大再生產、充斥週期性危機的經濟體系中，調整組織與勞動

過程、提升生產力、研製和推銷新產品來因應變化，都需要知識、資訊和創新，晚近知識經濟與文化經濟的倡議，也都意味了特定符號更深刻地介入了經濟場域的轉換。

最後，由不同群體構成的社會（society 或 the social），本然地具有異質性，並往往以階層化形式現身。這種區異階序（distinctive hierarchy）的構造，需要令不同社會成分和階層之間得以辨識、區分和溝通的符號系統，而這些區辨符號往往具有象徵性，成為重要的階序標誌，並發揮維持秩序的作用。換言之，區辨符號及溝通符號的運作，不僅確認了既存的社會群體邊界，也重塑和再生產了這些社會邊界。然而，不同社會成分之間的象徵劃界和符號溝通，並非一勞永逸，而是常出差錯、扭曲而引發衝突，使得區異階序不會恆久不變。再者，對於維持社會階序之核心象徵的不同詮釋與評價，也反映了社會差異和衝突。

如果我們從文化做為價值信念及意識形態，或是其他內涵的角度切入，也能看到文化和政治、經濟與社會領域的密切關係，以及既維持秩序、又引起衝突的動態。文化是社會權力衝突的固有環節，在政治、經濟與社會領域中被挪用成為紀律規訓、營生牟利及建立邊界的資源和工具。延伸而論，文化權的概念和實作，文化權的主張和爭取，也常成為其他領域的戰場，或者說，無法脫離其他權利的鬥爭而展開。

不過，我們可以區分兩種看待文化權和其他權利之關係的方式，分別為將這些權利視為各別獨立但彼此相關的範疇，以及將文化權視為瀰漫於各種權利之中，是各種權利固有之內蘊部分（圖 3-2）。同樣的，這兩種觀點各有其優缺點，獨立範疇的文化權相對穩固，不同領域的區分也有助於我們掌握社會複雜性，但失之僵化。瀰漫的文化權打破了不同權利領域的邊界，令我們注意到邊界的人為造作，以及不同領域的內蘊關聯，但失之模糊而難以論斷。

於是，如表 3-4，我們可以區分獨立範疇的文化權和瀰漫內蘊的文化權，來理解文化權和其他權利的關係。就獨立範疇的文化權而論，如前所

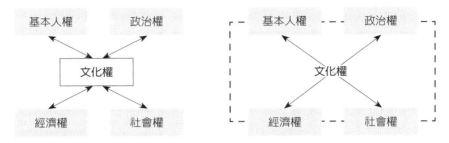

圖 3-2：獨立範疇的文化權 vs. 瀰漫的文化權

述，可以概分為普同論的文化資源近用權（教育、知識、參與文化生活、智慧財產權等），以及特殊論的生活方式保有權（獨特認同、傳統、習俗、襲產的維護與發展等）。於是，我們可以將文化近用權視為爭取其他權利的工具，像是使用媒體、獲取教育和知識，以利倡議和爭取人權、政治權、經濟權及社會權等，同樣視為普遍的權利。

然而，就獨特生活方式保有權而論，則往往會同普遍主義的其他權利產生緊張。例如，穆斯林女性服飾規範被解讀為對女性的壓抑，因而有違

表 3-4　文化權與其他權利的關係

權利種類	基本人權	政治權	經濟權	社會權
基本內涵	人身安全、自由和財產的保障；遷徙、言論、表達與信仰的自由；免於歧視；隱私權	參與公共生活和決策；選舉、被選舉、請願、創制權；集會結社；公平審判權	工作權及妥適的勞動條件；組織工會、談判和罷工權	合宜的生活水準、飲食及建康；保護家庭（兒童與母親）；居住權；社會福利
獨立範疇的文化權	● 文化近用權成為倡議和爭取其他權利的前提和工具。 ● 特殊生活方式保有權與具普遍主義傾向的其他權利產生緊張。			
瀰漫內蘊的文化權	● 各種權利本身即為一種文化（普遍價值信念或理想生活方式） ● 各種權利主張做為一種意識形態（自然化／遮蔽手段） ● 各種權利主張做為一種表意系統（認識、區辨和溝通的條件）			

免於（性別）歧視的基本人權，彰顯了特殊習俗和普遍人權的張力；或者，某些族群的飲食習慣，被認為不利於兒童健全發展，因而有違其社會權。此外，在政治生活參與權利方面，許多地區有原住民族優惠條款或議員保障名額，也引發了利弊之爭。

不過，如果採取瀰漫四處、因而內蘊於各種權利的文化權概念，情況就有所不同了。無論是做為工具或引發緊張，都是內蘊於各種權利領域，而非外部性的關係。據此，我們可以挪用前述的文化與整體社會之關係的三種模型，指出文化的三種作用，運用於各種權利上。例如，基本人權、政治權、經濟或社會權等，本身可以視為一種普遍價值信念或理想生活形式，換言之，本身即為一種文化，是具備文化性質的權利。或者，從比較批判的觀點來看待，這些權利論述和主張乃是一種意識形態，具有自然化或遮蔽特定統治關係的效果。再者，如果視文化為一種由有意義符號構成的表意系統，那麼，這些人權、政治、社會和經濟權等，也都是一套表意系統，發揮了區辨和溝通作用，也是認識的可能條件。

總之，文化權和其他權利的關係，無論是外在或內蘊，都有不同的可能性。文化權和政治權、經濟權、社會權等權利的爭奪與確立，有著密切關係，並非完全獨立的領域，甚至文化權本身就是其他權利的一部分。文化權的爭取、賦予及界定，反映了政治、經濟與社會領域內部的權力鬥爭，也是這些鬥爭的產物、工具、媒介及理想目標。於是，文化權的倡議和伸張，無法脫離其他權利的動態和支撐，卻也可能成為藉以自然化其他權利之欠缺或不平等的華美修辭。我們必須在更具體的時空脈絡中來檢視文化權的內涵、運作及作用。

都市文化治理與文化權的綏靖效果

城市發展已有數千年歷史，但人類群集城市，促使城市的地位、力量和功能大幅擴展的都市化趨勢，卻是工業革命以降才加速進展，並挾著資

本主義市場化和國族國家的有效統治機制而蔓延全球。於是，城市不僅是文明薈萃之地，其財富、壽命、生活水準和生命機會也凌越了非城市化地帶，持續吸引人們湧入都市。世界半數人口已然納入都市地帶，中國及其他發展中國家的都市化仍毫不停歇；鉅型城市的影響力甚至超越部分國家，成為全球政經勢力的運籌帷幄之地。

於是，城市競爭成為資本主義和國際關係競逐的焦點。晚近，城市地位更形提升，不僅始於經濟方面，城市挾其指揮控制功能，形成全球網絡節點（全球或區域城市），也源於政治方面中央政府的權力逐步下放予城市政府，形成向下尺度化（down-scaling）的治理趨勢。另一方面，隨著生產力大舉提升，致使大量生產之產品市場迅速飽和，導致過度積累危機下，文化成為商品援以**差異化、故事化、美學化**（包括包裝行銷和產品設計）來開拓新市場和新需求的利器，也成為通過**智慧財產權**壁壘來保護的**創新與創意**利益之源（傳統智慧、器物形式，甚至是認同的商品化與私產化）。文化在當前資本主義經濟中的新角色，可以說是大衛‧哈維（Harvey 2001）之時空修補（spatial-temporal fix）意義下的**文化修補**（cultural fix），藉此舒緩積累危機，進而創造壟斷租金（超額利潤）。

將城市地位提升與城市競爭加劇，以及文化修補（文化產業化、產業文化化）這兩股趨勢結合起來，當前**都市文化治理**的重要性不言可喻。所謂文化治理，乃是「通過文化來遂行政治、經濟和社會場域之調節與爭議，以各類組織、程序、知識、技術、論述和實作為運作機制而組構的體制／場域」。因此，文化治理同時具有傅柯意義下的**體制**（regime）和布迪厄意義下的**場域**（field）特質，它既是知識／權力和文化技術運作的所在，也是以品味階序來區分的社會群體操演著象徵鬥爭的場所（王志弘2010a, 2012）。

就政治、經濟與社會面而論，都市文化治理主要分別涉及了建造文化領導權以吸納市民榮譽和認同、建立集體象徵資本與城市意象以謀求經濟振興，以及倡導特定文化階序品味以維護都市菁英地位等。在臺灣

脈絡中，我們還可以考慮 1980 年代晚期以降，城市中由官方推動的文化建設與藝文消費，以及本土化趨勢下，大中華意識形態逐步消退而臺灣在地意識崛起。溯自 1970 年代以來，民間力量促發的鄉土文學、校園民歌、新電影、史蹟保存、社區文史工作、地方保育運動等，以及 1990 年代官方導引的社區總體營造、臺灣史觀與母語教學、地方節慶、文化產業及創意設計產業等。這些趨勢不僅展現了文化政策的經濟轉向（王俐容 2005），也呈現以本土化及新國族意識為核心的新文化領導權爭奪（王志弘 2012）。

　　這些文化治理新趨勢的主導論述是**多元文化主義**（multiculturalism），強調尊重多元族群及其文化生活，標榜差異共存理想。不過，趙剛（2006）提醒我們：主流多元文化論源自西方民權抗爭，是認可弱勢少數之身分和文化的承認政治，但它也遮掩了重大衝突。首先，多元文化論倡議的差異，是綏靖化、和諧化的多樣性，忽略了差異之間的張力；再者，在看似平等的水平差異並存中，忽視了垂直階序差異的擴大，尤其是階級差異，以及外來者（移民工、外國人）在公民權利上的差別待遇。主流多元文化論仍有難以跨越、持續排外的邊界劃設，因此產生歧視與衝突（趙剛 2006）。例如，遊民在最好情況下被視為主流社會展現容忍慈善心態的個人悲慘境遇，最糟則是欲去之而後快的墮落危險跡象，而從來不被視為某種值得存在的生活方式。

　　此外，主流多元文化論還常挪用差異做為資本積累的文化修補策略及誘引消費的利基。雖有包容和分享的修辭，卻加劇了市場競爭、貧富差距，以及對自然的剝奪。哈維（Harvey 2002）也指出，文化經濟仰賴的獨特性與純正性（authenticity），雖能創造高額利潤，但商品化與交換價值的均質化效果，也會損及獨特性；各地競相追求集體象徵資本及區辨標記來謀求利潤和發展機會，則會激起誰的記憶、美學、傳統、意義及認同才算數的文化鬥爭。

　　在充斥不平等、權力和資源競逐的社會中，文化治理策略因為召喚認同、情感、文明素養，以及非污染性的發展機會而深具正當性，甚而成為遮蓋和裝飾基本不平等的華麗外衣。然而，文化策略並非萬靈丹，當前流行的文化治理策略，就在迎合不同群體需求的同時，體現了社會衝突。例如：旗艦型文化計畫、地方行銷和奇觀事件，往往著眼於吸引投資、迎合觀光客與富裕居民；文創園區和藝術補助，主要是支持文化工作者、創意階級和都市年輕專業者；至於社區藝文中心和教育計畫，則可能是貧困社區振興方案的一環（Grodach and Loukaitou-Sideris 2007: 353）。有限的資源應投注於何方，應該優先考慮誰的需要和文化，便是衝突之源。

　　不過，如圖 3-3 所示，多元文化論及相關的文化權利論述，也是在文化治理及其鬥爭中開啟了市民抗爭與社會運動的新出路。文化權利的主張，可以在主流力量打造文化領導權的同時，倡議公民參與的文化識能；在文化成為一門好生意和消費對象時，著意於日常生活的文化自主性；以及在治理品味的階序化之外，力陳對於差異的寬容尊重。例如，1990 年代後期，除了歷史保存運動訴諸文化議題，許多反對拆遷或保障工作權的抗爭，也開始在保衛私產權、人權和工作權之外，挪用文化權利論述，將

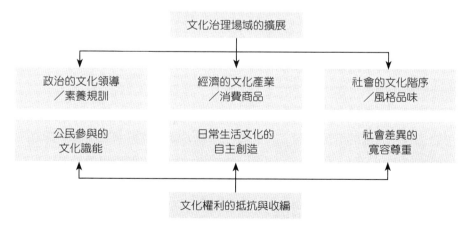

圖 3-3：文化治理趨勢下的文化權收編與抵抗

過去可能缺乏歷史意識和文化意義，甚至遭致污名化、邊緣化的街區、聚落與建築，翻轉成為具有公共價值的文化資產，同時提升居民的文化覺醒和公共參與能力（王志弘 2010b）。文化不只是治理策略，也成了抵抗與培力的利器。

但令事情更為曲折的是，訴求文化權利的抗爭策略，在文化治理當道之際，固然能順勢取得成果，翻轉戰局，也因為相同邏輯而可能被納入主流治理體制，成為文化領導權和文化產業化的一環，卻丟失了原初抵抗和推動社會轉型的目標。例如，臺北市公館寶藏巖聚落、萬華剝皮寮街區，都在反對拆遷徵收的抗爭過程中，轉向了文化主張，藉此保存聚落環境。然而，官方接受了歷史價值論述，將老舊或違建空間部分保存修復，轉化為公共藝文場所和文創基地。邊緣民眾的私人記憶和生活痕跡，化身為普遍近用的公共文化資產，但居民早已遠離，社區崩毀。文化權終究未能有效確保人權和居住權。相對於主流文化治理的正當性具有的綏靖效果，抵抗運動的文化策略遭到整編，可說是**二度綏靖化**，這正是文化權的弔詭之處。文化的綏靖和二度綏靖化效果，既表明了文化是持續鬥爭的場域，也展現了文化之名的獨特正當聲譽。

總之，都市文化治理是權力運作的策略性場域，是支配和抵抗、既存信念和邊緣價值抗衡之處，高度彰顯了文化權利的多面性和衝突性。我們尤須注意，文化逐漸成為治理的正當基礎和安全裝置。主導力量擅長以文化之名，紓解不斷湧出的社會危機。這是文化的綏靖力量，是集體象徵暴力的常態化效果。懷抱理想的文化權論述，在各方角力時容易淪為治理工具。不過，在文化深受重視而成為鬥爭場域之際，文化權的論述與實作也可以是進步力量的抵抗槓桿，藉此轉化治理力量、積累邏輯和階序劃界，鞏固各種權利主張、提升公民意識，並在邁向社會轉型的集體計畫中，在劍拔弩張的時刻，成為爆破安全裝置的引信。

結語：通往城市權的文化路

　　然而，文化權要有積極的創造和進步意義，就不是任意且隨機的爆破或擾動，而是要跟社會該往何處去的轉型目標有所關涉。如果文化和城市的概念都具有多重性，是概念網絡而非單一概念，文化權的界定與操作模式也不只一端，並且鑲嵌在同整體社會，以及同政治、經濟與社會領域的多重關係之中，是社會權力鬥爭的環節，那麼，在做為當前文化治理重鎮的都市裡，文化權就必須跟更廣泛的追求理想都市生活的城市權結合在一起。換言之，城市權成為多重且爭議的文化權相互轉譯的橋樑與平台，而這種所謂的轉譯，也具有逐步社會轉型的期許（在翻譯過程中創造新事物）。

　　城市權概念出自法國馬克思主義學者列斐伏爾（Henri Lefebvre），他主張從空間切入來掌握當代社會的特質，並認為如果沒有同時改變空間，改變社會就是一場空談。於是，他提出著名的**空間之生產**（the production of space）的分析論題，涵蓋了空間實踐、空間再現和再現空間，以及，從古代社會的具體絕對空間，演變為近代資本主義底下視覺化、去除身體的抽象空間，並且前瞻未來之社會主義世界中，以使用價值替代交換價值、以挪用替代剝削，並邁向普遍民主化之**差異空間**（differential space）的歷史進程（Lefebvre 1979, 1991）。再者，他認為工業社會已逐漸讓位給他所謂的**都市社會**（urban society），因此，邁向理想未來的結構轉型和全面抗爭，就不只是傳統馬克思主義期許的無產階級團結和革命，而是要看到都市狀態的特殊情境，包含了生產、流通和消費，以及工廠和工作場所以外的日常生活之鬥爭。

　　當然，在都市社會的脈絡下強調城市權，並非忽略鄉村或小鎮的持續存在。城市權的主張，並非僅著眼於當前多數地球居民已然居住於城市的事實，也不僅是基於晚近學界提出的城市區域（city-region）或都市區域（urban region）概念，藉此涵蓋以城市為核心的周邊鄉鎮與山林水域，以

廣泛的區域視野來兼納城鄉。基於列斐伏爾的馬克思主義立場，以及邁向社會主義之差異空間的期許，我們或許可以將城市權理解為以有尊嚴的方式生活於合宜環境中的權利。因此，城市權的爭取，雖以城市為首要場域，展望的卻是兼納城鄉的完善生活空間與生存環境的自主生產和使用。

在當前的都市社會脈絡中，以及鎖定「空間之生產」的關切下，城市權成為列斐伏爾眼中邁向社會轉型的核心目標、手段與戰場。這個論點在 1990 年代以後，獲得西方批判學術界，尤其都市研究與規劃學界的繼承與發展，提出了有關城市權的更多討論，並藉此對抗新自由主義都市化和企業主義治理趨勢，重申空間正義和都市公義，投入基進的都市政治及市民培力（徐進鈺 2011；Attoh 2011；Brenner, Marcuse and Mayer 2012；Harvey 2012；Marcuse 2009；Mitchell 2003；Purcell 2002；Souza 2010）。

例如，哈維再度強調城市權乃是通往社會轉型的集體計畫，而非只是使用特定資源的權利：「城市權遠非個人取用都市資源的自由，而是我們通過改變城市以便改變自己的權利。由於這種轉變必然取決於運用集體力量來重塑都市化過程，因此它是共同的權利、而非個人的權利。」（Harvey 2008）又如，馬庫斯（Peter Marcuse 2009）主張應該細分是誰的城市權，以及是什麼樣的權利。他認為，城市權牽涉了發展基本需求，以及體現人類發展潛能的權利。同時，我們應該格外關注那些遭排除、受壓迫的勞工階級等底層民眾的權利；甚至，必須消除某些人剝削、支配、壓迫和操縱其他人的權利，不為利潤而行動，方能達致充分的公民權。簡言之，馬庫斯倡導的也是一種集體而全面性的社會轉型，而非個別權利和資源的獲取。

於是，文化權做為一個通過鬥爭以邁向理想社會的重要領域，必須安置於通往城市權的集體社會轉型計畫中，方能收攏文化與文化權的多重詮釋和理解，並使之得以相互交流（翻譯）。反之，文化的多義性確保了差異並存的城市權內涵（使用價值優先之差異空間），文化的多義性與正當性也有利於接軌政治、經濟和社會等不同領域的運作和爭論，也是使其令

人得以理解的基本條件。如何將目前比較侷限於主流多元文化主義、族群認同、藝文生產和消費，以及競爭性之教育、知識和智財權的文化權利主張，拓展擴延成為通往普遍城市權，以及社會結構轉型的文化大道，乃是文化政治的要務。

參・考・書・目

Amin, Ash and Nigel Thrift. 2002. *Cities: Reimagining the Urban*. Cambridge: Polity.

Attoh, Kafui A. 2011. What Kind of Right is the Right to the City? *Progress in Human Geography*, 35(5): 669-685.

Brenner, Neil, Peter Marcuse and Margit Mayer (eds.). 2012. *Cities for People, not for Profit: Critical Urban Theory and the Right to the City*. London: Routledge.

Castells, Manuel. 1977. *The Urban Question. Cambridge*. MA: The MIT Press.

Castells, Manuel. 1983. *The City and the Grassroots: A Cross-Cultural Theory of Urban Social Movements*. Berkeley, CA: University of California Press.

Eagleton, Terry. 2000. *The Idea of Culture*. Oxford: Blackwell.

Grodach, Carl and Loukaitou-Sideris, Anastasia. 2007. Cultural Development Strategies and Urban Revitalization: A Survey of US Cities. *International Journal of Cultural Policy*, 13(4): 349-370.

Harvey, David. 1982. *The Limits to Capital*. Oxford: Basil Blackwell.

Harvey, David. 1985. *Consciousness and the Urban Experience*. Oxford: Basil Blackwell.

Harvey, David. 2001. Globalization and the 'Spatial Fix'. *Geographische Revue*, 2: 23-30.

Harvey, David. 2002. The Art of Rent: Globalization, Monopoly and the Commodification of Culture. In Leo Panitch and Colin Leys (ed.), *Socialist Register: A World of Contradictions*, 93-110. London: Merlin Press.

Harvey, David. 2008. The Right to the City. *New Left Review*, 53: 23-40.

Harvey, David. 2012. *Rebel Cities: From the Right to the City to the Urban Revolution*. London: Verso.

Lefebvre, Henri. 1979. Space: Social Product and Use Value. In J. W. Freiberg (ed.), *Critical Sociology: European Perspective*, 285-295. New York: Irvington.

Lefebvre, Henri. 1991. *The Production of Space*. Oxford: Blackwell.

Lefebvre, Henri. 1996. *Writings on Cities*. Oxford: Blackwell.

Marcuse, Peter. 2009. From Critical Urban Theory to the Right to the City. *City*, 13(2-3): 185-196.

Marshall, Thomas Humphrey. 1950. *Citizenship and Social Class and Other Essays.* Cambridge. UK: Cambridge University Press.

Massey, Doreen. 1999. Cities in the World. In Doreen Massey, John Allen and Steve Pile (ed.), *City Worlds*, 99-156. London: Routledge.

Miller, Toby. 2006. *Cultural Citizenship: Cosmopolitanism, and Television in a Neoliberal Age.* Philadelphia: Temple University Press.

Mitchell, Don. 2003. *The Right to the City: Social Justice and the Fight for Public Space.* New York: Guilford Press.

Pahl, Ray E. 1975. *Whose City?* 2nd edition. Harmondsworth: Penguin.

Park, Robert E. 1952. *Human Communities: The City and Human Ecology.* New York: Free Press.

Park, Robert. E., Burgess, Ernest W., and Mckenzie, Roderick D. 1925. *The City.* Chicago: University of Chicago Press.

Parsons, Talcott and Neil J. Smelser. 1956. *Economy and Society.* London: Routledge & Kegan Paul.

Pile, Steve. 1999. What is a City? In Doreen Massey, John Allen and Steve Pile (ed.), *City Worlds*, 3-52. London: Routledge.

Purcell, Mark. 2002. Excavating Lefebvre: The Right to the City and its Urban Politics of the Inhabitant. *GeoJournal*, 58: 99-108.

Purchell, Mark. 2003. Citizenship and the Right to the Global City: Reimagining the Capitalist World Order. *International Journal of Urban and Regional Research*, 27(3): 564-90.

Rex, John. 1968. The Sociology of a Zone of Transition. In Ray E. Pahl (ed.), *Readings in Urban Sociology*, 211-231. Oxford: Pergarnon Press.

Rex, John and Moore, Robert. 1967. *Race, Community and Conflict.* Oxford: Oxford University Press.

Saunders, Peter. 1985. Space, the City and Urban Sociology. In Derek Gregory and John Urry (ed.), *Social Relations and Spatial Structures*, 67-89. New York: St. Martin's Press.

Simmel, Georg. 1950. The Metropolis and Mental Life. In Kurt Wolff (ed.), *The Sociology of Georg Simmel*, 409-424. New York: Free Press.

Souza, Marcelo Lopes de. 2010. Which Right to Which City? In Defence of Political-Strategic Clarity. *Interface*, 2(1): 315-333.

Star, Susan Leigh and Griesemer, James R. 1998. Institutional Ecology, 'Translation' and Boundary Objects: Amateurs and Professionals in Berkeley's Museum of Vertebrate Zoology, 1907-29. S*ocial Studies of Science*, 19(3): 387-420.

Williams, Raymond. 1983. *Keywords: A Vocabulary of Culture and Society*. London: Fontana Press.

Wirth, Louis. 1938. Urbanism as a Way of Life. *American Journal of Sociology*, 44: 1-24.

王志弘。2010a。〈文化如何治理？一個分析架構的概念性探討〉。《世新人文社會學報》，11: 1-38。

王志弘。2010b。〈都市社會運動的顯性文化轉向？ 1990 年代迄今的台北經驗〉。《國立臺灣大學建築與城鄉研究學報》，16: 39-64。

王志弘。2012。〈新文化治理體制與國家－社會關係：剝皮寮的襲產化〉。《世新人文社會學報》，13: 1-40。

王俐容。2005。〈文化政策中的經濟論述：從菁英文化到文化經濟？〉。《文化研究》，1: 169-195。

王俐容。2006。〈文化公民權的建構：文化政策的發展與公民權的落實〉。《公共行政學報》，20: 129-159。

林文源。2007。〈論行動者網絡理論的行動本體論〉。《科技、醫療與社會》，4: 65-108。

徐進鈺。2011。〈市民城市權論述的建構：找回城市的使用價值〉。《臺灣社會研究季刊》，81: 469-476。

趙剛。2006。〈「多元文化」的修辭、政治和理論〉。《臺灣社會研究季刊》，62: 147-189。

劉俊裕。2013。〈《文化基本法》與台灣常民文化生活：國家文化政策與文化權利的實踐〉。收錄在臺灣藝術大學藝術管理與文化政策研究所編，《2013 文化的軌跡：文化治理的能動與反動國際學術研討會論文集》。頁 6-1-1-6-1-15

第二篇

臺灣文化權利的在地實踐：
臺東、臺北、高雄

第四章

臺灣原住民族文化權利的美麗與哀愁— 以臺東美麗灣案與卡地布[1]遷葬案為例

― 張宇欣 ―

前言

「…尊重與鼓勵原住民族的根本權利與特性，尤其是他們對於土地、領域、資源的權利，這些權利是來自於他們的文化、靈性傳統、歷史與哲學，以及他們的政治、經濟與社會結構…」

（聯合國《原住民族權利宣言》2007）

國際間關於原住民或少數群體權利的取得，歷經諸多條約、宣言的制定與發表，而「文化權利」之意涵則以基本人權做為基底，圍繞著「文化」一詞的多義性開展其論述（詳見本書第三章）。國際間提及基本人權的重要宣言，自 1948 年的《世界人權宣言》（Universal Declaration of Human Rights）起歷來已久，宣言中第 2 條[2]平等原則首先奠定了人權

---

1 根據卡地布 2013 年 12 月 6 日部落會議後，經部落族人與長老共同決議，將部落名由「卡地布」改為「卡大地布」，卑南族語 Katatipul 是團結在一起的意思。

2 《世界人權宣言》第 2 條：「人人有資格享受本宣言所載的一切權利和自由，不分種族、膚色、性別、語言、宗教、政治或其他見解、國籍或社會出身、財產、出生或其他身分等任何區別。」

基礎，而第 22 條 [3] 更是在基本人權之外，提及透過國家努力和國際合作，並依照各國的組織與資源情況，應保障文化方面權利的實現。而聯合國在 1966 年通過《公民與政治權利國際公約》（International Covenant on Civil and Political Rights），則在第 27 條 [4] 中間接提到少數族群的文化權。1978 年聯合國教科文組織第二十屆大會通過的《種族暨種族偏見宣言》（Declaration on Race and Racial Prejudice, 1978），與 2001 年第三十一屆大會通過的《世界文化多樣性宣言》（Universal Declaration on Cultural Diversity, 2001），皆宣示文化差異權、以及文化認同權，以及主張文化多樣性的保障是對人權的尊重（施正鋒 2008：16-17）。1992 年《個人隸屬民族、族群、宗教、或語言性少數族群權利宣言》（Declaration on the Rights of Persons Belonging to National or Ethnic, Religious or Linguistic Minorities, 1992）第 2 條中正式提到文化權的概念，規範政府須採取保護原住民族權利的措施，具體指出少數族群的文化權。2005 年 10 月 20 日通過《保護與促進文化表現形式多樣性公約》，更是賦予文化多樣性國際性的認可，而 2007 年《聯合國原住民族權利宣言》的公佈施行，對國際原住民族法制建構、權利保障與未來發展，深具開拓性與指標性意涵。

　　由上述諸多條約或宣言顯見，原住民族或少數群體權利之議題已逐漸獲得國際正視，已形成一股將原住民族議題置放於國際層級而論的趨勢，即該議題已被認定非單屬國家內部之內政範疇，而是牽涉到基本權利與文化疆界的泛人權議題。在西方一波波「權利革命」浪潮中，除了政治、經濟、社會福利等權利主張逐一被正視外，權利議題的文化轉向（王志弘 2010a），凸顯出國際間漸趨覺察與反思隱藏在日常生活中「看似不存在、

3　《世界人權宣言》第 22 條：「每個人，做為社會的一員，有權享受社會保障，並有權享受他的個人尊嚴和人格的自由發展所必需的經濟、社會和文化方面，各種權利的實現，這種實現是通過國家努力和國際合作並依照各國的組織和資源情況。」

4　《國際公民暨政治權公約》第 27 條原文：「凡有種族、宗教或語言少數團體之國家，屬於此類少數團體之人，與團體中其他分子共同享受其固有文化、信奉躬行其固有宗教或使用其固有語言之權利，不得剝奪之。」

卻無所不在」的文化權利（cultural rights），而逐漸將文化權利主張具體化的「文化行動主義」（王志弘 2010b），其思想與行動正亦如星星之火，逐漸在國際與臺灣引燃一波波文化權利之爭。

　　而聚焦於國內，臺灣原住民族權利概念的揭示，始於 1993 年臺灣原住民第三次「還我土地運動」。自民國 70 年代到民國 80 年代初期，在臺灣民間總共有三波的社會運動，而每一波都代表臺灣從國家主權至上，轉型為公民社會的重要階段，而其中「臺灣原住民族還我土地運動」的興起，更是象徵了臺灣非主流少數群體的政治與人權覺醒。1988 年 8 月 25 日，來自全省近兩千名的原住民族，為爭取土地權，身穿傳統服飾，高喊「為求生存、還我土地」，遊行於臺北街頭，是謂第一次「臺灣原住民還我土地運動」。經過一年，原住民於 1989 年 9 月 27 日再次為爭取其土地權走上街頭，為第二次「還我土地運動」。事隔四年，於 1993 年所提出的「自然主權」說法，是向政府提出最強烈之抗議。而臺灣原住民土地權利論述的第一個關鍵是 1993 年的第三次「還我土地運動」，第二個關鍵 2000 年是扁政府提出的《新伙伴關係條約》，第三個關鍵是 2005 年通過的《原住民族基本法》（張宇欣 2012）。

　　相對於國際間諸多人權與文化權利的宣言或法條，反觀國內相關法制化歷程則顯得牛步且未盡落實。我國《憲法》制定之初的時空背景下，第 5 條「中華民國各民族一律平等」與第 7 條「中華民國人民，無分男女、宗教、種族、階級、黨派，在法律上一律平等」之法條，旨並非在倡議族群多元發展與尊重族群差異，其主要目的反而是透過宣示「法律上的平等」，希望弭平族群間的不平等與歧異，以朝向「族群融合」為目標，此當時立法的深層意涵與現今人權發展的趨勢迥然不同（徐揮彥 2013）。而國內另一個攸關原住民族權利的重要法條《原住民族基本法》，則因其子法《原住民族自治區法》與《原住民族土地及海域法》始終未能立法通過，[5] 使《原住民族基本法》之立法精神與實質效用一直停留在願景階段而無實質進程。而關於原住民與其文化權利之議題，在國際間逐漸凝聚共

識之趨勢下，國內於 2009 年終將《公民與政治權利國際公約》與《經濟
社會文化權利國際公約》（以下簡稱《兩公約》）正式國內法化，[6] 並於第
2 條明定「《兩公約》所揭示保障人權之規定，具有國內法律之效力」，此
援引國際法而訂立的施行法，在我國現有法律體系對原住民族權利保障不
足之現況下，有助於強化且確立原住民族權利的合法性與正當性，讓國內
司法訴訟遭遇原住民族權利議題時能具有更全面的法源援用。

　　而除上述之外，國內另一個與文化權利議題深切相關、於立法精神上
肯認文化權利重要性的《文化基本法》，[7] 亦將《兩公約》之文化權利思維
入法，目標是藉由厚植「文化國力」進而實踐「以文化立國」。然而細究
《文化基本法》相關條文與說明，並對照《兩公約》以人、民族或群體為
核心的立法思維，可發現應以人民為主體的《文化基本法》，從制定委員
選任、法條核心精神、法條制定到公聽會召開，甚至法條多以政府立場明
定文化權責、預算等「施行細則」等，菁英式的產出模式不僅剝奪了人民
參與與發聲的權利，更顯現《文化基本法》漠視應以人民為主體的上位視
野。再者，雖然「《文化基本法》草案」的制定與公佈引發關心臺灣文化
政策、文化法規之民間團體與個人廣泛的討論，但在社會普羅大眾的日常
生活與視聽所及，仍還是屬於遙遠且陌生的。而《文化基本法》是否符合
文化的主體－人民的期待，甚至《文化基本法》是否有存在必要性亦引起
諸多爭論（劉新圓 2011）。

5　攸關原住民族自治權與土地權的《原住民族自治區法》草案以及《原住民族土地及海域法》
　　草案，即使在前朝政府時曾進於立院闖關兩次，但因朝小野大而未能成功；而政黨輪替後行
　　政院原民會竟以兩子法涉及原漢利益衝突而擱置不理、毫無立法進度。而積極爭取回復原住
　　民族身分的西拉雅族人，卻不斷遭到執政者拒絕一事，顯示執政者漠視臺灣原住民族的身分
　　認同權。

6　行政院於函送立法院審議之《公民與政治權利國際公約》、《經濟社會文化權利國際公約》
　　（以下簡稱《兩公約》）及《公民與政治權利國際公約》及《經濟社會文化權利國際公約施行
　　法》（以下簡稱《兩公約施行法》），於民國 98 年 3 月 31 日經立法院第 7 屆第 3 會期第六次
　　會議審議通過，並於 2009 年 12 月 10 日施行，明定法律效力、機關間相互協調合作、不符
　　公約規定之改進期限等 9 條法規。

7　「《文化基本法》草案」歷經 2013 年文化部邀集專家學者反覆研擬修正，以及北、中、南、
　　東四場公聽會後，終於在 2014 年初公告。草案內容詳見本書第二章附件一。

　　在過去，當部落文化資產遭遇到都市開發，如本文所關注的美麗灣開發案與卡地布遷葬案等，《文化資產保存法》與《原住民族基本法》往往徒具宣示意涵而無實質保護文化資產的效用，使原住民族的文化權利遭遇強大的剝奪。如今《文化基本法》的制定，做為《憲法》的補充法條與各文化法規之母法，其法律位階高於屬於「行政規則」的都市開發之法源《都市計畫法》，因此未來在臺灣從北到南如火如荼的文化資產搶救行動與爭議中，《文化基本法》與《原住民族基本法》間的架接與相輔相成（表4-1），是否能展現基本法的法律效力、捍衛一般人民與原住民族的文化權利；是否能符合全國民眾的需求與期待、而非流於某一部會的《行政施行法》，是未來值得觀察的現象。

表 4-1　《文化基本法》與《原住民族基本法》的比較與架接

	《文化基本法》[8]	《原住民族基本法》
適用對象	● 全民（普同性）	● 原住民族（特殊性）
實踐取徑	● 同中容異 ● 普同性起點：從普同性中進一步追求特殊性的實踐	● 異中求同 ● 特殊性起點：藉由特殊取徑實踐與整體普同無差異的權利
立法目的	● 為健全文化環境，保障人民平等參與文化及藝術之權利，尊重文化多樣性、自主性及創新性，凝聚我國核心文化價值。	● 為保障原住民族基本權利，促進原住民族生存發展，建立共存共榮之族群關係。
子法／相關條例	● 《文化資產保存法》 ● 《文化創意產業發展法》 ● 《文化藝術獎助條例》[9]	● 《原住民族教育法》 ● 《原住民族身分法》 ● 《原住民族工作權保障法》 ● 《原住民族傳統智慧創作保護條例》[10] ● 《原住民族自治區法》（未通過） ● 《原住民族土地及海域法》（未通過）

8　此所採用的是本書第二章附件－《文化基本法》草案 2013 年 10 月 2 日諮詢會議版本。

	《文化基本法》	《原住民族基本法》
法規面向	● 文化近用與參與、文化人才培育、文化行銷傳播、影響評估、文化平權、文創發展、國際文化交流、文化行政規約等	● 保障教育、語言、土地、住宅、就業、媒體近用、傳統知識、資源經濟、健康社福、文化認同、文化發展、國際文化交流等權利
提及文化權利條文	● 第 3 條第 5 款：保障各族群文化權利	● 第 10 至 13 條、第 19 至 23 條
法條性質	● 以國家行政運作為本位：多為規範行政細則的施行法	● 以原住民為本位：規範應有權利保障的權利法
優劣勢與相互架接	● 優勢：涵括文化多層面議題 ● 劣勢：國家行政本位、未盡人民期待 ● 相互架接：《文化基本法》對各族群文化權利之保障規範並未明定，《原基法》可做為原住民族文化權利的補充法，在普同性的《文化基本法》中，不同族群的文化權利主張能更被看見。	● 優勢：聚焦原住民族各項權利保障 ● 劣勢：法律效力不張 ● 相互架接：在《原基法》諸多權利議題之外，《文化基本法》可提供更多元實踐文化權利和促進文化發展的思考，例如原民文創策略、建立原民文化調查資料庫等，在特殊性的《原基法》中，也能擴展原住民族文化面向，更趨近普同性的文化權利。
架接關係	● 互為表裡從屬 ● 相互架接補述	
關係圖	《文化基本法》 《原住民族基本法》 同中容異：在普同性的《文化基本法》中，不同族群的文化權利主張能更被看見。	《原住民族基本法》 《文化基本法》 異中求同：在特殊性的《原基法》中，也能擴展原住民族文化面向，更趨近普同性的文化權利。

9　除上表法律外，另有《公共電視法》、《電影法》、《文化部組織法》、《廣播電視法》，以及各單位組織法或設置條例等。

10　除上表與權利相關的法律外，另有行政層面的《原住民族委員會組織法》、《行政院原住民族委員會組織條例》、《財團法人原住民族事業基金會設置條例》、《行政院原住民族委員會文化園區管理局組織條例》等。

　　由表 4-1 的比較與架接可發現下述兩個現象：

1.　《文化基本法》與《原住民族基本法》因適用對象、法條性質、立法
　　目的等之差異，各有其聚焦與缺漏之處，藉由「同中容異」、「異中求
　　同」互為表裡、從屬的架接補述因而相輔相成，得以使全民與原住民
　　族的文化權利更趨向落實。

2.　再者，透過《文化基本法》與《原住民族基本法》實踐取徑的觀察，
　　文化權利藉由兩者之間相互架接與補述，在政治哲學「普同論」與
　　「特殊論」的光譜之間游移，形成文化權利的削弱或變動性質，本章
　　後續會透過臺灣原住民文化權利的實例再說明之。

　　依據上述，在檢視國內外原住民族權利發展的法制化過程，以及《文
化基本法》與《原住民族基本法》之間相互補述與架接的關係後，臺灣原
住民族的文化權利在現行法制下如何被實踐，是本文關注的議題。在全臺
原住民族群中，臺東縣境內即分佈了七個族群，[11] 是臺灣各族群匯萃的融
爐。每一個族群雖屬少數群體但整體所呈現的多元並蓄文化，著實是觀察
臺灣少數群體權利與原住民文化權利實踐現況的獨特田野。在此研究背景
下，本文擬於諸多原住民族權利爭議或司法訴訟中，選擇同樣位於臺東
縣、做為原住民傳統領域開發爭議的指標性案例－「美麗灣事件」，以及
引發卑南族人群起「捍衛祖靈、拒絕遷葬」的知本「卡地布遷葬案」，思
考國際原住民族文化權利所指涉的實質內涵，在臺灣是如何地被主張與實
踐，進一步檢視原住民族文化權利在臺灣的現況與困境。

原住民族文化權利之正當性

　　「文化」是否是一種權利？「文化」是否應然成為捍衛原住民族權利
主張的強大理由？本文必須在確立文化權利正當性之應然前提下，才得以

11　包含魯凱族、排灣族、布農族、阿美族、達悟族、卑南族、噶瑪蘭族。

進一步檢視權利的實然現況與應然之間的落差。因此關於原住民族文化權利之正當性論述,本文首先以國際間最普遍被採用的原住民族定義為論述起點,由該定義中涵括的三大面向延伸與架接「自然主權」論述,揭示原住民族權利特殊的「自有特性」。其次,本文亦由批判自由主義的觀點出發,援引國際間「少數群體權利」之辯論,試圖在自由主義「無差別視之」的正義假象下,重新建構少數群體被主流群體「再差別視之」的差異政治。綜合上述兩方取徑,本文闡述原住民族文化權利具有其正當性之理由,進而據此確立國家體制下原住民族權利正當性之所在。

一、自然主權論述

關於國際間對原住民族之定義,目前最普遍被採用的即是 1986 年由聯合國特別報告員 Jose Martinez Cobo,在研究原住民歧視問題時所提出的定義:

> 「一個社群、民族或種族,他們在殖民或侵略社會建立前就持續存在並發展其領域,他們認為其與存在其領域中的多數族群有所差異,但他們非社會中的主導組成部分,然而他們依據自身文化模式、社會機構及法律制度,矢志對其後來世代,維護、發展及嬗遞其祖先所傳承的土地與使其持續做為一個民族而持續存在的種族認同。」[12]

此報告所提及的定義,明確指出原住民族在「存續的時間」、「存續的模式」與「存續的空間」三個面向中所存在的顯著特性:

---

12 U.N. Subcommission on Prevention of Discrimination and Protection of Minorities,Study of the Problems of Discrimination against Indigenous Population, U.N. Doc.E/e/CN.4/Sub.2/1986/7/Add.4, para.379(1986).

1. 原住民族「存續的時間」早於殖民、侵略社會與國家體制的形成。
2. 原住民族「存續的模式」（即文化）迥異於其領域中的多數族群。
3. 原住民族「存續的空間」（即土地／傳統領域）是做為延續其存在事實、文化模式與種族認同的載體。

　　值得一提的是，在此定義的三個顯著特性中，隱含了一個基礎而核心的概念：**原住民族慣居的「土地或領域」，與其持續存在的事實緊密相連**。換言之，原住民族慣居的傳統領域，不僅只是世代以來族群存續的空間，更是據此建立起特殊知識系統與思考邏輯的舞台，延續著族群的文化生活模式，展演著人與自然間的美學生活。

　　進一步參照 1994 年聯合國人權事務委員會《第 23 號一般性意見》第 7 條：[13]

> 「文化以許多形式呈現，包括結合土地資源使用的特殊生活方式，原住民族特別是如此。這些權利包含漁獵等傳統活動的享有，以及需要積極法律保障的權利，並確保少數族群成員對其受影響之決策能有效參與。」

　　如上述《第 23 號一般性意見》，聯合國人權事務委員會亦重申土地與文化呈現之間的密切關係，並認為有必要將文化呈現、土地資源之相關權利「法制化」，且使「有效參與決策」等權利予以保障。再者，土地之於原住民的重要性，亦可從聯合國經社理事會（UN Economic and Social Council）、人權委員會（Commission on Human Rights）、防止歧視暨保護少數族群小組委員會（Sub-Commission on Prevention of Discrimination and Protection of Minorities）的特別報告人 Erica-Irene Daes 所歸納的內涵看出：

13　《兩公約》施行監督聯盟網站，參閱《兩公約》一般性意見一覽表。引自 https://docs. google.com/file/d/0B_whVXA0uI_zZjBhNTYzMGEtMDgzYy00MDlkLTg5MDEtZTY3MjJiODk4Yjlm/ edit?hl=en_GB&pli=1（查詢日期：2014 年 7 月 12 日）

「原住民族與其土地、領域、以及資源有著深厚的關係，這種關
係具有重要的集體意義，而且具有社會、文化、心靈、經濟、以
及政治面向，世代傳遞攸關著原住民族的認同、生存、以及文化
命脈。」

　　因為在原住民族文化知識體系中，對於土地與傳統領域的概念，並非
僅指原住民族單純使用或得以支配權力的場域，更非西方財產權概念的延
伸，而是族群文化意義的載體，例如世代相傳的獵場、起源傳說的發源
地、[14] 祖靈的墓地等，縱使部分土地現今原住民族已未使用，但其代表
的文化意涵卻深植在部落族人的知識脈絡與價值體系中。

　　而加拿大 Mohawk 學者 Taiaiake Alfred（1999：2）的看法，亦認為在
原住民族的傳統哲學中，土地、文化、精神信仰以及治理是密不可分的，
必須以土地為基底，透過時間的存在與延續，據此建構、發展與傳承原住
民族的傳統文化（圖 4-1）。Taiaiake Alfred 的看法即彰顯出土地對於原住
民族的文化復甦，以及政治重建的重要性，進而推衍出原住民取回土地權
的必要性（Keal 2003: 122-25；施正鋒 2005：2）。換言之，對原住民族而
言，領域不單只是空間，而是意義（張宇欣 2012）。

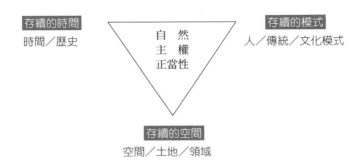

存續的時間
時間／歷史

自　然
主　權
正當性

存續的模式
人／傳統／文化模式

存續的空間
空間／土地／領域

圖 4-1：自然主權正當性之三大理由

　　根據上述，顯見文化形式的呈現，與土地資源使用的生活方式息息相關，而「用其土地以延續其文化模式」也應當是原住民族享有的權利。而今日，原住民族歷史進入法治國家治理的階段，其根植於土地、領域而生的相關權利，卻在國家體制下遭遇了衝突與挑戰。國家政府的角色應是透過律法，規範與保障原住民族參與文化生活、實踐文化生活的權利。然而在現代國家形式理性與資本社會的工具性操作下，國家主導之將原住民族傳統領域之抽象意義「工具理性化」的過程，使原住民族無能再抗拒原有的土地文化邏輯進入「資本化」與「私有財產」的思維，而土地權利劃分與轉讓的市場機制，崩解了土地原有根植的文化意涵（張宇欣 2012）。

　　「自然主權」是近二、三十年來國際原住民運動中廣被宣揚與主張的權利概念，當時原住民族以「反侵佔、爭生存、還我土地」為口號走上街頭，向政府提出最強烈之抗議（王嵩音 1998），成為臺灣原住民運動史上土地權利論述的第一個關鍵。「自然主權」包含了文化權利與土地權利等原住民族固有之權利，意謂－主體其固有權利超越國家主權，且此權利不可轉讓、不需經法律授予，具有普遍固有、不可剝奪的特性。而臺灣原住民族「還我土地運動」引用此論述，即在宣示原住民族擁有早於國家、法律即存在的權利，換言之，原住民族在－土地或領域上，以世代傳承的生活方式延續著文化思想、精神信仰與價值觀，這個事實是具體的、也是抽象的；是物質的、也是精神的；是交織著時間、空間與人三者而共同發生的。即使原住民族於過去與現在並無國家型組織，但其早於國家而存在的「事實」，與因該事實而生的「自然權利」，包含土地權利、文化權利等固有且不可剝奪之權利，也需被視作應然之固有權利而被尊重。

　　是故，歸結上述自然主權之論述，原住民族權利（例如土地權利、文化權利等）正當性的根源基礎，即是此「早於國家而存在的事實」，此

14　魯凱族起源傳說中「雲豹的故鄉」北大武山，雖今日已無魯凱族人居住，但北大武山對於魯凱族人的意義並非在於支配與使用，而是祖先發源地的文化傳承意義，象徵著魯凱族人身為「雲豹的子孫」的光榮感。

事實是包含了土地領域的使用、文化模式的存在與延續，據此事實而進一步對照加拿大、澳洲、紐西蘭和美國等國際原住民族爭取土地的司法判例，[15] 原住民族基於本文所論述的自然主權觀點，以及傳統領域之使用而形成的文化脈絡與集體記憶，所推演出的「先佔原則」，確實於國際原住民族權利爭議的司法判決中，在法理上扮演著關鍵性角色（張宇欣2012），為原住民族贏得諸多土地與自治的權利。因此「自然主權」之論述，其觀念與價值應是在國家體制下的原住民族，得以主張相關權利的理由之一。

二、少數群體權利（minority rights）觀點

少數群體權利的爭辯歷經諸多階段。族裔問題與少數群體權利在1980年代中期，仍處於政治哲學邊緣的地位，然而縱觀一連串因東歐社會主義解體而導致的族裔主義狂潮、移民與難民，引起西方本土主義者激烈反應，進而引發原住民族覺醒、促使聯合國通過《原住民族權利宣言》草案的種種現象，在在都顯現西方政治制度並沒有解決或克服由族裔文化差異所引起的緊張局勢（Kymlicka 2001: 17-18）。對少數群體權利的歧見在1989年前屬於自由主義者與社群主義者的爭辯，這一爭論的本質圍繞著個人自由的預設與選擇而展開。自由主義預設社會上任一群體或成員皆擁有「無差異」的歷史與社會條件，進而以此預設導入文化權「普同論」中平等的概念與實踐，然而此平等假象下的「無差別視之」，事實上是對少數群體特有文化差異的忽視，因而造成對少數群體的壓迫，壓縮少數群

15　(1) 1988年澳洲的高等法庭裁決了一個Mabo案例，正式承認該案例中的澳洲原住民對於土地所擁有的傳統主權，而這個裁決也推翻了長久以來澳洲白人政府所認定的，澳洲這塊土地在白人來到之時是個「無主之地」的宣稱，許多後續的原住民土地權訴訟也因此有了有力的判例來支持（紀駿傑2012）。(2) 1997年德爾加目庫（Delgamukw）案的判決更進一步指出原住民族土地權格是源自於原住民族與土地之間的獨特權利，法源基礎在於原住民對土地的「先佔原則」，並指出除政府外，原住民族土地權格不得自由轉讓，確認加拿大原住民族土地權格的法律概念（張宇欣2012）。

體之文化存續空間，甚至危及群體成員個人文化認同，加速少數群體邊緣化。

　　當代自由主義哲學家 Will Kymlicka 在闡釋自由主義的個人權利與多元文化論[16] 所涵括的「差異政治」（politics of difference）、「肯認政治」（politics of recognition）與「認同政治」間的關係、比例時，首度採取揉雜多方論述、試圖修正自由主義價值觀的創見，將文化權利哲學內涵從自由主義「普同論」的範疇，向「特殊論」的方向作修正，儘量容納多元文化主義的大部分訴求，在自由主義與多元文化論長期來的辨證間，擘畫出一條更能容納與解釋當代社會族群現象的新論述，因此在 20 世紀最後十年，以往政治哲學對「普同論」傾向的平等權利闡揚，已轉向對「特殊論」的種族文化差異（ethnocultulral diversity）及其相關之族群或文化權利的關注，而更進一步藉由自由主義與多元文化主義肯認政治的相互辯證，導引出「少數群體權利」的理論正當性。

　　因此 Kymlicka 在闡釋自由主義個人權利時，否定自由主義不考量個人文化身分（cultural membership）、將個人均質化的假設，主張任何自由主義的個人事實上皆不可能脫離任一文化脈絡而獨立存在，認為應將**自由主義的個人**鑲嵌於某一文化社群、文化脈絡與文化身分之中，在「異質」文化脈絡的前提下自由地做出選擇。因此在其論述中，不論是早期的「文化結構」，或是晚期不再強調文化結構與文化特徵區別的「社會性文化」（societal culture），皆屬於自由主義個人運作「自由選擇機制」時的「載體」，是故個人的選擇與自由是奠基在某一**社會性文化**下而存在，換言之，**社會性文化的存在是個人有意義選擇的先決條件**，因此保護社會性文化免於衰滅，個人自由才得以存在實質之內涵。

　　筆者根據 Kymlicka 此論點延續推論，基於「異質的個人」皆有「平等選擇」所歸屬之文化脈絡或社會性文化的自由，故理應每一社會性文化

16　多元文化論（multiculturalism）或文化主義（culturalism）兩位最主要代表人物 Iris M.Young 與 Charles Taylor，學說以差異政治與肯認政治著稱。

在「被選擇的選項中」都應無優劣之分,且「平等而無差異地存在」。然
而事實上,某些社會性文化卻因歷史條件、環境不利等因素而形成少數群
體或弱勢文化,因此若不給予此類不利文化或群體特殊權利的作法,則
有違自由主義的正義原則。因此在自由主義與個人有意義的自由選擇之
前提下,Kymlicka 採取文化脈絡下「否定均質個人」的取徑,從個人意
志與個人權利的角度開展其文化脈絡與文化社群之論述,質疑無偏私性
(impartiality)與同化的可能存在,進而肯定群體差異性的正面意義,因
此將自由主義的個人權利,集結轉化為差異或少數群體的共同權,導向群
體間的差異政治以及少數群體的正義,而其正義的意涵即在「真正平等對
待少數文化的方式,就是給予不平等的對待」(Kymlicka 1995: 113)。

　　承上推論,種族文化或文化成員身分的被接納,既然被視為社會正
義[17]的一個表徵,而多元文化主義論述下的社會實體與現況,本即存有
種族文化差異,因此當少數群體成員在實踐其文化成員身分之權利時遭遇
不利之處境,對不利處境的修正措施就如 John Rawls 在正義兩原則中所
提及「社會和經濟上不平等的制度設計」,旨在滿足「對每個人都有利」
的原則。換言之,透過形式上的「再差別視之」,實踐實質待遇上「無差
別視之」的平等真義,以彌補形式平等的謬誤機制與修正國家長遠的公共
政策;而文化權利亦透過政治哲學中「特殊論」之取徑,最終回歸到實踐
「普同論」目的之操作模式。由於因應不同族群之文化差異、賦予其「族
群差異政治」,「少數群體權利」即在「對每個人都有利」的「族群差異政
治」原則下,做為實踐社會正義與社會平等的有力論述(表 4-2)。由此推
論,因差異而有不同對待的差異政治(Young 1999: 416-7)與少數群體權
利因而取得正當性。

17　Kymlicka 是根據 John Rawls 的正義兩原則與 Ronald Dworkin 的資源平等原則,來建立其對族
　　群差異權利所提出的平等論證(陳張培倫 2005:13)。John Rawls 的正義兩原則:A. 每一個
　　人所擁有的最大的基本自由權利相等。B. 社會和經濟上不平等的制度設計,必須同時滿足
　　以下兩個條件:a. 對每一個人都有利。b. 地位和職位對所有人平等開放。故透過制度的不平
　　等設計達到最大的「有利」和「機會均等」,落實社會正義的目標。

表 4-2　自由主義、多元文化主義、Kymlicka 式自由主義的比較

Kymlicka 修正方向	自由主義 ➡	多元文化主義 ➡	Kymlicka 式自由主義／Young 差異政治
個人	均質個人	異質個人	異質個人
群體	群體內「無差異」的歷史與社會條件	肯定個人與群體內部差異	在肯定差異的前提下，差異個人或群體擁有實質上「平等而無差異」的選擇自由
社會	「無差別視之」，表面上「平等而無差異」	承認「有差別而視之」，但無法解決自由選擇時先天條件不利的困境	以形式上的「再差別視之」，達到實質上的「無差別視之」
共同點	皆承認個人有選擇文化成員身分（cultural membership）的自由和權利		
相異點	無視相異文化脈絡的不同與差異	承認相異文化脈絡	承認相異文化脈絡，並肯認相異文化脈絡都應在「被選擇的選項中」無優劣且「平等而無差異地存在」
文化權利哲學基礎與內涵	普同論	特殊論	特殊論取徑中的普同論實踐

　　再者，據「少數群體權利」之論點進一步聚焦於原住民族文化權利，其正當性亦圍繞著由自由主義的個人權利展開，基於個人自主性的超然特質，個人自由意志應超越其他權利的規範，應獲得最大的尊重。然而藉由社會實體與現象的觀察，原住民個人必屬於其社群或族群文化的成員，具有文化成員身分（cultural membership），而依據自由主義立場，若每一鑲嵌在其文化脈絡下做出抉擇的成員皆應有追求個人價值與認同歸屬群體的自主性及權利，也就是皆有選擇自身種族文化的權利，那其所選擇之文化成員身分與其所屬權利不但應獲社會的認可，其所屬的文化脈絡應被以「族群差異政治」視之而於實質上「平等而無差異」地獲得肯認。

三、小結

　　歸納上述，以「自然主權」論述與「少數群體權利」觀點論之，原住民族基於在「存續的時間」、「存續的模式」與「存續的空間」三個面向中所共同構成的「先佔原則」，形成原住民族在「既有土地／空間」上「早於國家而存在」且文化呈現「迥異於多數主流族群」的事實，致使原住民族在自然主權之主張，例如文化權利、土地權利，具有超越國家主權之正當性。另外，基於「少數群體權利」觀點，原住民族即便屬於少數群體，但由於每一原住民在其所屬之文化脈絡下，皆擁有選擇其欲身為何種文化身分的自由權利，因此每一文化脈絡都應因「族群差異政治」而「平等而無差異」地被接納、認同與尊重。是故，藉由上述基本人權與政治哲學兩方不同取徑綜論，原住民族之文化權利應具有其主張的正當性，不應當在國家體制介入後即被剝奪、扭曲或消滅。

臺灣原住民族文化權利的美麗與哀愁

　　「如果人活著，呼吸是一種與生俱來、自然而然的能力，那文化權利就是空氣－那無所不在、與生俱來、人之所以為人的權利。」

　　在國際間針對原住民權利議題愈見重視與逐漸凝聚共識的趨勢下，臺灣終於在 2005 年 5 月經立法院三讀通過並施行《原住民族基本法》（以下簡稱《原基法》），然而《原基法》在「保障原住民族基本權利」、「促進原住民族生存發展」，以及「建立共存共榮之族群關係」的法條內涵上，對臺灣原住民族的基本權利、生存發展、自治訴求等，大多還是停留在願景階段，並無實質進程，[18] 使《原基法》之立法精神與實質效用，以及自 1980 年代起臺灣原住民族運動所爭取的「原權」（Rights of Indigenous Peoples），如同空中樓閣般徒為願景。

今日，在原住民族基本權利未受明確子法規範支持之困境下，政府、民間財團與原住民族之間於權利議題上的相互傾軋，以及多方權力的運作爭迭，造成彼此激烈的對立抗爭。就如本文即將探討的兩個案例，首先是與原住民族土地權利、自然資源權利相抵觸的傳統領域非法開發案，[19]其次是攸關原住民族文化命脈存續的臺東知本卡地布遷葬案等，皆造成衝突對立與充滿各自解讀空間的司法爭訟。若將臺灣案例置放於國際《原住民族權利宣言》的脈絡下，[20] 在在顯現原住民族基本權利在臺灣仍處於曖昧且法規不彰的狀態，更凸顯臺灣原住民族權利實踐確有其急起直追與取得正當性之必要。

一、臺東美麗灣事件

始自 2004 年的美麗灣渡假村開發案爭議，在歷經將近十年的司法爭訟後，終於在 2013 年 10 月由最高行政法院判定美麗灣停工訴訟定讞（詳見附錄一：美麗灣開發案訴訟程序始末）。而在這近十年間的往返訴訟中，司法單位主張美麗灣非法開發的理由多聚焦在開發程序上之瑕疵，例如環境影響評估的程序正義，以及以土地劃分規避環評等，然而除此程序

18　例如關於《智慧財產權》的《原住民族傳統生物多樣性知識保護條例》草案立法進度在 2008 年 520 後停擺。根據 2009 年 5 月 19 日立法院第 7 屆第 3 會期內政委員會會議臨時提案第 2 案所述：「查現在本會待審之《原住民自治區法》草案、《原住民族土地及海域法》草案、《原住民族傳統生物多樣性知識保護條例》草案…均是民國 97 年 5 月 20 日前行政院函請本院審議之法案。執政黨已輪替，政策不同，請原住民族委員會儘速將此三項法案撤回，並新擬草案送本院審議。」而此案結論竟是「會議決議通過」，等同於回歸原點、前朝之力徒勞無功。

19　例如臺東美麗灣 BOT 案位於阿美族傳統領域、日月潭向山旅館 BOT 位於邵族傳統領域等，現今仍有一連串的東海岸傳統領域開發案正悄悄展開。

20　《原住民族權利宣言》（2007）宣達：「原住民族不論個人或集體都有權充分享受《聯合國憲章》、《世界人權宣言》和國際人權法所確認的所有人權和基本自由」，並享有「原住民族和個人不被強行、同化或其文化被毀滅的權利」，其中宣言第 8 條更明確針對土地、領域做出規範：「各國國家政府應有責任提供有效機制，以防止和糾正任何剝奪其文化價值或族裔特性的行動，以及實際上剝奪他們土地、領土或資源的行動」。

瑕疵之外，民間團體反對美麗灣開發的理由，更包含了開發對當地海洋、生態、環境的衝擊，以及開發加速了原住民傳統文化的流失。本文先暫且不論述美麗灣飯店之開發對海洋、生態與環境所帶來的衝擊，若僅由文化觀點論之，事實上美麗灣渡假村的從無到有，不論是否已實質營運，卻已經真實地撕裂了部落的團結與傳統的文化。

　　美麗灣渡假村所位處之處－都蘭灣，為阿美族人世代居住的傳統領域。沙灘與海洋是阿美族人代代傳承的漁場，往南北延伸可至東河以北和富岡一帶海域，幾乎整個東部海洋線都是阿美族人之傳統領域，而距離渡假村最近的刺桐部落居民主要是從東河都蘭與臺東馬蘭遷居而來的移民。[21] 海洋是阿美族人賴以維生的命脈，除了「海洋是阿美族人的冰箱」，阿美族許多的精神信仰與價值體系之建立，都源自於與海洋的共生共存，例如竹筏下水出海前的竹筏祭典、祈求平安與豐收的海祭等，都可見阿美族人敬畏自然、與自然結合共生的文化模式。而位於杉原灣沙灘上、美麗灣基地北方的防風林內，有一個在阿美族與卑南族（甚至更南方的排灣族）起源傳說中，均清楚記載的巨大「風箏石」（Faciawan），為原住民族口傳文化中極為重要的一章。[22] 在相關記載中，尤其以卑南族對整個口傳擁有最明確且清晰的記錄與考證，包含了考證傳說中兩兄弟的家族系譜、綁風箏的線而形成的凹槽，以及風箏飛駛時因東北季風產生而使

21　根據部落青年林淑玲的口述，也有部分居民來自成功都歷、白守蓮與富源部落，目前刺桐部落的規模是近七十年才逐漸成型。

22　起源神話遺址「風箏石」（Faciawan）位於臺東杉原海水浴場的防風林內，當地阿美族人稱杉原海灣為「fudafudak」，意思是「閃閃發光之地」。在阿美族、卑南族、排灣族的口傳歷史內，均有「風箏救弟」的故事，族群間的故事大同小異，而阿美族則出現許多不同的版本，例如角色互換、出現「弟弟救哥哥」的版本，也沒有後面「弒父」的情結；而卑南族則只有一個版本，且有詳細的地點和族譜可追尋。在文獻考證中，宋龍生（1998）研究著作刊again清楚列出「風箏救弟」中兄弟的家族系譜，甚至風箏的作法和放風箏的過程也是鉅細靡遺，佐證了故事的情結和人物確為卑南族人。而在故事中的地點亦有詳述，以及哥哥放風箏時風箏必須繞過哪些山頭，才能順利救出弟弟，這些山頭也都確實存在。除了風箏石外，鄰近的 Irakay 就是兩兄弟初建會所之地 gamugamut 礁石，以及富源山上弟弟搭風箏降落時以腳推出的 maliwasedr magawgaw 兩山丘文化景觀和 kanadrelriya（嘔吐池）、murenaunan（巨蟒蛇窟）都有確實地點。

方向符合部落間的直線距離等，[23] 都使得風箏石的傳說更添幾分真實。本文在此姑且不考證口傳的真實性，但不同族群間皆存在如此栩栩如生的口述，以及筆者整理自日治以來的豐富的田野資料（詳見附錄二），都可見「風箏石」彰顯出族群文化獨特的深刻意涵。

然而，在行政院環境保護署「美麗灣渡假村新建工程案」環境影響評估報告內的「文化影響評估」子項中，開發方竟對都蘭灣傳統領域之影響與風箏石的文化重要性隻字未提。[24] 而根據筆者田野資料發現，「風箏石」這屬於原住民族文化特有的文化地標，在開發方「只見經濟利益而無視文化」的價值判斷中，就只是一塊座落於都蘭灣防風林內的一般巨石，因此在原先擬定的第二、三期擴大工程計畫案中，甚至規劃出將渡假 Villa 建築在風箏石的位置，而將風箏石往後遷移至靠近臺 11 線馬路邊坡的荒謬計畫。針對開發方如此將開發與經濟利益置於原住民族傳統文化之前、漠視原住民文化權利的脫序行徑，對照《原住民族基本法》與國際宣言法規，更凸顯出臺灣經濟掛帥而棄文化價值如敝屣的窘態。

若以美麗灣渡假村一案檢視臺灣原住民族文化權利的實踐現況，根據本文主張原住民族文化權利具有其正當性之理由，這些源自於土地、領域而與部落生活、族群存續交織在一起的文化模式，乃早於國家體制之治理模式而存在；而基於「自然主權」中原住民族「存續的時間」、「存續的模式」與「存續的空間」所建構而成的「先佔原則」，使原住民族有權主張其自然主權，例如文化權利、土地權利，具有超越外來主權與國家主權之正當性。再者，若根據「少數群體權利」觀點以及本書第二章所提及 ICESCR《第 21 號一般性意見書》中「任一個人或群體皆擁

23　筆者訪談卑南族耆老、高山舞集團長林清美女士，根據林清美女士口述：當海岸線吹東北季風時，巨大風箏會飛駛的方向剛好就吻合口傳記載中阿美族和卑南族兩個部落間所形成的那條直線，因此推論若東北季風強大時，的確是有重現風箏石傳說的可能。

24　「美麗灣渡假村新建工程案」全文，參閱行政院環境保護署環評書件查詢系統。引自 http://eiareport.epa.gov.tw/EIAWEB/Main3.aspx?func=10&hcode=1010011O&address=&radius=（查閱日期：2014 年 6 月 18 日）

有自由去選擇自己的文化認同，屬於或不屬於某個群體」的概念，原住民族即便屬於少數群體、擁有「特殊性」文化權利，每一原住民在其所屬之文化脈絡下，皆擁有選擇其欲身為何種文化身分的自由權利，是故每一文化脈絡都應因「族群差異政治」而「平等而無差異」地被接納、認同與尊重，原住民族之文化權利的保障與實踐仍須透過「特殊性」的取徑回歸到「普同性」的平等基準、具有其主張的正當性，不應當在國家體制介入後即被扭曲或消滅。

二、知本卡地布遷葬案

Karumaan 是卑南語中「本家」、「祖靈屋」的意思（ruma 是「家」），傳統卑南族實行屋內葬、生者與往生的祖靈住在一起，祖靈、部落與族人緊密相依。若歷經數代之後，家屋地下空間已不能容納祖先安置，生者便會遷徙到別處另建家屋，而祖先原本所安葬的地方，便成為祭祀用的祖靈屋。然而日治以來，因日本政府禁止屋內葬，故臺東第六公墓便成為卡地布部落祖靈的安身之所。而座落於都蘭灣南端阿美族傳統領域的第十公墓，是世代以海維生、與海岸景觀及生態共存的阿美族部落－加路蘭部落（Kaloloan）的祖先長眠之地，也是加路蘭族人祖靈信仰的寄託。

遷葬案始自 2006 年開始，臺東市公所為促進東海岸觀光產業，推動省道旁公墓遷葬政策，故張貼擬遷移第六公墓與第十公墓的遷葬案公告，然而只有公告、而無公開協調的應對方式，引發卡地布卑南族人與加路蘭阿美族人激烈的反對聲浪。臺東市公所聲稱此遷葬案依據《殯葬管理條例》得以施行，但反對之部落族人卻主張臺東市公所此舉違反《原住民族基本法》與《兩公約》，戕害原住民祖靈信仰與傳統文化。以法律位階而論，《原住民族基本法》與我國 2009 年施行的《公民與政治權利國際公約及經濟社會文化權利國際公約施行法》的位階高於《殯葬管理條例》，臺東市公所依據《殯葬管理條例》執意遷移原住民祖墳根本於法無據。根

據《原住民族基本法》第 21 條：「政府或法令限制原住民族利用原住民族之土地及自然資源時，應與原住民族或原住民諮商，並取得其同意。」與第 30 條：「政府處理原住民族事務，應尊重原住民族傳統習俗、文化及價值觀，保障其合法權益。」以及《公民與政治權利國際公約及經濟社會文化權利國際公約施行法》關於少數群體權利的第 27 條：「凡有種族、宗教或語言少數團體之國家，⋯其享受其固有文化、信奉躬行其固有宗教或使用其固有語言之權利，不得剝奪之。」可知，原住民族有權「對其受影響之決策有效參與」，[25] 而政府在處理原住民事務時，須尊重原住民族傳統習俗、文化及價值觀，取得部落族人同意，並不得剝奪相關權利或予以消滅。應然如此，然而實然卻大相逕庭。原民會於過程中曾多次函示臺東市公所，表達第十公墓是加路蘭部落傳統領域調查範圍，市公所的任何規畫，必須依照《原住民族基本法》的立法精神辦理，據此卡地布遷葬案是不符法制的，然而臺東市公所近三年來卻持續與部落對峙，悍然執行遷葬事宜的行為根本視法律於無物。卡地布遷葬的衝突直至 2014 年 3 月，在部落族人、市公所、行政院原住民委員會與國有財產局暫時達成共識的決議下，擬將第六公墓改為興建「追思文化園區」，未來仍須持續觀察部落與市公所、縣府之間針對相關規劃的協調與整合。

　　若以卡地布遷葬一案檢視臺灣原住民族文化權利的實踐現況，根據本文主張原住民族文化權利具有其正當性之理由，卑南族與阿美族長久以來的喪葬文化，即與其土地領域、祖靈信仰與價值觀緊密結合，換言之，卑南族與阿美族主張其自然主權正當性的立論基礎，即立基於「存續的時間」、「存續的模式」與「存續的空間」等三大理由，確立了其「自然主權」優先於國家主權的正當性。再者，若以「少數群體權利」觀點論之，身為少數群體的卡地布與加路蘭族人，基於自由主義選擇的前題，每個個體均擁有將自身鑲嵌於一文化脈絡中而作出選擇的自由，因而承認個人與

25　1994 年聯合國人權事務委員會《第 23 號一般性意見》。

群體存在差異的「族群差異政治」，對每一個「可為選項的文化脈絡」都應「平等而無差異」地接納、認同與尊重，才真正符合自由主義的真義。然而臺東市公所在理應尊重差異族群傳統文化的應然作為下，逕以經濟開發與商業利益為由，將觀光大旗凌駕於基本人權、法律制度與學術論述之上，以「漢人本位」的觀點，自認將原住民族祖先遷葬於漢人靈骨塔位中已為「安排妥適」的替代方案，全然無視且斷裂了原住民族特殊的信仰與文化傳統。此行徑強烈凸顯了臺灣文化權利與基本人權現況之低落，尤其在 2009 年執政者大張旗鼓將國際《兩公約》國內法化後，荒謬且令人憤怒的「卡地布遷葬案」，著實是執政者本欲藉由《兩公約》構築臺灣人權美好願景的一大諷刺！

　　然而，卡地布遷葬案今日發展至此，文化權利變動性（dynamic）的角色卻也落入「載舟覆舟」的難解輪迴之中。「追思文化園區」的模式真的是祖靈與族人想要的結果嗎？亦或只是「被和解後」後、不得不被納入主流治理體制的妥協模式？部落族人反遷葬行動由原初打著文化權利旌旗的主張、吹響文化行動主義的號角，發展至部落同意以「追思文化園區」之成立當作卡地布遷葬案暫時的休止符，「文化綏靖主義」（詳見本書第三章）最終還是點燃了主導方以「文化權利」收編抗爭力量的引信，在其中大展其粉飾之長才、活生生上演著以「文化權利」之名遂行「文化綏靖」之實的戲碼。文化權利至此，已從抗爭行動的引爆點，「二度綏靖化」成為雙方妥協和解的正當基礎和安全裝置，因而可見文化權利的主張在實質的實踐運作中，已非單純權利主體得以操作的潛勢利器，更可能在抗爭的過程中落入對立面、用以削弱或扭轉原初權利主體、其抵抗和推動權利實踐的目標。換言之，文化權利可能同時扮演著啟動與主導社會抗爭過程中「正、反、合」歷程的原因，也可能是「正、反、合」激盪、碰撞後的結果，更適切地說，更可能是永無止境變動的「正、反、合」歷程中、遊走在抗爭與和解兩端鋼索中間的平衡桿機制。

結語

　　「文化」是否得以做為一種權利？「文化」是否真能成為捍衛原住民族權利主張以及對抗不當經濟開發的強大理由？即便在學術、法理與基本人權的面向，我們已論述原住民族主張其文化權利正當性之理由，然而在真實的臺灣現況中，當任何一個族群的文化主張遭遇經濟利益、政治立場或社會力量的壓迫與侵軋時，文化是否真能成為族群主張其應有權利的強大後盾？文化權利究竟是交織或隱身於經濟、社會、政治權利之中，成為其領域運作歷程中的輔助工具或安全裝置？還是位階於經濟、社會、政治等權利之上，以超然意識形態的角色做為粉飾政治或經濟目的化妝師？

　　本文藉由論證原住民族於時間存續、模式存續與空間存續等先佔原則構成的「自然主權」，以及揉雜了自由主義的平等概念和多元文化差異政治的少數群體權利正義，而推衍出原住民族權利的正當性肯認，文化應當是捍衛原住民族權利的理由和強大後盾。然而不可諱言的，即便國內外已有《兩公約》、《原住民族基本法》、《文化基本法》草案等法律的公告或施行，在臺灣的實然現況中，經濟開發與政治角力仍舊時常左右、甚至凌駕於文化應然之上。在美麗灣事件始末中，「文化權利」角色的削弱即十分顯著。即使目前最高行政法院已判定美麗灣開發方停工定讞，但事實上判決勝訴所持的理由卻與文化權利之主張無關。試問，若開發方不存在開發程序瑕疵與環評違法之爭議，單以文化權利之主張是否就無法構成美麗灣停工的強大理由？再者，以該案現階段司法判決援引的理由，我們無從得知若以文化權利做為原住民族抵制美麗灣渡假村不當經濟開發的理由，是否得以勝訴，然而我們更想追問的是，在最高行政法院審理美麗灣停工訴訟定讞的 102 年度裁字第 1554 號判決書中羅列的各項原因裡，[26]「為何文

---

[26] 主要論點為商業開發對生態、環境實質的破壞和程序正義的瑕疵。參閱最高行政法院網站 102 年度裁字第 1554 號判決。引自 http://jirs.judicial.gov.tw/FJUD/index_1.htm（查詢日期：2014 年 6 月 20 日）

化並沒有成為停止開發的理由？」還是事實上，「文化一直都不是理由？」尤其是當文化與經濟、政治相抵觸，國家、甚至部落的族人面對強大經濟利益的驅力時，「文化是否無法再是理由？」若是，這確實是原住民文化權利的巨大挫敗，即便國際間對原住民相關權利已有諸多宣言、法規、判利和學術論點得以支持原住民文化權利的正當性，然而在臺灣，被削弱的文化權利主張似乎還是隱身於經濟、社會、政治權利之中，最薄弱地被放置在所有權利主張之末。

此外，就本文所關注的另一社會議題也進一步發現，在權利主體主張與操作的過程中，「文化權利」也可能產生角色的主客移轉、流動與變異，例如遊走於政治哲學「普同論」與「特殊論」的光譜之間，於「同中容異、異中求同」的相對兩端點間，產生揉雜與融攝兩者的新面貌；甚至文化權利的主張變異為經濟政治領域運作中的安全裝置，「二度綏靖化」地成為粉飾政治或經濟目的的化妝師，萌生抵抗「抗爭力量」的「反作用力」，主客移轉地削弱了抗爭力量與改變了抗爭方向。卡地布遷葬案則是典型經濟開發與文化權利衝突的案例。政府為求經濟利益而使部落世代以來存續的命脈與祖靈信仰陷入失落的恐慌，在國家體制治理權力下，漢人意志的執行凌駕在部落思維之上，將「遷葬」這個行為過度簡化為將土地下的祖靈搬移到靈骨塔「妥善安置」，然而卻殊不知被遷移的何止是祖靈，而是部落的根，動搖的更是原住民族世代以來對祖靈、部落與族人之間密不可分的共生價值。斷裂的文化、失根的靈魂，當祖靈寄託與部落、族人產生斷裂，要原住民族如何告訴自己的子孫「我們來自何方、又要走向哪裡？」而即便過程中反遷葬行動曾暫時落幕、「文化二度綏靖」取得了暫時性的勝利，但市公所與臺東縣府的數月來的不作為，使卡大地布反遷葬的另一波的行動又開始醞釀。[27] 而在這一來一往正反衝突的拉鋸之

27　2014 年 7 月 9 日卡大地布部落與市公所、臺東縣府召開協調會議，部落所提出 6 項決議內容，縣府只同意拋灑骨灰植存追思園區內，其餘項目仍無法與部落達成共識，卡大地布耆老因而率眾憤而離席。待 7 月 25 日再度開庭審理。

間，原初部落主體之文化權利主張卻可能悄悄產生質變，甚至落入對立面、成為市公所與縣府操作的利器。「文化權利」主張不應當如此。未來部落主體的文化權利角色會如何地被主張與運作，以及如何與政府單位進行研商與協議，會是部落本身必須警醒與戒慎處理的課題。

　　原住民族的文化豐美一如臺東，臺東可謂是全臺灣原住民族多元文化樣貌的縮影。原住民族文化的美麗，在於文化權利得以主張和實踐多元族群所呈現的文化表徵與獨特面貌，然而原住民族文化權利的深深哀愁，即在於每當文化權利遭遇經濟開發以及與國家利益相觸時，似乎大多是被漠視且戕害的一方。每一個文化都具有差異，但都需要被平等的尊重與對待；差異是自由，而被平等對待與尊重則是權利。臺灣原住民族文化權利之現況與困境讓我們反思，在《憲法》、《兩公約施行法》、《文化基本法》與《原住民族基本法》之法制規章下，在臺灣的政府對少數群體或原住民族，美其名以法制施行國家治理，然而空有法制，事實上卻是比沒有法制更加野蠻！！

　　現今，解決原住民族文化權利困境之道，唯有國家治理真正依法作為，透過《憲法》、《兩公約施行法》的實踐，加上《文化基本法》與《原住民族基本法》相互嫁接補述、相輔相成，當原住民族文化權利遭遇經濟開發以及與國家利益相觸時，法制規章能使原住民文化權利具有主張與實踐的依據，而非只是徒具形式，如同虛設。

　　歸結上述，縱使現今臺灣原住民族的文化權利仍處於未能全然實踐的困境，但在未來，文化權利是否能實然成為一種主張與理由，則取決於臺灣政府與每一個在臺灣的一分子，因為每個人都有資格成為一枚試金石，在自己身處的文化脈絡中，淬煉與實踐文化權利的真諦。

參‧考‧書‧目

Alfred, Taiaiake. 1999. *Peace, Power Righteousness: An Indigenous Manifesto*. Don Mills, Ont.: Oxford University Press.

Bhikhu, Parekh. 1997. Dilemmas of a Multicultural Theory of Citizenship. http://onlinelibrary.wiley.com/doi/10.1111/1467-8675.00036/abstract (accessed on Auguest 3, 2012)

Durie, Mason. 1998. *The Politics of Maori Self-Determination*. Auckland: Oxford University Press.

Fleras, Augie, and Jean Leonard Elliott. 1992. *The Nations within: Aboriginal-State Relations in Canada, the United States, and New Zealand*. Toronto: Oxford University Press.

Kerr, Ruth S. 1991. Aboriginal Land Rights: A Comparative Assessment. *Background Information Brief*, No. 23. Brisbane: Queensland Parliamentary Library.

Kymlicka, Will. 1995. *Multicultural Citizenship*. New York: Oxford University Press.

Kymlicka, Will. 2001. *Politics in the Vernacular: Nationalism, Multiculturalism, and Citizenship*. Oxford: Oxford University Press.

Meyers, Gary D. 1998. Summary: The North America and New Zealand Experience with Indigenous Land Rights and Its Application to Australia. http://www.austlii.edu.au/special/rsjproject/ rsjlibrary/arccrp/dp9.html (accessed on June 18, 2012)

Scholtz, Christa. 2001. Negotiating Claims: Comparing State Responses to Indigenous Land Claims in Australia, Canada, and New Zealand. http://polsc.anu.edu.au/scholtz/paper.rtf (accessed on June 15, 2012)

United Nation. 1948. Universal Declaration of Human Rights. G.A. res. 217A (III), U.N. Doc A/810 at 71.

Young, Iris Marion. 1989. Polity and Group Difference: A Critique of the Ideal of Universal Citizenship. *Ethics,* 99: 250-274.

Young, Iris Marion. 1990. *Justice and Politics of Difference*. Princeton, NJ: Princeton University Press.

王志弘。2010a。〈都市社會運動的顯性文化轉向？ 1990 年代迄今的臺北經驗〉。《國立臺灣大學建築與城鄉研究學報》，16: 39-64。

王志弘。2010b。〈文化如何治理？－一個分析架構的概念性探討〉。《世新大學人文社會學報》，11: 1-38。

王嵩音。1998。〈臺灣原住民還我土地運動之媒體再現〉。《淡江大學人文社會學刊》，2: 67-95。

瓦歷斯‧諾幹。1995。〈關於「山胞保留地相關事件之年表」〉。《全國原住民族第一屆土地會議手冊》。

林火旺。2005。〈審議民主與公民養成〉。《國立臺灣大學哲學評論》，29: 99-143。

林佳陵。1996。〈論關於臺灣原住民土地之統治政策與法令〉。臺北：國立臺灣大學法律研究所碩士論文。

林秋綿。2002。〈臺灣地區原住民保留地之初探〉。《國政研究報告永續（研）091-029 號》。財團法人國家政策研究基金會。

官大偉。2011。〈國土計畫、原住民族自治與原住民族土地權之落實〉。《臺灣原住民族研究學報》。

官大偉。2012。〈原住民族土地權與挑戰：從當代保留地交易談起〉。第一屆臺灣研究世界大會會議論文。臺北：中央研究院。

紀駿傑。2002。〈水田部落「自然主權」的挑戰（上）、（下）〉。環境資訊中心電子報。引自 http://e-info.org.tw/against/2002/ag02040801.htm（查詢日期：2013 年12 月 30 日）

施正鋒。2005。〈原住民族土地權的國際觀〉。發表於「原住民族與國土規劃研討會」。臺北：臺灣大學法律學院國際會議廳，7 月 21-22 日。

施正鋒。2007。〈臺灣少數族群的政策探討〉。《教育資料與研究專刊》，12: 59-76。

施正鋒。2008。〈原住民族的文化權〉。《臺灣原住民研究論叢》，3: 1-30。

施聖文。2011。〈「東部發展條例」專題傳統領域與現代土地治理〉。東海岸評論。引自 http://www.eastcoast.org.tw/?p=520（查詢日期：2012 年 10 月 19 日）

徐揮彥。2010。〈論經濟、社會及文化權利國際公約中文化權之規範內涵：我國實踐問題之初探〉。《中華國際法與超國際法評論》，6: 453-509。

徐揮彥。2013。〈原住民文化權在我國法院實踐之研究〉。發表於「2013 重返社群資源－原住民族集體文化權利之理論與實踐研討會」。國立臺北教育大學篤行樓 6 樓 Y601 會議室，12 月 21 日。

張宇欣。2012。〈從少數群體權利談臺灣原住民傳統領域之定位〉。發表於「2012 年文化的軌跡：文化治理的想像與實證國際研討會」，國立臺灣藝術大學教研大樓 10 樓國際會議廳，11 月 9-10 日。

陳張培倫。2002。〈族群差異權利之道德證成－秦力克自由主義多元文化論之可能性〉。臺北：國立臺灣大學哲學研究所碩士論文。

雅柏甦詠。2004a。〈原住民族的自然主權〉。《憲法原住民族專章會議實錄》，109-120。臺北：行政院原住民族委員會。

雅柏甦詠。2004b。〈什麼是原住民族固有權（Inherent Rights）？〉。《憲法原住民族專章會議實錄》，73-80。臺北：行政院原住民族委員會。

雅柏甦詠・柏伊哲努。2008。〈加拿大第一民族土地爭議解決機制之探討〉。收錄在施正鋒、謝若蘭主編，《加拿大原住民族的土地權實踐》，頁 127-160。花蓮：東華大學原住民族學院。

劉俊裕。2013。〈《文化基本法》：一份學界參與文化立法的紀實與反思〉。《國家與社會》，13(3): 67-112。

劉新圓。2011。〈我國是否該訂《文化基本法》？〉。《國政研究報告》。國家政策研究基金會。引自 http://www.npf.org.tw/post/2/9174（查詢日期：2013 年 12 月 30 日）

蔡志偉。2008。〈加拿大法制中的原住民族土地權格〉。收錄在施正鋒主編，《加拿大原住民族的土地權實踐》，頁 93-125。花蓮：國立東華大學原住民民族學院。

羅永清。2007。〈臺灣原住民族傳統領域土地調查數位化方法的實踐與應用〉。臺灣原住民族圖書資訊中心電子報第三期。引自 http://www.tiprc.org.tw/epaper/03/03_tradarea.html（查詢日期：2012 年 8 月 6 日）

附錄一　美麗灣開發案訴訟程序始末

事件日期 Y/M/D	事件內容
2004/12/14	臺東縣縣長徐慶元批準杉原海水浴場投資案，租期 50 年。
2007/5	環保團體向環保署舉發美麗灣違反環評規定。
2007/7/9	環保署行文臺東縣政府，要求縣府命令業者停止開發行為，補做環評；但臺東縣政府並未要求停工，僅補做環評。
2008/6	臺東縣政府通過環境影響評估案；環保團體向行政法院提起訴訟。
2009/8	高雄高等行政法院判決美麗灣「環評無效」。
2010/9/7	高雄高等行政法院判決「建照無效」，判令臺東縣政府應令美麗灣渡假村停止開發行為。
2010/7/21	臺東縣政府無視法院判決，於 2010 年 9 月 21 日核發美麗灣公司建照。
2012/1/19	最高行政法院判決，臺東縣政府所做環評案，違反《環評法》，無效定讞。
2012/6	臺東縣政府重啟環評程序，引發爭議。
2012/9/20	最高行政法院判決開發違法，要求臺東縣政府應命令美麗灣公司停止開發行為。
2012/10	內政部於 10 月 1 日行文臺東縣政府，要求臺東縣政府說明將如何處置；月底臺東縣政府回覆，美麗灣建照合法，仍會繼續興建。
2012/12/22	臺東縣政府召開第七次環評會議，禁止民眾旁聽與媒體入內採訪，會議結果環評通過。
2013/3/5	環保團體向環保署提出訴願，要求撤銷臺東縣政府環評決議。
2013/7/8	高雄高等行政法院裁定環評行政爭訟終結前，美麗灣業者需停工，美麗灣飯店與臺東縣政府提出抗告。
2013/10/16	最高行政法院裁決，美麗灣停工訴訟定讞。美麗灣飯店業者，決定將 40 名員工依法資遣，不排除停止開發並申請國賠。

資料來源：關鍵評論網。引自 http://www.thenewslens.com/post/9898/（查詢日期：2014 年 1 月 15 日）

附錄二　筆者整理之風箏石史料

筆者就所蒐集之日治時期文獻資料與宋龍生田野調查之多方口碑，整理摘述如下：

一、中央研究院民族學研究所編譯。2007 年初版。《蕃族調查報告書　第一冊：阿美族／卑南族》。臺灣總督府臨時臺灣舊慣調查會。

1. **阿美族馬蘭社傳說**

「…社民把弟弟關進牢裡，每天只給予蟲子、豬糞或人糞等根本無法入口的髒東西當食物，不到幾天，弟弟就瘦得不成人樣，瀕臨死亡。哥哥擔心弟弟的安危，用竹皮製作了一個風箏，將一把刀綁在風箏的尾端，準備前去搭救弟弟。風箏製成後，哥哥又用草搓成細繩，等待有風之日，把風箏升到番社的上空。社民們未曾見過風箏，因而議論紛紛。此時，弟弟告訴社民說：『聽說有怪物飛來，也許我能看出什麼東西。一會兒就好，讓我也出去瞧一瞧。』社民覺得有理，把他放了出去，弟弟也聚精會神地看著風箏。不一會兒風箏逐漸降下，到了幾近伸手可及時，弟弟一躍而上，抓住了風箏尾巴，升上天空。…」（蕃族調查報告書　第一冊：阿美族／卑南族 2007：211-214）

2. **卑南族卑南社歷史傳說**

「某日空中突然飛來一件阿美人從未見過的物品，眾人議論紛紛的。該物品雖在天空飛翔，但鳥不像鳥，若說是蟲也未免太大了些。被逮的弟弟聽到了趕緊乞求阿美人讓他出去瞧瞧，並說：『我看了，就知道是什麼東西了。』社民便允許他走出牢去瞧瞧。弟弟抬頭一看發現

原來是哥哥在 bulabulak 處施放松木製的風箏；[28] 當風箏到伸手可及之處，弟弟趕緊抓住風箏尾巴趁機隨風而去。…」

（蕃族調查報告書第一冊　阿美族／卑南族 2007：241-245，報導人：biguru）

二、中央研究院民族學研究所編譯。2000 年初版。《番族慣習調查報告書第二卷：阿美族／卑南族》。臺灣總督府臨時臺灣舊慣調查會。

1. 河野喜六卑南族口碑傳說（田野時間：1914 年 1 月起）

「…逃回家的兄 aibuwan 想盡辦法要把弟弟奪回來，苦思之後終於心生一計，他向諸神祈禱後，前往 pararekalen 伐取 maraDekaDekan 樹，把樹運回 kidarean 做成木板製風箏，將鈴鐺與兩把刀子綁在風箏上，讓風箏飛揚起來。但是風箏只搖動了一下並未飛起來，於是他又再到 bulabulak（加路蘭社北方海岸，在 babikian 之南）呼喚北風，讓風箏再飛起來。風箏順風升起飛到其弟 aunayan 被監禁的小屋上空，且鈴聲大作，其弟抬頭仔細一看知道是風箏，就告訴監視人員天空有奇怪的聲音，請准許踏出屋外一步去仰望瞧瞧，…aibuwan 把風箏降落在 kanaDeLya 山（加路蘭社之東），將攜來的酒給弟弟喝，以讓他吐出被 papyan 強迫吃下的食物，然後自己再從 bulabulak 放風箏，將弟弟載降至此處，他們在此地夢卜為吉兆，於是建造 Takuban（以一根柱子所建像傘的房子）居住。…」

（番族慣習調查報告書第二卷　阿美族／卑南族 2000：259-263）

28　此處於《蕃族調查報告書》中即有引註 bulabulak 位於今日杉原海海水域場沙灘旁。

三、宋龍生。1998。《臺灣原住民史料彙編 6 －卑南族神話傳說故事集：南王祖先的話》。南投：臺灣省文獻委員會。

1. 以陳貴英為主要報導人的神話世界（田野時間：1963 年 8 月）

「弟弟看到哥哥被抓，便到深山中找木頭，用刀將之劈削成木板，製成一個大風箏…最後弟弟把風箏拉到 pulapula'k 地方，在地上有一巨石，拉回放風箏的繩子，把繩子先綁在大石頭上，綁好了後，再把繩子慢慢地拉下來，讓哥哥下了風箏。然後弟弟再把繩子綑了起來，做為一堆，將之放在 pulapula'k 地方（位置在臺東海岸加路蘭北邊的海邊），後來這堆繩子也慢慢的變成石頭。即使到現在，我們還可以在加路蘭北邊，看到那塊綁風箏的大石頭和一堆繩子變的石頭呢。兄弟兩人決定在 pulapula'k 地方建一干欄式的上年會所 takoban。…」

（臺灣原住民史料彙編 6 －卑南族神話傳說故事集：南王祖先的話 1963：10-15）

2. 陳天財所說的卑南族神話（田野時間：1963 年 8 月）

「有一天夜上，哥哥埃曝烷偷偷來到里東關弟弟保拿焰的囚房，告訴弟弟說：『我要製作一個大風箏 tuʔap，把風箏放到里東上空來，當風箏落下三次時，你要捉住風箏，這樣我就可以把你救出去了。』…哥哥站在『tʔLiya』地方，把風箏拉回。弟弟保拿焰就在當地把他被阿美人關著時，所吃的蚯蚓，蜈蚣…等很髒的東西，一下子都吐了出來，吐出來地方的水，則永遠不會乾涸。…」

（臺灣原住民史料彙編 6 －卑南族神話傳說故事集：南王祖先的話 1963：86-95）

3.　陳光榮的神話世界（田野時間：**1994-1996** 年）

「…兩兄弟變成無處可容身的人，只好四處流浪，…看在一位長老的
眼裡，覺得不忍，就建議他們不如建造一所干欄式的高椿腳的房子來
住。那就是最早的少年集會所的式樣。於是兩兄弟就在『bulabulak』
（位置在今郡界附近）的地方，一仗鳥占的指示建立了第一所少年集
會所。…就在第二天的早晨，哥哥放起了風箏，…風箏漸漸地下降，
待落在地下時，還收不住其強勁的拉勢，於是弟弟用兩隻腳蹬著地，
漸漸的把地上的土蹬出了兩堆土，這就是在富源山區有名的『雙山』
即『mariwasə'D』的來源。mariwasə'D 為雙腳推土之意。弟弟這時
想吐了，於是就在富源山區中，前後吐了兩次，而這兩個地方，如今
都叫『kanatəlia』（即吐的地方），以前成為水塘，現在已因修路的關
係涸竭。（筆者宋龍生按：這幾個地方，都經陳先生在現地指認給筆
者宋龍生看過。）最後，哥哥終於把風箏收了起來，至今在小野柳北
方的海岸留有一巨大的滑石，是傳說中哥哥綁風箏的石頭『binaliwa
kana Tua'p』。」

（臺灣原住民史料彙編 6 － 卑南族神話傳說故事集：南王祖先的話
1963：119-124）

4.　林仁誠的神話世界（田野時間：**1995** 年 **4** 月、**5** 月）

「…這時，風箏正一上一下的，突然上升，又突然下降的飛舞著…正
好當風箏第三次下降時，弟弟立刻伸手一把抓住風箏而隨風箏飛上
去…哥哥最後把風箏降落在富源山頂 Kamitaʔnai（指水的北邊，即
卑南大溪之北邊），在弟弟下降到地面時，因為風箏的拉力很強，他
就用力地用兩腳蹬地上的土，希望能把風箏停下來，結果蹬出兩個土
堆，這就是在富源山中，兩個獨立小山峰的來源。這兩個山峰，如今
被卑南族人稱為雙腳推土山（maliwasə't）山峰。…從前在富源山上
有一個水塘，可是現在因為公路通過那裡，水塘被土掩埋，已乾涸。

關於這個水塘，有兩種說法：第一，有人說是弟弟阿魯曝烷在那兒吐，所吐出的東西變成水池。第二，有人說，這裡原來就有水塘，是弟弟在水池邊吐，然後弟弟在那裡把自己清洗乾淨。重要的是，無論哪一種說法，水塘裡的水很難聞，確實是真的。從那時候開始，這個水塘就被卑南社人（puyuma）叫做 təLia，就是嘔吐。

（筆者宋龍生在 1994 年 3 月 29 日，曾親至富源山區探勘神話中的幾個地點，都與神話中說的相吻合）

（臺灣原住民史料彙編 6－卑南族神話傳說故事集：南王祖先的話 1963：134-137）

在筆者所蒐集文獻資料中，於上述摘述多方口傳皆反覆被提及的兄弟 aibuwan 與 aunayan，為卑南社始祖及少年英雄系譜資料所明確記載，更加強上述口碑的真確性。

第五章

城市藝文節慶與文化公民權－以臺北電影節為例

－陳世瑋－

前言

　　我國民俗節慶是人民日常生活中密不可分的一部分，節慶的來源可追溯至古時農民耕作曆的二十四節氣、天象海象，歷史故事或神祇信仰等，它們不僅是古老精神智慧的結晶，也是一般人的日常休閒活動。然而經過現代化的洗禮後，新興的節慶型態大量出現。當繁忙的工商生活讓傳統年節的氣氛變得越來越淡薄，而政治解嚴和民主進步也使得政治節慶和標語牌樓從國定假日和生活街景中逐漸消褪時，一股新的節慶風潮正隨著民主開放的腳步加快與臺灣本土意識的抬頭悄悄形成。1990 年代之後，以節慶之名有系統、持續性地「辦活動」逐漸成為一種跨越政治、經濟、宗教和文化的新興現象，進而促成臺灣現代節慶的誕生（吳鄭重、王伯仁 2011）。新興的藝文節慶之舉辦目的超越了傳統的民俗節慶之目的，前者不僅具有文化觀光以促進地區經濟的使命，還兼具凝聚地方認同和塑造地方特色的性質，或者是文化治理或收編的方式；後者的舉辦方式受到前者影響也有所調整，例如，位於臺中市大甲媽祖遶境活動，原為民間的民俗信仰活動，在 2004 年擴充成大甲媽祖國際觀光藝術節，結合觀光旅遊、宗教朝拜、藝術展演、學術研究、地方產業再升級的各項活動帶動地方。[1] 藝文節慶的多功能化吸引蜂擁而至的遊客和參與者，不過這些節慶的目標參與對象大多以市民為主，所表達的節

慶價值和活動內容也希望能滿足大多數市民的需要，若是私人機構主辦的活動通常以獲利為最大目標，在價值的傳遞和內容設計也會有所不同（Mossberg and Getz 2006）。在大量新興的藝文節慶中，有許多節慶活動為公部門主導或公私協力辦理，公部門舉辦的藝文節慶內涵凸顯出文化政策的目標和使命，並以地方和城市的市民為辦理核心。但是在這些大量產出的城市藝文節慶之中，城市藝文節慶、城市與市民之間的關係為何？而市民的文化權利該如何從城市藝文節慶中釋放？以及市民需要從中獲得什麼樣的文化權利？為此本文以歷時長久卻不斷調整步伐的臺北電影節做為探究城市藝文節慶的文化公民權實踐之案例。

臺北電影節自 1988 年由民間創辦至今已達二十年以上，參與人數每年遞增而成為重要的官辦城市藝文節慶；臺北電影節最初是由民間創立的評鑑機制，目的在於鼓勵本土電影產業和獎勵電影工作者，民眾因此有機會接觸本土電影並透過影像認識我國的多元文化。隨後臺北電影節被納入公部門辦理的年度藝文節慶，其「節慶」的性質逐漸被凸顯，並且以城市為定位，每年選定不同國際城市的影像播放，民眾在多樣的主題規劃下，以電影美學的角度來認識文化多樣性；同時臺北電影節設計各種文化參與活動，加強節慶的深度和豐富度並讓民眾表達出心中的臺北城市以建立起地方的文化認同。經過了長年舉辦，臺北電影節對市民的意義不限於電影界的年度重要競賽，還形成了建構城市文化認同的場域；對非臺北市民而言，臺北電影節傳達城市的文化形象，是認識臺北城市的管道。因此，臺北電影節的舉辦精神正表現了文化公民權三大面向：文化賦權、文化參與、城市文化認同。本文將以臺北電影節為例檢視此三大面向，以理解城市藝文節慶落實文化公民權之可能。

1　媽祖繞境國際觀光節資料。引自 http://m.taiwan.net.tw/mobile/Article.aspx?Lang=1&sNO=000 1019&id=C2_315080000H_019972（查詢日期：2013 年 11 月 23 日）

以城市為核心的藝文節慶

　　城市，在 18 世紀工業革命中加速發展進程，在當代全球化的浪潮下追逐現代化，它們在科技的進程中去除地理和國家的疆界，傳遞出世界共有的普世價值觀，對各地的政治、經濟、社會和文化等多方面產生直接或潛移默化的影響。固然如此，人類生活的空間－城市，在全球化的洗禮下依然難以全面抹去獨有的文化風貌，形成「全球在地化」的現象。而城市被規劃出「現代性」的樣貌以大量累積經濟資本，並置文化符號於資本主義的經濟活動之中，同時也是常民生活文化與各種意識型態、政治權利等場域所交織的關鍵場所，城市文化就在多重脈絡影響下展開，公民的權利在此空間維度中被塑造或轉化。

　　正因城市吸引大量人口流動和聚集，經濟、政治和社會資源的運用和分配逐漸複雜，文化多樣性無可避免地增加，城市顯然並非是某一群體或主流文化的單一想像體，其複雜的文化多樣性也不能與整體社會拆開討論。「文化」的概念無法與政治、經濟和社會關係脫節，它是由不同部分所組成的系統，包括外在實質物體、制度、組織，或是內在的價值、道德觀、信仰等，這些系統不但為人們提供生活的範疇，另一方面也受到自然環境、其他文化和每個個人的影響，彼此作用的結果，使文化不斷衍生、遞變（楊泰順、廖峯香 1991）。文化的多重性面對著城市的複雜概念，就如同本書第三章作者所言，無論是將城市視為因規模、密度和異質性而產生的獨特生活方式；因社會群體競逐資源而形成特殊集居型態；資源分配的政治系統與相應的鬥爭；或者，資本主義運作邏輯下，勞動力再生產、集體消費、都市運動、創造性破壞、空間修補等多重都市政經過程，都有難以抹滅的文化面向。不僅生活方式向來被視為文化的核心界定（人類學式的文化整體觀），資源競爭與調適下的區隔社區（階級與族裔社區文化）、資源分配的政治過程（資源取用之公平價值的追求），以及資本主義驅動的都市過程（商業文化、都市意識形態），也都有其文化意味。

城市中不斷演變中的文化以及多元文化的社會促使城市文化處於變動的活性狀態，然而近年來公部門大量產出各種城市藝文節慶，這些藝文節慶多數被整合融入城市的日常生活中，大至國際藝文活動，如國家兩廳院舉辦的國際藝術節、高雄春天藝術節和宜蘭國際童玩藝術節等；小至地方性或社區性的臺北藝術節、苗栗客家桐花祭等。城市正需要文化藝術的創意能量增加城市的競爭力，或者做為文化治理的網絡，而文化藝術也在城市中找到了發揮創意的空間。各式各樣的城市藝文節慶產生節慶生活化的現象，但就城市藝文節慶的規劃者角度而言，常民文化生活卻並非完全是它的來源，有時活動的內涵與城市文化脈絡或民眾生活斷裂，成為插入民眾平常生活的片斷或事件，又或者冠上藝術文化之美名大行商業謀利之實。儘管藝術與文化的經濟效益為地方帶來無限商機，全球化的影響為地方獲得跨地理的宣傳效果，以及增加對相異文化的開放性和包容力，但是遍佈各地的藝文節慶形成眾聲喧嘩的紛亂景象，顯示出節慶活動以資本主義的消費能力取代了市民參與公共領域的能力，而許多公部門產生的藝文節慶以文化藝術的名義包裝卻流於形式主義而缺乏內涵，忽略了藝文節慶就是當代都市實踐其文化治理與策略的方式，文化公民權可透過節慶活動生根發芽。

文化公民權理論回顧

公民權身分與相關權利的研究仍相當複雜與困難，尤其在後現代主義思潮和全球化影響下，階級的重構、跨國政府的形成、因跨國資金或人口流動導致的新社會運動、相應而生的宰制與壓迫關係等等，許多新生的團體、族群或是議題，不斷出現重組與挑戰公民身分的內涵（王俐容2006）。公民權的西方學術著述中，以馬歇爾（T. H. Marshall 1992）為重要開端，他的寫作時間正處於資本主義造成的社會階級衝突和不平等，他主張由福利國家的介入可改善公民的權利，並根據英國歷史的發展，將公

民權的資格分為三種權利：民權（civil right）、政治權（political rights）、和社會權（social rights）（Marshall 1963；林玉鵬 2005）。現今各國面臨著跨國移民的人口流動、經濟結構轉變以及科技社會等複雜情形，導致馬歇爾的分析被認為未將國家放進國際複雜關係的網路中，反而假設政治可以在穩定的民族文化中發揮作用。然而如此假設將無法面對日益漸增的文化多樣性和全球化的趨勢（Stevenson 2003）。正因為多元文化主義的發展，傳統的公民權內涵已不敷使用。1990 年代以來西方民族國家經歷了一連串的「權利革命」（rights revolution）後，不斷地在各種新的權利訴求中，思索歸屬與排斥的問題。這些新權利的生成與建構，往往連結對於公民權（或稱之為公民身分，citizenship）的認知（王俐容 2006）。學者開始以社會學或政治學觀點為基礎，從公民的自主性為核心展開新的討論，多元文化理論也開始質疑自由主義的公民權之基本價值和正確性，懷疑公民權的內涵只是形式上的自由和平等，而非肯定差異和正視多元價值。公民身分的概念是學者持續關注和辯論的焦點，而經歷長年發展後，原附屬於經濟和政治公民權的文化權漸漸獲得其主體性，「文化公民權」成為了政策、族群或全球化現象等多個議題的討論核心。當文化的多變特性與公民權結合後，其定義和內涵不斷拓展，外在環境變化也促使文化公民權在社會運動、學術領域或文化政策上陸續展開訴求。這些權利超出了福利保護、政治代議和民事正義的權利，聚焦於宣傳一種文化身分或生活方式的權利（Stevenson 2003: 7）。公民權通常是從政治、經濟、社會等層面來討論政府對於人民應保障的權利，而文化公民權就是希望把文化藝術也納入政府對於人民應保障之相關權利範疇，包括提供更為完善之活動資訊，更為普遍之藝文參與機會，更為完善之創作體系與支持環境等（陳其南、劉正輝 2005）。

　　國際上，具體的相關權利規定出現於 1948 年聯合國通過的《世界人權宣言》（Universal Declaration of Human Rights, UDHR）第 27 條：「每一個人有權自由參與社區的文化生活、享受藝術以及分享科學的發展

及其果實。」而後多項相關規定足見文化公民權在全球化的現實世界中，已經逐漸取得普世的認同。UNESCO 的文化與發展合作辦公室（Culture and Development Co-ordination Office）把目前大約有五十多種的文化權歸納為十一種範疇，並提出討論，包括了文化認同的尊重、被認可為一個文化社群的權利、參與文化生活、教育與訓練、資訊權、接近文化遺產權、保護研究、創意活動、智慧財產權與文化政策參與權等等（許育典 2006；王俐容 2006）。面對文化公民權的多樣概念，本書第三章作者王志弘將文化公民權的內涵與意義區分為兩種層次，一為普同論，基於古典自由主義、公民共和主義和同一性政治的文化權哲學基礎，旨在人人公平享用文化資源以利個人自由與秉性之發揮和深化文化素養，文化的內涵主要是文化資源的接近和參與權；另一為特殊論，基於多元文化主義、社群主義和差異政治的哲學基礎，旨在擴大權利內涵以維護邊緣或少數群體的權益，以及尊重多元文化與多樣性，其主要內涵為文化認同權和文化發展權。有鑑於此，若單方面以政策制度保障弱勢群體之權利，並維持國內各種文化和群體間的差異性，無法根本解決社會的排斥和邊緣化，還需進一步培養全體公民用超越族群的態度肯認和接受文化的差異，以成就成熟的公民社會。

城市藝文節慶中的文化公民權

我國正處於多元文化的移民社會，不僅群體間存在著相異的信仰風俗、文化認同和意識型態，城市的空間維度也促使這些差異加強、擴散或變化。文化多樣性的增加使城市文化難以單一概念涵蓋，因此面對公共事務時，公民社會需要將思考層次提升到以文化為核心，思索深耕於城市的文化多樣性反而會是解決公共問題的源頭；陳其南認為在邁向高度文明社會的發展軌跡裡，我們的經濟開發與政治民主已獲得傲人的成就，實踐了所謂的經濟公民與政治公民之建構，接下來就是以藝術文化做為路徑

的「文化公民」的形塑。所謂的文化公民，強調的是公民對於文化意識的自覺性，特別是著重於責任與義務的關係，而不是單方面的享受權利（趙雅麗 2005）。對此文建會（文化部前身）於 2004 年提出《文化公民權運動宣言》，揭示政府有責任透過文化政策與各類藝文活動，建立一個文化藝術資源豐富的環境，提供民眾文化參與的機會；而每位公民有義務主動參與藝文活動，透過雙方的實踐建立國家社會共同體的認同。城市藝文節慶是立基於城市的文化活動，主辦單位可透過層層管道正向賦權給公民，「賦權」讓公民有自覺和改變的力量；而賦權過程產生的成果應是多元化的結果，因此賦權時還須思考地方的異質性，而非政府或某些群體由上至下的主導文化的發展和詮釋（Perkins 1995）。如同陳其南所描繪的文化公民權運動，主要是希望將「文化」與「公民權」結合起來，一方面可以把「文化」當做形容詞來形容「公民權」，也可以倒過來，由「公民」的角度去重新詮釋藝術與文化（趙雅麗 2005）。此外，賦權的過程可以透過由淺至深的層次設計，讓參與者的身分在過程中逐漸跳脫被動的接收者，轉變為主動參與、學習決策技巧、協商、利用資源、詮釋文化和尊重多元文化，其賦權過程並不追求單一化的結果。然而，許多文化活動受制於主辦者的目標、預算限制、地方行銷成效、公部門招標流程等因素，城市藝文節慶在策劃和執行的過程中常見「有限度」地賦權給城市居民和參與者，市民只能按照主辦單位提供的單向管道參與活動，決策上多見專業人士為主少見民眾參與，民眾能參與的環節往往僅剩枝微末節的消費性活動，並未涉及到活動內容決策、內容評鑑、參與方式等面相。

　　個人的文化生活參與，除了有利於個人文化藝術能力的提升，也對於集體人類文化發展有重要意義（王俐容、劉宜君、朱鎮明 2012），Gibson（1991）便認為賦權本身等同於參與，許育典（2006）則認為參與是個體加入群體的過程，除了理解自身外也透過和他人互動對話獲得肯認，成為完全的行動主體，形成文化認同，而文化公民權以參與文化事務做為其權利的主要內容，保障人民共享文化資源並追求精神生活的權利。然而文化

參與的權利很可能會因為參與者位於地理偏遠的位置、文化資本、經濟狀況等因素而有落差，主辦單位應避免排除某些群體的參與，使每個人平等地享受文化參與之權利以達到「文化平權」的目標。

綜觀城市藝文節慶所營造歡樂氣氛之背後，乃依照當地共同生活經驗所累積出的文化符號建構出地方的文化特色，並依此形成地方形象和傳達文化價值，這些向外表現的特點是主體展現自我形象和建立自我認識的方法，其形象包含了市民對當地共同的想像和他者的觀看，而形象的產生將加強地方人士對城市的文化認同，抑或與地方文化和價值觀產生衝突。進言之，形象之體現乃為創造出認同的存在，而認同的存在又影響著形象內涵的表現（李珮褆、劉虹麟 2013：74）。城市藝文節慶所依據的城市形象將進一步建構出民眾的城市文化認同，然則城市的多元文化必定重組城市文化內涵，重組過程中城市的新文化與舊文化持續的在城市空間中整合或拉扯，文化的普同性與特殊性兩者同時存在。因此策劃單位應思考如何容納城市的文化多樣性，避免以主流文化取代所有群體。不過，因為文化公民權強調肯認差異的實踐，筆者在本文暫不探究臺北城市的具體文化價值究竟為何？而是瞭解城市藝文節慶在落實對文化差異的保護和尊重之外，如何提供一個開放思考和公民相互溝通的管道讓公民自由表達城市形象、再現各種文化之生活方式與價值觀點，使城市文化能在節慶中能獲得多樣的詮釋，進而促使更具包容性的城市文化認同產生。

文化公民權可經由文化實踐，重構公民的意識與認同，並且強調公民的主體性，在一次次文化雙重的自我製造與再製的過程中建構，顯示公民主體是一種在公民主動性上，不斷建構的動態過程（Ong 1999；黃琪崴 2010：38）。除了官方授與的文化公民權之外，民間對文化公民權的呼聲和要求逐漸攀高，公民應向主辦單位積極爭取，讓文化公民權在藝文節慶逐漸生活化的現象中，也能成為日常生活的實踐。最後，在此筆者將文化公民權在城市文化節慶中歸納出三大面相：文化賦權、文化參與和城市文化認同，並依據筆者參與經驗以及文獻資料，對臺北電影節單元以活動參

與者的身分進行外部觀察，檢視城市藝文節慶如何向公民釋放此三大面向
的權利，以探討文化公民權如何在城市藝文節慶中實踐。

臺北電影節

　　電影欣賞為相當大眾化的藝文活動，也是每個年齡層皆會從事的休閒
娛樂，電影市場的蓬勃發展也促使與之相關的周圍活動大幅展開，如宣傳
記者會、預售活動、講座或工作坊，甚至我國近年電影所拍攝的場地，例
如《少年 Pi 的奇幻漂流》或《痞子英雄》等電影，其拍攝場景都被轉變
為觀光宣傳地點以吸引遊客。不過早在 1998 年的時候，電影的商業化操
作和官方色彩的電影評鑑機制已不能滿足那些堅持品味和品質的獨立製片
工作者，因此，為了鼓勵這些工作者，「臺北電影獎」正式由民間組織創
辦，經過多年的耕耘，已成為臺灣電影界的年度盛事，也是歷時已久的城
市藝文節慶。在節慶內容的規劃上，由策展人與策辦團隊每年規劃不同的
主題和單元內容；整體而言，電影的內容和節慶的運作都與民眾的生活息
息相關，因為這些電影的類型和題材皆反映出電影藝術品味和大眾的生活
型態，顯示當今社會所關注的議題或臺灣電影的生態和走向。經歷了穩定
的每年舉辦，臺北電影節已是臺北市民和電影愛好者最熟悉不過的藝文節
慶，一路走來經過多次調整，其競選機制、單元、主題內容與時俱變，彷
彿是有機體般隨著時代演變、環境條件和電影生態來調整生命型態，讓節
慶生生不息地在大眾生活與電影專業中延續下去。

　　關於城市藝文節慶之辦理方式，常見以地方政府為主辦機關並提供補
助，執行則是公私協力以企業化的經營方式彼此相互協助、分享資源，以
求在全球競爭的社會經濟環境中更具競爭力。臺北電影節原先為民間的電
影評鑑機制，而後因政策影響逐漸轉為公部門主導，現階段的指導單位為
臺北市文化局，然後交由臺北市文化基金會（以下簡稱為文基會）承辦。
文基會對臺北電影節的簡介寫道：「目前策辦的大型節慶活動中，臺北電

影節透過臺北電影獎之設立及獎金，期能給予國片創作團隊更多精神與實質的鼓勵，並結合臺北市電影委員會的運作，給予行銷協助期能再造國片熱潮。每年電影節期間，國際影展策展人、選片人並受邀來臺，陸續將這些精采萬分的臺灣電影介紹到法國南特影展、香港亞洲電影節、韓國釜山影展、東京影展、加拿大溫哥華影展、以色列台拉維夫影展⋯等國際影展活動。臺北電影節早已成為臺灣電影與國際接軌的最佳橋樑，更期待我們臺灣電影能夠持續這股熱流，締造更多卓越成績。」[2] 臺北電影節之官方網站介紹：「『臺北電影節』其前身為⋯自 2007 年底，臺北電影節成為隸屬於『臺北市文化基金會』的常設影展單位，期望透過永續經營的理念，讓臺北成為一個更親切友善的電影城市，同時也結合同屬臺北市文化基金會的『臺北市電影委員會』，進行電影與城市行銷產業交流工作。藉由影展活動，廣邀國際重要城市電影委員會成員，舉辦電影城市論壇，以及電影與城市行銷經驗等相關交流，攜手拓展國際視野。」臺北電影節最初設立意旨為建立國內獨立電影製片的競爭平台，然則臺北市文化局接收後，除了繼續鼓勵臺灣電影專業外，也顯示發展觀光效益與城市行銷為目標的取向。因此，臺北電影節具備電影的藝術性和專業性，也涵蓋以藝文節慶形塑地方文化特色來達到觀光目標的性質。當城市藝文節慶是由官方資源所支持時，更無法忽視規劃者對市民文化公民權的責任和義務，尤其當它成為以城市為利基點的藝文節慶，文化公民權便在此延伸和落實。

臺北電影節的文化公民權足跡

電影不僅可以乘載訊息，還能傳遞文化意識，它連結了大眾的日常生活，處理社會的多元議題。目前我國院線片場次充斥大量的好萊塢電影，美國電影工業以龐大的資金和普世性的文化元素，順利的進入各國電影市

2　臺北電影節網站。引自 http://www.taipeiculture.org.tw/Content/Content.aspx?id=4403（查詢日期：2013 年 11 月 20 日）

場，導致院線電影皆以好萊塢的商業電影為多數，本土電影逐漸被邊緣化。為此，法國在 1993 年提出「文化例外」（exception culturelle）的概念，強調文化不能等同於一般商品。呼籲各國限制文化產品在市場的自由交易，並將有關文化產品的討論從世貿組織轉向聯合國教科文組織。提出這項呼籲，主要是針對美國無孔不入的文化滲透，特別是好萊塢電影和影音產品，「文化例外」自然遭到美國的強力反對。90 年代，法國孤軍奮戰，展開長期的外交遊說。為了讓這個觀念為更多國家接受，法國將「文化例外」的說詞改為更精確的「文化多樣性」（diversité culturelle），重點轉向維護各民族的文化特色，以對抗全球化所帶來的文化和語言單一化的威脅。終於獲得多數國家的認同（劉俐 2009）。臺灣加入 WTO（World Trade Organization）後，政府的決策方向開始走向自由化和私有化以加入全球化競爭的系統之中，然而面對文化入侵的情況卻沒有以「文化例外」的原則保護臺灣文化的主體性。在如此惡劣情勢下，臺灣《電影法》卻於 2001 年時進行修訂，理由為臺灣已加入 WTO，為了避免有「不自由競爭」之嫌，趁此機會將幾乎都沒實行過的第 11 條和第 40 條刪除，[3] 並認為對國內電影產業衝擊不大，且有助於未來在這個「全球化」時代下競爭（林玉鵬 2005）。臺北電影節就在如此嚴峻的電影環境中創立，該節源自於 1988 年由影評人焦雄屏、黃寤蘭等人的推促下創立的「中時晚報電影獎」，設置「商業競賽」、「非商業競賽」和「年度電影生態檢討」，其中的「非商業類競賽」移轉成當今臺北電影節的「臺北電影獎」。該評鑑機制獎勵了本土電影工作者，具有關懷本土意義，而面對美國好萊塢電影的文化滲透，臺北電影節無形中主張文化主體性，也保障電影傳達文化多樣性的功能，避免讓單一文化取代所有文化認同。兩年後臺北市政府正式將臺北電影獎擴大為臺北電影節，成為臺北市政府常態辦理的藝文節慶。此時臺北電影節的意義從電影人的競賽平台拓展為大眾的文化消費、文化參與和陶冶心靈的公共領域。

3　第 11 條規定戲院應按新聞局所規定的國片映演比例，第 40 條規定應對外片徵收國片輔導金。

　　儘管「中時晚報電影獎」擴展為「臺北電影節」，並且加入了臺北市政府的公部門資源，該節慶卻始終與臺北城市毫無關聯。直到 2003 年第五屆，策劃執行單位由導演侯孝賢所領軍的臺灣電影文化協會及國立臺灣藝術大學電影系合作規劃了三個部分，分別是以國際城市為主題的「城市影展」、以「臺北電影獎」和「臺北主題獎」競賽中的優秀作品為主的「市民影展」，以及以國內外學生作品為主的「國際學生電影金獅獎」三個部分。當屆臺北主題獎，以「老城市‧新發現」為主題，邀請民眾用十分鐘的時間記錄自己生活、認識、記憶中的臺北。從此臺北電影節建立一個讓公民能表達臺北城市文化認同的平台，從中投射出對所屬的社會背景之觀感，並轉化為影像作品發表，臺北電影節中的城市意象逐漸被凸顯出來；而「城市影展」則強調城市間的文化交流，每年選定不同主題城市的電影放映、展覽、座談及各式活動，讓民眾在文化多樣性中激盪。隨後為了讓臺北電影節穩定的將舉辦經驗傳承下去，2007 年第九屆開始改交由臺北市文化基金會做為常設規劃單位，並專門負責執行臺北電影節的所有事務，以合約方式聘請專業策展人來規劃接下來的影展內容，同時也結合同屬文基會的「臺北市電影委員會」，進行電影與城市行銷產業交流工作，從此停止原先的招標模式。

　　臺北電影節歷年舉辦下來可發現其推廣的文化有三：1. 透過「臺北電影獎」鼓勵臺灣影像創作者，並且使民眾能有機會接觸優良的本土影像創作，進而增加民眾對本土文化、本土影像作品的認同。2. 透過「臺北主題獎」鼓勵臺北市民用影像記錄自己的居住城市，並使觀影民眾能藉由欣賞影片而增進「地方認同」。3. 透過「城市影展」使民眾能藉由欣賞他國的影視作品，進而瞭解不同國家的風俗民情，使觀影民眾能增加「世界觀」（江震浩 2007）。臺北電影節就如同國際上知名的電影節：坎城影展、多倫多電影節、柏林影展、威尼斯影展等，強調了電影的多元化取向，不論是劇情長片、短片、紀錄片、實驗電影等都有參展的機會。此外，該節慶並非一昧地捍衛本土電影市場，而是規劃各種主題以提供大量、多元的國

內外電影片單給觀眾，將多元文化呈現在觀眾眼前。本文將於下一節檢視臺北電影節目前主要的單元規劃，以理解文化公民權如何經過城市藝文節慶交到公民手中。臺北電影節重要大事請見附錄一。

世界觀與城市文化認同－電影評鑑與主題城市單元

　　臺北電影節的單元設計引導出民眾基本的文化參與方式和活動內涵，該節慶自 2003 年第五屆規劃出三大單元：「城市影展」（國際城市為主題）、「市民影展」（播放「臺北電影獎」和「臺北主題獎」競賽中的優秀作品）和「國際學生電影金獅獎」（國內外學生作品為主）。電影節的單元發展至今已演變為「國際青年導演競賽」、「臺北電影獎」和「主題城市」三大常設單元，另外設置其他單元例如「經典重現」、「觀摩」等，每屆依照策展人策劃作調整。關於競賽方面，國際青年導演競賽為臺灣唯一劇情長片國際競賽，藉此進行國際與國內電影工作者的相互切磋。來自世界各國新銳導演的第一、二部劇情長片，不僅讓臺灣觀眾驚艷創作者們精彩的敘事功力，更也在其中看到天馬行空的創意。[4] 而為了鼓勵獨立製片影像工作者，策劃單位規劃出「市民影展」，其中分為臺北電影獎與臺北主題獎兩項競賽。臺北電影獎是全國唯一針對臺灣專業影人所設立的電影競賽平台，每年邀請國際選片人、影評人擔任評審，以國片最高獎金「百萬首獎」號召，鼓勵臺灣優秀電影創作者，增加國內外能見度，規模日見茁壯；[5] 臺北主題獎是每年策劃各種以「臺北」為發想的主題，鼓勵民眾利用影像將自己對臺北這個城市的感情或看法呈現出來。連續舉辦了六屆以後，在 2009 年中斷一次後續辦兩屆，最後在主辦單位未說明的情況下

4　2013 年臺北電影節網站。引自 http://211.72.204.97/134taipeiff.Web/（查詢日期：013 年 6 月 19 日）

5　2013 年臺北電影節網站。引自 http://211.72.204.97/134taipeiff.Web/（查詢日期：2013 年 11 月 29 日）

停辦至今。除了上述的常設競賽外,「國際學生電影金獅獎」是臺灣唯一的國際學生影展(由國立臺灣藝術大學電影系所主辦),於 1999 年與臺北電影節合作,擴大成為國際性的學生電影競賽平台,但礙於經費問題並非年年舉辦。影展競賽可分為國際組與臺灣組,同時也設有觀摩類。每年播放的影片數量雖不一定,但皆為免費入場。根據臺北電影節相關新聞報導和文獻資料,筆者整理出臺北電影節歷年獎項分類和得獎名單,參見附錄二。

　　除了競賽單元外,2002 年第四屆前臺北市文化局長龍應台將臺北電影節定位為城市影展,國際觀摩影展定調為「城市對望」主題。從此以後「城市」成為此單元主體,每年選定一到兩個與電影文化有深厚關係的主題城市做為該年度電影節的主打,並配合主題城市規劃一系列講座、導演面對面、創意市集等相關周邊活動,加深民眾對主題城市的文化、電影題材和相關議題的認識。隨著時間累積,臺北電影節的子單元也略有變化,同時播映片數大幅增加,從 2006 年開始,每年都維持在 140 部的片量以上,臺北電影節的規模逐年壯大(黃汝華 2012)。2013 年的城市專題有了重大改變,單元的規模明顯縮小。在臺北電影節官方部落格之〈策展人日記:倒數 26 天〉[6] 中,塗翔文解釋了他的考量。他寫道,行之有年的「城市單元」是特色,也是包袱。以往主打城市的策略「不僅侷限了影展,觀眾也容易把整個影展與當年的主題城市畫上等號。」而大家對於此單元期待之高,「好像無論做哪個城市/國家,都必須非得包山包海地呈現該國電影史,否則就是膽大妄為、智識不足,彷彿對不起所有人。」使得城市單元成為團隊最吃力不討好的難題。2013 年,他決定縮小專題規模,不再縱向爬梳影史,改由橫向以斷代、主題式的角度,切入該城市的銀幕光景,也希望此舉能為這單元打開更大的發揮空間。而從這屆開始,他希望

6　臺北電影節官方部落格之〈策展人日記:倒數 26 天〉。引自 http://taipeiff2013.pixnet.net/
blog/post/149464282-%E3%80%90%E7%AD%96%E5%B1%95%E4%BA%BA%E6%97%A5%E8%A8
%98%E3%80%91%E5%80%92%E6%95%B826%E5%A4%A9(查詢日期:2013 年 6 月 17 日)

把大家的目光從城市／國家的影史回顧，導向國內外新銳作品的觀摩和競賽，也希望能夠藉由這個獨具特色的競賽單元帶臺北電影節和臺灣電影走向世界，盼望多年之後，臺北電影節將成為全世界新導演和影迷所重視的指標影展（洪健倫 2013）。

　　由以上的規劃可見國際青年導演競賽和臺北電影獎專為專業電影工作者開放，而臺北主題獎則開放給沒有專業電影背景和技術的一般民眾。然而，臺北主題獎無故取消後至今未見再辦的消息，不論策展單位意圖取消或是再辦新獎，都未說明取消緣由。長久以來，臺北電影節就僅僅是選一個國外城市為影展年度「主題」的電影節，並依此做為選片以及規劃相關座談活動的方向，而不去觸碰「臺北」這個城市所面臨的種種都市發展議題。這樣的策展規劃，是因為影展僅被視為城市的行銷工具、影展只著重影像部分的專業考量，因而只把臺北當成是個辦影展的舞台背景而已。此種策展思維無法連結上市民的生活經驗與認同，反而讓這個影展成為一個打造「無地方感」（sense of placelessness）的影展（王玨 2009）。臺北主題獎項原是一個綜合了文化認同塑造和表達，以及展現創造力的文化參與。透過每年舉辦持續深化市民的文化認同，讓民眾訴說心中的城市形象，而非由官方由上至下的為臺北的城市文化下明確定義。市民和參與者經由文化參與找尋個人、群體與城市的關係，對自我的定位逐漸覺醒並產生對城市認同或反思，因此臺北主題獎讓臺北電影節在眾多影展、藝文節慶中展現以城市文化為主的定位，並強化了藝文節慶與城市的連結以促進城市文化的形成。市民無形中對活動呈現的文化特色、集體記憶和歷史會產生文化認同，而遊客因參與節慶活動而體驗了城市的文化特色。Stuart Hall 認為文化認同並非永恆地被固定在某個本質化的過去，而是不斷「上演」的歷史、文化與權力所支配的（Woodward 2006），文化認同是持續被塑造的過程而非單次的結果，而藝文節慶可為城市中變動的文化認同提供開放的交流空間，有鑑於此，臺北主題獎取消至的消息實為可惜。

多樣的電影文化表達－觀摩與周邊活動

上述的兩大單元是經過多年發展後幾乎每年舉辦的常設單元。策展人還會在「觀摩」單元中，根據每屆主題策劃其他焦點主題，以近年來說，如 2014 年觀摩單元之一的「國青十年追蹤」，「國際青年導演競賽」舉辦至今已滿十年，為此特別播放三部過去參賽者的電影新作；2013 年觀摩單元的「電影萬歲」影展，設置多部內容與「電影」議題相關之影片；以及「經典重現」影展，播放多部國內外經典和代表性的電影作品。另有主題城市、焦點影人、競賽、觀摩、特別放映等單元，滿足觀眾各種想像，並且安排導演或影人出席映後或映前座談會。除此之外，影展規劃多面相的「觀摩」單元，提供觀眾在主題城市和競賽兩大單元之外有更多的電影選擇。2013 年塗翔文接受訪問時，被問及票房壓力時表示：「我想都是會，來自市府或市議會都有…這個影展很大部分的資源來自於公部門，在這情形下，我認為我做為策展人的責任則是將它視為一個文化活動，再從這樣的角度去規劃，而非只想到賺錢。我們當然也希望電影節的成本有一定的回收，不會讓市府的預算就像丟到大海一樣，但我在選片的考量上，票房不是唯一的考量。如果勉強一定要講有什麼考量要跟票房真的有關，我覺得是影展的『多元性』…我們策劃每個單元的片單時，會去思考單元內容是否提供了不同的題材…同時，我們也會考量這是市政府的影展，是否要因此而顧慮不同年齡層、不同性別、不同職業的觀眾，所以我們還是會放一些不太一樣的電影，例如關於老年人的電影；我們也挑了棒球電影《決戰投手丘》，並做了一場免費放映。」（洪健倫 2013）除了上述的選片考量之外，也配合各屆主題，設計各種包羅萬象、深入淺出的大小活動，從深根青年的校園巡迴、文藝氣息的咖啡廳講座、到紀錄片論壇和影迷狂歡活動等，烘托出豐富且充滿個性的臺北電影節。近年如 2013 年依據主題城市舉辦「迷走創意市集‧驚艷土耳其」的創意市集活動、2012 年「COSPLAY 你的青春年華」依該屆主題設計三場不同風格的現場變裝活

動。2012 年特別舉辦「新生代演員訓練講座」秉持臺北電影節鼓勵新銳及支持臺灣電影的熱血精神希望臺灣新生代演員能經由臺北電影節獲得曝光機會，透過國際青年導演競賽的映後 QA、臺北電影獎的映後 QA、記者會、酒會、頒獎典禮，與國際影人交流，與觀眾及媒體互動，從而開啟演藝新生命。[7]

　　臺北電影節將電影文化帶入校園、咖啡廳、市集等城市空間，民眾除了需要購票欣賞電影之外，部分活動為免費參加。經過多年發展後，培養出部分的忠誠參與者，每年參與人次也逐步提升。當整體電影市場中的觀影人次逐漸增加時，市場也逐漸成熟和擴大，觀眾漸漸地培養出觀影的眼光和品味，進一步促使電影文化發展；電影類型和內容也逐漸走向多樣性，臺北電影節就是滿足了觀眾對本土電影的愛好和對電影多樣性的需求。以主辦者的角度而言，多樣的電影類型吸引不同年齡層或喜好的觀眾，不僅可提升參與人數，還可讓觀眾在院線熱映的好萊塢商業鉅片之外有多樣的選擇。事實上，由於好萊塢電影迅速席捲全球市場，因此被世界各國視為文化多樣性的威脅。各國對好萊塢電影工業的抵抗自第一次世界大戰後開始，歐洲國家為保護國內的文化產業而開始主張把文化排除於貿易之外，但自此開始的多項貿易談判，美國皆主張文化產品是娛樂產品，不應以文化例外排除之，使得各國的文化例外原則遭遇挑戰。不過隨著文化多樣性逐漸受到重視，2001 年聯合國教科文組織發表了《文化多樣性國際宣言》，表達文化多樣性的重要性，主張文化貨品超越其經濟價值，並試圖抵抗全球化所造成的文化單一化之威脅。《世界文化多樣性宣言》中第 3 條提及，文化多樣性增加了每個人的選擇機會；它是發展的源泉之一，它不僅是促進經濟增長的因素，而且還是享有令人滿意的智力、情感、道德精神生活的手段。臺北電影節設置的宗旨為支持我國電影產業，並保留多樣性的電影題材和類型，某種程度上與電影的商業化作抗衡，賦

7　臺北市文化基金會報告。引自 oldwww.tcc.gov.tw/bar17/files/1/11105 臺北市文化基金會報告 .docx（查詢日期：2013 年 6 月 20 日）

予觀眾在主流電影之外有多元的選擇，保護我國文化表達的多樣性；而民眾在選擇參與臺北電影節時，無形中就是對獨立製片的支持和肯定，以及對文化多樣性表達的支持。

除此之外，近年來臺北電影節與其他業者的策略聯盟，讓民眾手持票根到合作店家消費可享有折扣，有些與雜誌合辦的講座活動必須在某些餐飲店消費才能入場，這種策略聯盟是常見的商業手法，對早已習慣消費主義的民眾產生極大的誘因。雖然臺北電影節以電影為核心規劃許多周邊活動，但策劃單位應意識到如何將這些活動轉化為公民實際的文化實踐，並且創造觸發公民意識參與過程，以深化節慶的內涵以求在未來永續的運轉。傳播學者 Graham Murdock 就曾經從社會權的概念延伸擴展出「文化權」（cultural rights）檢視，他從公共媒體和文化權的關係中，提出四種應受保障的權利，包含「資訊權（rights to information）」、「經驗權（rights to experience）」、「知識權（rights to knowledge）」和「參與權（rights to participation）」。資訊權指涉的是公民有權近用與人們生活攸關的重要資訊；經驗權是指公民有權近用多元的個人與社會經驗，有機會去體驗、理解、發現，甚至欣賞他人的社會生活經驗；知識權指涉的是公民有權在近用資訊和經驗的同時，逐漸養成詮釋世界的能力，進一步有能力將其所接觸的資訊和經驗轉化成知識，這種知識不再虛無飄渺，而是真正對個別公民有意義、能解決他們所面對問題的知識；最後，參與權意指公民有權翻轉不對等的傳播權力關係，不再只是被動閱聽眾的角色，而是有權發聲，讓自己的生活處境和實際想法被社會其他人聽見，並且有權參與公共議題及公共決策（Murdock 1999；羅世宏 2008）。城市藝文節慶不僅提供多樣文化表達的空間，還必須積極地讓公民經由文化參與脫離被動的閱聽角色而成為活動的主體，在參與過程中激發公民意識，自我提升為有文化能力的公民。

結論

　　綜觀臺北電影節的歷年發展，關於該節慶的爭議未曾停止過，民間質疑臺北電影節未經過公開審核作業而將移轉至文基會，是否壟斷了城市的文化節慶、轉移至文基會的動機不明，以及近年來臺北電影節被批評過度商業化操作等問題，使臺北電影節的活動規則和精神不時受到討論。但不可否認的是，節慶活動機制因為變成文基會承辦而穩定下來，活動參與人數持續增加，觀光局也將臺北電影節列為宣傳國際文化節慶的觀光景點之一。事實上，臺北電影節自轉變為公部門主辦的藝文節慶後，強化了文化公民權落實的可能，不過我們從臺北電影節的規劃中，可發現臺北電影節對此三種權利（文化賦權、文化參與和城市文化認同型塑）之實踐還需要持續的深化，才能回應了公民對文化公民權的需求。

一、觸發公民意識的文化參與

　　公民的文化參與保障了文化公民權的行使，不過，城市藝文節慶中的參與形式必然有文化消費的部分，這些消費行為要能引起公民對文化事務、公共領域的興趣和激發公民意識，使公民對於公民角色和價值產生自覺。雖然民眾的文化參與會帶動一定程度的消費，但這並非代表藝文節慶的消費行為是文化參與的必要條件和唯一形式，更不應以消費能力取代公民的文化權利；若參與公共領域將只受限於特定的文化消費形式，參與的權利只屬於經濟條件佳、文化資本高的對象，節慶則形同以文化為名來商品化公共空間，文化參與就成為主辦者包裝消費行為的手段，以消費主義誘導觀眾參與不應該是藝文節慶用以吸引民眾的操作。此外，城市文化節慶的參與方式可能隱含著經濟、社會、地理等外在環境因素所造成的障礙，主辦單位須保障每個人的資訊權、經驗權和知識權，進而提升每個群體的參與機會。臺北電影節策劃單位可以朝經費挹注、補助辦法或科技運

用解決問題,而非停留在以高文化資本和較佳的經濟條件之群眾為優先考量,而忽略了實踐「文化平權」的可能。

公民所需要的文化參與形式,是在消費行為之外能激發思考、喚起公民意識的參與方式,做法上,可在消費活動之外,提高整體活動中免費開放給市民的文化活動之比例,並透過開放公民展現創造力和自主性的活動加強他們在活動中的主體性,例如增加市民與導演、專業人士的開放對話之平台、舉辦針對一般大眾的電影工作坊,或是針對城市文化主題之規劃,如某些臺北城市藝文節慶結合臺北公共空間中的街道、公園、閒置空間等,舉辦舞蹈節、戲劇節等節慶活動,目的在於讓市民和參與者經由參與和城市文化相關的活動來思考城市的今昔面貌和議題。所以對臺北電影節而言,首要思考的是臺北城市文化和電影文化之間的關係如何打開市民的文化能力,增加市民的參與機會並強化文化參與的深度,以激發公民對所處城市的感知和覺醒,讓臺北電影節成為持續滾動城市生命力的藝文節慶。

二、強化文化賦權

臺北電影節自 2007 年第九屆開始改交由文基會辦理後,以合約方式聘請專業策展人來規劃接下來的影展內容,同時也結合同屬文基會的「臺北市電影委員會」進行電影與城市行銷產業交流工作。由於文基會是市府捐助設立,是為具有公法人性質的財團法人,成立宗旨就是接受市府委託辦理各項文化業務及執行重要文化政策辦理,並接受文化局補助或委託代辦特定業務。此外,文基會管理了臺北兒童藝術節、臺北藝術節、臺北藝穗節、數位藝術節等藝文節慶,以及西門紅樓、臺北當代藝術館、臺北國際藝術村等藝文空間,可見文基會的責任重大且業務繁雜。然而,雖然文基會的經費來自於臺北文化局的補助或委託,但公民對於藝文節慶的辦理和經費的運用卻無法置喙,這也是文基會不斷被民間詬病之處。同樣

地，臺北電影節策劃單位雖舉辦多種文化參與活動，卻少見邀請公民進入節慶決策環節。直到 2012 年，臺北電影節開始出現新的轉向：臺北電影節首次對大眾開放當屆主視覺徵選設計，並由專家和網路投票共同選出當屆主視覺，獲選之主視覺將廣泛運用於當屆臺北電影節之文宣及活動，第一名錄取還可贏得十萬元的獎金，自此公民可以與專家共同選擇當年臺北電影節的主視覺形象，公民開始掌握部分的決策權利，此活動目前仍延續下去。

　　公民的需求應該由下至上的反映在節慶所能提供的功能裡。藝文節慶活動可經由層層活動設計中，讓公民與策劃者、不同立場者互動和對話，甚至參與決策的核心，掌握發聲的權利、增進反思的能力和解決問題的能力以滿足 Murdock 的「參與權」，進而對生活品質更有掌握，並重新詮釋藝術與文化以成為活動的主體。臺北電影節終於在近年呼應了在我國文化公民權之主張逐漸強化的趨勢，這樣的趨勢來自於社會公民意識的覺醒以及對自身權利的積極主張，而臺北電影節的改變雖然微小但仍可做為文化賦權的開端。期望未來城市藝文節慶能規劃出完善的市民參與決策機制，朝專家、公民共同決策的方向持續強化賦權的層次，而市民、專業人士與主辦單位三種角色的權利應該是對等的，並在交流中相互溝通對話和共享資源。

三、城市文化認同之形塑

　　城市藝文節慶的內涵透露出城市的自我定位和外顯的形象，也是個人及群體建立文化認同的場域。文化認同的建立，乃是社會成員經由文化活動的參與過程，並受到特定環境中各種社會、文化、歷史、背景條件的影響，對於文化活動的目標與價值內化於個人心中，逐漸形成文化認同，對於文化活動的目標與價值內化於個人心中的一種現象，這是一種深沉與具影響力的同化過程（李珮褆、劉虹麟 2013：78）。每年舉辦的臺北主題獎

為持續變動的城市文化和其文化認同開啟一個開放表達的平台，從中彰顯出城市藝文節慶對城市多元文化的貢獻和價值，不過根據江震浩（2007）的研究發現，公部門主管認為「臺北主題獎」是要「鼓勵市民用影像關心城市」，而評審認為只要是好作品即可入圍本單元，此一落差導致在競賽公告上宣佈作品要「詮釋你眼中的臺北」，但實際入圍結果卻是多數作品與臺北此一城市並無連結。如此一來無法達到「強化城市在人們身上的論述」，讓人們喜愛上這個城市甚至增加「地區意識」、強化「地方認同」等目標。此外，儘管民眾可以經由主題城市單元認知多樣文化的世界，但臺北主題獎取消後，節慶之城市內涵只單向停留在理解異國風情的文化中，缺乏所在城市向內的省視，臺北電影節未再交給公民一個詮釋和表達所在城市文化的平台，臺北城市主體精神在節慶中銷聲匿跡。鑑於城市文化認同是不斷累積和變化的過程，應考慮恢復每年舉辦的臺北主題獎，或持續舉辦針對在地生活環境的工作坊、講座或課程等，加深公民對在地議題的思考和覺醒，由此讓市民和活動參與者逐步地瞭解地方故事，進而產生對城市的共鳴及反思以塑造出具包容性的城市文化認同，並且透過對他人的理解和對自我省視之聚合形成更具開放性的城市文化。

城市透過系列藝術文化節慶活動的地域群聚與時序串連，以及個別藝術文化節慶方案的周邊整合規劃（含空間、遊行路線規劃），將特定藝術文化理念，營造成短期藝術文化意義形式與節日歡慶氛圍。而藉由都市對有形及無形藝術文化資本的動員，以及在節慶、活動文化中的轉換，都市規劃者得以吸引民眾對文化奇觀的凝視，展現特定都市文化形象與特色，並試圖建構市民對都市文化的認同與歸屬，獲得市民對治理的肯認（劉俊裕 2013：22）。城市藝文節慶鑲嵌於城市之中，是城市文化複雜性和文化多樣性的匯聚地，也是城市中各種文化和群體再現價值的媒介。於是，節慶為城市文化開啟多樣詮釋的管道，也為這些相異的認同感提供發聲和交流的場合。長年以來，臺北電影節是臺北市民引頸盼望的盛大活動，它做為我國唯一針對本土影像專業競賽之意義無法取代；同時，它不斷於時代

的洪流中改變自身定位，最早從民間的電影評鑑機制走向了公私協力的藝文節慶，並在臺北市文化局接手後以城市定位建立起公民的國際觀。在此過程中，「城市的」和「公民的」的活動性質逐漸被凸顯出來。隨後在人文思維、文化治理、政治法規和社會經濟環境的演化中，以及在當代對文化公民權不斷強化的主張裡，該節慶近年也開始將部分權利賦權給公民。但值得努力的是，臺北電影節的策劃單位應積極思考如何建立一個城市定位的節慶，絕非與「市」無爭的滿足與在地城市脫節的關係中而喪失塑造城市主體性。再者，市民所需要的文化公民權是深度的文化參與和文化賦權以激發公民意識，讓他們掌握自身環境的條件並進行反思和改變，而非以消費行為取代公民的文化實踐。能落實文化公民權的藝文節慶將影響參與者個人的生活品質和支配生活的能力，此影響力經由個人也會延伸至群體的生活當中，避免被大多數群體或主流社會思想所支配，因此公民在活動中不再是被動的接收者，而是成為有思考力和判斷力的行動者，這也是公民社會所樂見的。期望未來的臺北電影節能在我國逐漸重視文化公民權的發展趨勢中，繼續強化文化公民權的落實，以善盡做為一個城市藝文節慶的責任和義務。

參・考・書・目

Bhattacharya, A. and Basnyat, B. 2003. Empowering People through Joint Forest Management: A Study from Madhya Pradesh. *International Forestry Review*, 370-378.

Freire, P. 1970. *Pedagogy of the oppressed.* New York: The Seabury Press.

Freire, P. 1973. *Education for Critical Consciousness.* New York: The Seabury Press.

Getz, D. 1991. *Festivals, Special Events, and Tourism.* New York: Van Nostrand Reinhold.

Gibson, C. H. 1991. A Concept Analysis of Empwermen. *Journal of Advanced Nursing,* 16: 345-361.

Giddens, A. 1985. *The Nation-State and Violence.* Cambridge: Polity Press.

Hall, S. 1997. *Representation: Cultural Representations and Signifying Practices*. In Hall, S. (ed.). London: Sage

Lefebvre, H. 1991. *Critique of Everyday Life: Volume I Introduction.* London: Verso.

Mossberg, L. and Getz, D. 2006. Stakeholder Influence on the Ownership and Management of Festival Brand. *Scandinavian Journal of Hospitality and Tourism,* 6(4): 308-326.

Murdock, G. 1999. Rights and Representations: Public Discourses and Culture Citizenship. In Jostein Gripsrud (ed.), *Television and Common Knowledge.* London: Routledge.

Stevenson, N. 1997. Globalization, National Cultures and Cultural Citizenship. *Sociological Quarterly,* 38(1): 41-66.

Stevenson, N. 1999. *The Transformation of the Media: Globalisation, Morality and Ethics.* London: London.

Stevenson, N. 2003. *Cultural Citizenship: Cosmopolitan Questions.* Open University.

Pakulski, J. 1997. Cultural Citizenship. *Cultural Citizenship,* 1(1): 73-86.

Perkins, D. and Zimmerman, A. 1995. Empowerment Theory, Research, and Applycation. *American Journal of Community Psychology,* 23(5): 569-579.

Perkins, D. D. 2010. Empowerment. In R. A. Couto (ed.), *Political and Civic Leadership*, 207-218. Thousand Oaks, Ca: Sage.

Ong, A. 1999. Cultural Citizenship as Subject Making: Immigrants Negotiate Racial and Culture Boundaries in the United States. *Current Anthropology,* 37(5): 737-762.

Wallerstein, N. 1992. Powerlessness, Empowerment and Health: Implication for Health Promotion Programmes. *American Journal of Health Promotion*, 6(3): 197205.

Woodward, K. 2004. Questions of identity. In K. Woodward (ed.), *Questioning Identity: Gender, Class, Ethnicity* (pp.5-42). London: Routledge.

Zimmerman, M. A. and Rappaport, J. 1988. Citizen Participation, Perceived Control, and Psychological Empowerment. *American Journal of Community Psychology*, 16: 725-750.

Woodward, K.。林文琪譯。2006。《認同與差異》。臺北：韋伯文化。

Toby Miller。王小章譯。2007。《文化公民權》，收錄在 Engin F. Isin and Bryan S.Truner 主編，《公民權研究手冊》，頁 316-334。杭州：浙江人民。

Pierre Moulinier。陳羚芝譯。2010。《44 個文化部－法國文化政策機制》。臺北：五觀藝術。

王志弘。2003。〈臺北文化治理的性質與轉變，1967-2002〉。《臺北社會研究季刊》，52: 121-171。

王玨。2009。〈文化公民進場：打造多元參與的臺北電影節〉。引自 http://www.coolloud.org.tw/node/43406（查詢日期：2013 年 11 月 12 日）

王俐容。2006。〈文化公民權的建構：文化政策的發展與公民權的落實〉。《公共行政學報》，20: 129-159。

江震浩。2007。〈文化公民權賦權與實踐：以 2006 臺北電影節為例〉。臺北：國立臺北大學公共行政暨政策研究所碩士論文。

李珮禔、劉虹麟。2013。〈都市文化策略：節慶活動、文化形象與認同〉。收錄在劉俊裕主編，《全球都市文化治理與文化策略：藝文節慶、賽事活動與都市文化形象》，頁 63-82。臺北：巨流。

林玉鵬。2004。〈全球化時代下的民族國家電影－文化公民權視野的分析〉。臺北：淡江大學大眾傳播研究所碩士論文。

吳鄭重、王伯仁。2011。〈節慶之島的現代奇觀：臺灣新興節慶活動的現象淺描與理論初探〉。引自 http://www.geo.ntnu.edu.tw/files/archive/723_07174455.pdf（查詢日期：2013 年 9 月 7 日）

洪健倫。2013。〈為臺灣和國際影壇接軌　專訪 2013 臺北電影節策展人塗翔文〉。放映週報。引自 http://www.funscreen.com.tw/headline.asp?H_No=464（查詢日期：2013 年 12 月 7 日）

黃汝華。2012。〈城市影展的品牌建立策略－以臺北電影節與高雄電影節為例〉。嘉義：國立中正大學電訊傳播研究所碩士論文。

許育典。2006。〈文化國與文化公民權〉。《東吳法律學報》，18: 1-42。

陳其南。2004。〈邁向一個審美的公民社會〉。《傳統藝術》，44: 4-5。

陳其南、劉正輝。2005。〈文化公民權之理念與實踐〉。《國家政策季刊》，4(3): 77-88。

陳淑鈴。2010。〈全球化趨勢下高雄城市文化探究〉。高雄：樹德科技大學建築與環境設計研究所碩士論文。

焦雄屏等。1981。〈金馬獎會外評鑑專輯〉。《聯合月刊》，3: 32-49。

焦雄屏。1982。〈「電影廣場」時代〉。《生活與環境》，6: 48-49。

張世倫。2001。〈臺灣「新電影」論述形構之歷史分析（1965-2000）〉。臺北：國立政治大學新聞研究所碩士論文。

張麗春、李怡娟。2004。〈賦權概念分析〉。《護理雜誌》，51(2): 84-90。

鄭家華、王怡之採訪。2006。〈最大的小影展－聞天祥談 2006 臺北電影節〉，《劇作家雜誌 NO. 2》。引自 http://blog.yam.com/dramaturgist/article/2663321（查詢日期：2013 年 9 月 7 日）

鄭健雄。2006。《休閒與遊憩概論－產業觀點》。臺北：雙葉。

劉俊裕。2013。〈全球在地文化：都市文化治理與文化策略的形構〉。收錄在劉俊裕主編，《全球都市文化治理與文化策略：藝文節慶、賽事活動與都市文化形象》，頁 3-35。臺北：巨流。

劉宜青。2007。〈藝術電影行銷策略之研究－以「臺北影節」為例〉。臺北：銘傳大學傳播管理所碩士論文。

趙雅麗。2005。〈社會典範轉移的再思考－從「文化公民權」到「公民美學」〉。《淡江人文社會學刊：五十五週年校慶特刊》，181-186。

楊泰順、廖峯香。1991。《民主與社會》。臺北：空中大學。

楊皓鈞、王玉燕採訪。2009。〈柏林天空下的電影風情畫：2009 臺北電影節策展人游惠貞專訪〉。引自 http://blog.roodo.com/hostsonaten/archives/9279185.html（查詢日期：2013 年 6 月 30 日）

管中祥。2003。〈全球資本下地方文化的衰退與再生產－以新店地區有線電視頻道為例〉。臺北：世新大學傳播研究博士論文。

羅世宏。2008。〈通訊傳播管理法草案的盲點：文化公民權／傳播權視野之批判〉。《科技法學評論》，5(2): 1-29

邱亮基。2006。〈電影式生命教育課程對國小學童自我概念影響之研究〉。臺東：國立臺東大學教育研究所碩士論文。

附錄一　臺北電影節歷年重要事件

年度	重要事件
1998 年 **第一屆**	1998 年陳水扁擔任臺北市市長任內,為實踐舉辦市民影展的競選政見,故由臺北市政府將「臺北電影獎」擴大舉辦為首屆「臺北電影節」,除了政治因素外,當時熱愛電影的臺北市新聞處長羅文嘉也是幕後推手之一(江震浩 2007)。此活動逐漸被編納為市府文化活動的一環,由於預算充足(約 3,500 萬),一開始便以「國際影展」作定位,盛大舉行(鄭家華、王怡之 2006)。
1999 年 **第二屆**	經由政府《採購法》將電影節分為三個標:一為競賽標(電影獎),由國家電影資料館負責;二為影展標(國際影展),由焦雄屏主持;三為行政標(活動宣傳),由陳國富承辦執行。電影節執行趨於複雜,常令外界對電影節的作業摸不著頭緒。外界常以為「臺北電影節」為「市民影展」。其實「市民影展」只是第三屆的其中一標,當時又分為「國際影展標」、「市民影展標」、「電影獎標」。從第四屆開始,其中一個又變成「學生影展標」,後來在縮減為兩標,直到 2005 年才合為一標(鄭家華、王怡之 2006)。
2000 年 **第三屆**	臺北電影節的承辦單位從臺北市政府新聞處轉為文化局,當時的文化局長龍應台為求電影節轉型,刻意讓第三屆從 2000 年尾舉行到 2001 年初,2001 年等同停辦,再從 2002 年重新開始(鄭家華、王怡之 2006)。
2002 年 **第四屆**	本屆開始由臺北市文化局承辦,前臺北市文化局長龍應台基於城市行銷的概念,將國際觀摩影展定調為「城市對望」主題,用「城市主題影展」與金馬國際影展有所區隔。往後每年選定一到兩個與電影文化有深厚關係的主題城市做為該年度電影節的單元之一。藉由電影放映、展覽、座談及各式活動,帶領觀眾認識每年主題城市的電影、歷史及文化,鼓勵市民親近影像創作以及加深與城市的連結(黃汝華 2012)。
2003 年 **第五屆**	策劃執行單位則由導演侯孝賢所領軍的臺灣電影文化協會及國立臺灣藝術大學電影系合作規劃了三個部分,分別是以國際城市為主題的「城市影展」、以「臺北電影獎」和「臺北主題獎」競賽中的優秀作品為主的「市民影展」,以及以國內外學生作品為主的「國際學生電影金獅獎」三個部分。「臺北主題獎」,以「老城市‧新發現」為主題,邀請民眾用十分鐘的時間記錄自己生活、認識、記憶中的臺北。其中在「臺北電影獎」百萬首獎屬於不分類獎項,不論是劇情長片或紀錄片、短片,動畫皆可角逐。
2004 年 **第六屆**	加入「全球華人影像精選」單元。

年度	重要事件
2005 年 **第七屆**	當時策展人聞天祥發現臺灣還沒有國際的劇情長片競賽，但又無法和釜山等大型影展競爭，去邀到大導演的片子，因此決定要辦一個新導演的國際比賽。「國際青年導演競賽」就此開辦，參賽作品必需是導演的第一部或第二部劇情長片和在臺灣首映，與臺北電影獎發掘新銳的精神互相呼應，奠定「城市、華人、新銳」的三大主軸（臺北電影節網站2013；楊皓鈞、王玉燕 2009）。
2007 年 **第九屆**	臺北電影節歷屆以來皆以招標程序交由民間單位承辦執行，標案程序不僅壓縮策展時間，也讓策展團隊無法穩定的規劃明年影展內容。因此自臺北電影節改由臺北市文化基金會規劃一常設單位，專門負責執行臺北電影節的所有事務，以合約方式聘請專業策展人來規劃接下來的影展內容，同時也結合同屬臺北市文化基金會的「臺北市電影委員會」，進行電影與城市行銷產業交流工作，從此停止招標。臺北電影節也有了很基本的三大單元，分別為「城市影展」、「臺北電影獎」、「國際青年導演競賽」，每年除了此三大單元，再根據策展人的巧思另行設計專題（劉宜青 2007）。
2008 年 **第十屆**	限定只有劇情長片才能獲頒百萬首獎，正式取消了不分類的競賽項目，同時也擴大獎項劃分為劇情長片類個人獎以及原本的紀錄片、動畫短片、劇情短片等項目（黃汝華 2012）。
2010 年 **第十二屆**	百萬首獎改為不分類，其餘則照常秉持鼓勵優良電影工作者的原則，擴大獎項分類為，非劇情長片類型、劇情長片、不分類個人獎、不分類技術獎等四類。

資料來源：本研究自行整理。

附錄二　臺北電影節歷年獎項分類和得獎名單

年度	獎項分類	首獎得主／最佳影片獎
1998 年 第一屆	國際類	《城西無戰事》（薩德・杜埃希）
	本土商業類	《魔法阿嬤》（王小隸）
	本土非商業類	《在山上下不來》（陳碩儀）
1999 年 第二屆	商業類	《黑暗之光》（張作驥）
	獨立創作類首獎	《女子》（史筱筠）
2000 年 第三屆	商業類	《命帶追逐》（蕭雅全）
	臺北電影獎	《城市飛行》（黃銘正）
2002 年 第四屆	臺北電影獎	《兩個夏天》（戴立忍）
2003 年 第五屆	臺北電影獎	《星塵 15749001》（侯季然）
	臺北主題獎	《深》（廖憶玲）
2004 年 第六屆	臺北電影獎	《再會吧一九九九》（吳靜怡、吳汰紝）
	臺北主題獎	《告別式》（賴俊羽）
2005 年 第七屆	臺北電影獎	《無米樂》（顏蘭權、莊益增）
	臺北主題獎	《點鈔機》（翁靜婷）
2006 年 第八屆	臺北電影獎	《一年之初》（鄭有傑）
	臺北主題獎	《蟻城》（張英珉）
2007 年 第九屆	臺北電影獎	《黑眼圈》（蔡明亮）
	臺北主題獎	《發條女孩》（錢威達）
	國際青年導演競賽	《艾瑪的禮物》（史凡塔迪肯）
	「電影未成年」觀眾票選獎	《河童之夏》（原惠一）

年度	獎項分類	首獎得主／最佳影片獎
2008 年 第十屆	劇情長片百萬首獎	《海角七號》（魏德聖）
	國際青年導演競賽	《青春逆轉勝》（昂娜絲・芭柏拉瓦雷）
	臺灣學生電影金獅獎－ 非劇情片	最佳影片獎從缺
	國際學生電影金獅獎	《米蘭的抉擇》（米海拉・肯）
	臺北主題獎首獎	《上學》（潘欣如）
2009 年 第十一屆	劇情長片百萬首獎	《不能沒有你》（戴立忍）
	國際青年導演競賽	《屈辱》（史提夫・雅各斯）
2010 年 第十二屆	臺北電影獎	《乘著光影旅行》（姜秀瓊、關本良）
	臺北主題獎	《臺北解構學》（陳建軒）
	國際青年導演競賽	《足球開戰》（休卡阿敏・科基）
2011 年 第十三屆	臺北電影獎	《沉沒之島》（黃信堯）
		《爸爸節的禮物－小林滅村事件首部曲》 （羅興階、王秀齡）
	臺北主題獎	不分獎次
	國際青年導演競賽	《三場意外與一個預言》（史提凡拉夫勒）
2012 年 第十四屆	臺北電影獎	《金城小子》（姚宏易）
	國際青年導演競賽	《雙城悲歌》（魯斯蘭朴）
2013 年 第十五屆	臺北電影獎	《築巢人》（沈可尚）
	國際青年導演競賽	《綁架練習曲》（湯姆修法勒）

資料來源：本研究自行整理。

第六章

城市藝文節慶與文化公民權－
以高雄春天藝術節為例

－郭玟岑－

　　本文嘗試梳理臺灣文化公民權以及節慶活動發展的脈絡，並已於
2010 年開始舉辦，由高雄市文化局所主導的高雄春天藝術節做為案例。
期盼藉由對於該藝術節五年辦理的節目規劃之資料整理與分析，和對照相
關報導觀察以及與當地藝文人士的深度訪談，描繪高雄春天藝術節辦理之
現狀，更進一步的呈現臺灣文化公民權透過藝文節慶實踐的在地樣貌，以
及在全球化的都市競爭之下，文化公民權發展的潛能與限制。

臺灣文化政策觀念的演變與文化公民權概念的開展

　　文化公民權所關注的議題是，文化系譜如何經由教育、宗教、語言、
習俗、文化作品、甚至媒體等等而持續的發展與維持，當中包含了複雜
的文化差異、文化再現、文化詮釋、文化接近性等問題。1948 年聯合國
《世界人權宣言》中，聲明「每個人都有權利自由地參與社群的文化生
活，享受藝術以及分享科學的進步與其帶來的好處」。於 1992 年修改國際
經濟、社會與文化權協約開始定義文化權的內涵：「尊重每個人的文化、
真誠與本質；平等的近用權與尊重非歧視原則；參與主流文化與少數文化
的創造與享受的機會；不可缺少的創造活動的自由，如：表達自由權、智
慧財產權；保障與發展可參與的文化，包括有關於主流或是少數文化方面
的國家與國際的文化交流。」教科文組織近幾十年亦召開了許多會議討論

文化權的內涵以及落實的方法，並歸納出十一種文化公民權之範疇，內容包括了文化認同的尊重、被認可為一個文化社群的權利、參與文化生活、教育與訓練、資訊權、接近文化遺產權、保護研究、創意活動、智慧財產權與文化政策參與權等等。文化公民權已經成為文化政策中重要的議題之一，特別是參與式的公民權與公民社會相關的問題；同時，文化也在公民權概念的建構中，成為不可被忽略的一部分（王俐容 2006）。

王俐容於 2012 年所發表的〈*Towards culture citizenship? Cultural and cultural policy in Taiwan*〉文章當中將臺灣文化公民權概念歷史背景歸納為三個階段。第一階段為 1986 年之前，由於尚未解除戒嚴，臺灣人民並未享有所謂的公民權利。第二階段則是從 1986 年到 1997 年之間，隨著政治邁向民主化，開始關注社會權和隨其衍生之問題，如工作權、環境議題以及老人與兒童照護的議題，族群相關的社會活動也非常的活躍。其中一個重要的發展即為申學庸女士於 1993 年擔任文建會主委時所推動的全國文藝季以及社區總體營造運動，讓文化的在地認同以及參與成為臺灣公民權發展的重點。第三階段則是從 1997 年迄今，臺灣公民權發展的重點是族群認同以及少數權的多元文化政策。另外一個重點則是於 2004 年所發表的《文化公民權宣言》。

2004 年文建會提出之「文化公民權運動」之政策概念，並發表了《文化公民權宣言》，讓臺灣文化公民權的拓展邁向了另外一個里程碑，[1] 該宣言主要是認為中央及地方政府皆有責任提供足夠的文化藝術資源，滿足各地公民共享文化的權利，全體公民對於文化藝術活動、資源、資產與發

1　《文化公民權宣言》：「一、我們認為，今天的臺灣人民，不能只滿足於基本人權、政治參與權和經濟平等權的訴求，應該進一步提升為對文化公民權的新主張。二、我們呼籲，中央和地方政府有責任提供足夠的文化藝術資源，滿足各地公民共享文化的權利。三、我們呼籲，全體公民對於文化藝術活動、資源、資產與發展，應共同承擔起參與支持、維護與推動的責任。四、我們認為，每一個公民在文化藝術與審美資質的提升，乃是建立文化公民權的基本條件。五、我們主張，國家社會共同體的認同，應從傳統的血緣、地域與族群指標，轉化提升為對文化藝術與審美活動的共識和認知。六、我們最終的理想，乃在於建立一個基於文化與審認知的公民共同體社會。」

展，亦應承擔起參與、支持、維護與推動的責任，進而落實每一個公民在文化藝術與審美資質的提升，並成為建立文化國家的基礎條件與普遍共識（陳其南、劉正輝 2005）。在具體的實踐方面，則是擴充社區總體營造工作的面向與影響範圍，提供民眾參與文化資產保存的工作機會，並透過成立社區以及學校表演藝術與視覺藝術的團隊與展演，養成公民投入精緻藝術活動之熱情。從政治的現實來觀察，亦是透過文化的方式，建立國內跨種族的集體文化認同與參與。

　　然而，臺灣文化公民權的發展並非在發表《文化公民權宣言》之後即畫下完美的句點，我們從劉俊裕（2014）於本書第二章〈《文化基本法》：追尋臺灣人民參與文化生活的基本權利〉中得知，臺灣已於 2009 年 3 月 31 日審議通過《公民與政治權利國際公約》及《經濟社會文化權利國際公約施行法》，並於 2009 年 12 月 10 日正式實施，文化公民權利的實踐和國際組織接軌。而自 2011 年迄今，我們從夢想家事件、[2] 對於兩岸簽訂服貿協定 [3] 的相關看法以及近期 [4] 呼籲的《智慧財產權法》暫停修法等，藝術文化團體以及藝術家們陸續展現對於公共議題的關心與積極參與的態

2　《夢想家》是一部為慶祝中華民國建國百年而在 2011 年推出的搖滾音樂劇，也是「中華民國建國一百年國慶晚會」的演出內容，由文建會（今文化部）委託表演工作坊製作，主要製作人為賴聲川（擔任創意總監、編劇與歌曲作詞），於 2011 年 10 月 10 日（中華民國國慶日）、10 月 11 日在臺中市圓滿戶外劇場演出兩個場次，耗資約新臺幣兩億五千八百萬元。由於外界質疑費用過於高昂，及是否帳目不清等財務問題，引發臺灣社會內部許多的討論，並登上臺灣 2011 年十大藝文新聞第一名。臺北地檢署以貪污案進行偵辦，但以查無實據結案，2013 年監察院以此案涉及行政缺失，糾正行政院與文化部（前文建會）。

3　《海峽兩岸服務貿易協議》，是依據《海峽兩岸經濟合作架構協議》第 4 條所簽署的服務貿易協定。2011 年兩岸的經貿業務主管部門開始展開服務貿易磋商。由於簽訂內容並不公開透明以及決策與立法過程過於草率，因此引發了太陽花學運，藝術界人士並也發起聯署發表聲明表達看法，包含立委鄭麗君以及臺灣劇場協會秘書長林佳慧與學者劉俊裕等人透過立法院的質詢以及文章撰寫的方式，說明簽訂該協議對文化相關產業的衝擊，並呼籲建立「文化整體影響評估」和「公開監督審查」等機制。

4　智慧財產局在民國 103 年 4 月 3 日公佈《著作權法》修正草案，將要修正現行《著作權法》的多項內容；其中爭議最大的，是《著作權法》第十三項乙案：「受雇人於職務上完成之著作，以雇用人為著作人。但契約約定以受雇人為著作人者，從其約定。前項所稱受雇人，包括公務員。」同年 7 月 9 日由創作人以及藝文人士赴智慧財產局抗議，主張停止修法。

度，反映出當前臺灣對於自身文化權利意識的覺醒，不再對於國家或資本財團壓迫與宰制低頭，並進一步展現對於文化的詮釋以及參與公共事務的企圖心。另一方面，文建會（文化部）自 2011 年起開始研議之《文化基本法》草案，似乎可被視為臺灣政府部門具體回應種種文化運動訴求，並且落實公民參與文化生活權利的具體法制化作為。可惜的是，《文化基本法》草案離法案正式三讀通過與施行，仍是漫漫長路，然仍期待能通過立法途徑，充實政府、學術界、藝文工作從業人員以及公民的討論並形成共識，讓臺灣文化公民權的發展得以往前邁進一大步。

臺灣現代節慶活動之發展

何謂節慶？在 Bernadette Quinn（2005）所撰寫的《Arts Festivals and the City》一書當中，引註了 ISAR R. F.（1976）的看法，認為節慶是一種特殊的、與眾不同的、必須被特別創造的，也是一種不僅是源自藝術與商品品質的氣氛，亦來自鄉村、來自都市的氛圍以及區域的傳統；另也引述 Tuner（1982）的觀點，在所有文化當中，人類發現需要預留一些時間和空間為社區的集體創造力，慶祝活動以及節慶來表達地方和認同之間的親密關係。在學術文獻中最常看到的節慶定義之一是加拿大觀光學者 Getz（1991）所歸納的節慶特性，包括：公開給大眾參與、舉辦地點大致固定、具有特定主題和時間、經過事先計畫、有組織運作與經費配合、非例行性的特殊活動等。此外，Allen et al.（2008）則是從節慶活動的管理角度切入，將它定義為一種特殊、刻意、有目的、可凸顯某種社會或文化意義的典禮、展覽、表演或慶典（吳鄭重、王伯仁 2011）。

吳鄭重、王伯仁（2011）亦在〈節慶之島的現代奇觀：臺灣新興節慶活動的現象淺描與理論初探〉一文當中提到臺灣現代節慶可以追溯到以行政院文建會和臺北市文化局為首的文化節慶統理技術，它們分別代表地方文化與精緻文化節慶化的推廣經營模式。在文建會方面，首先在文化

建設納入十二項國家重大建設，興建各地文化中心，成為日後藝術文化活動展演的主要場域；而 1981 年文建會成立之後，文化建設逐漸朝向軟體的發展，在第三任主委申學庸（1993-1994），率先提出文藝季的構想。除了引進國際表演團體來臺演出之外，更鼓勵地方舉辦小型國際文化活動。其中最關鍵的措施是文建會在 1994 年將全國文藝季下放給縣市政府辦理，再由文建會串連成長達四個月的全國文藝季（行政院文化建設委員會 2003）。而從 2007 年開始，文建會擬定了《活化縣市文化中心計畫》，在為期共計八年的計畫當中，分為硬體整建與軟體營運兩個階段，前四年硬體整建整體經費達新臺幣 13 億元；後四年則依照《活化縣市文化中心劇場營運計畫補助要點》，[5] 每年一次由各縣市政府提出年度計畫，各自競爭以爭取補助經費，著重於「專業劇場人才之引進與培育及營運機制的建立」，讓各地文化中心不僅僅被動的扮演表演節目採購者的角色，而是要主動積極規劃節目製作、引進劇場專業人才、評估專業團隊駐館等。此外，1999 年成立的臺北市文化局，成為臺灣第一個地方文化事務的專責機構，則是提供了以都市節慶統理精緻文化的另一模式。近年來，每年夏天所舉辦的臺北藝術節、藝穗節以及兒童藝術節等活動，已經成為每年夏天臺北市民引頸期盼的表演藝術盛會。後來高雄市及各縣市政府紛紛跟進成立文化局，使得文化活動，尤其是精緻文化的推廣，成為地方治理的重點項目之一。由於公部門資源在補助文化團體、興建和管理藝文展演場所各方面佔有重大比例，而且其中有不少藝文活動是以各種文化節慶的方式辦理，因此這種由文化局帶頭推動的城市藝文節慶也就逐漸成為統理精緻文化的基本模式（吳鄭重、王伯仁 2011）。

5　中華民國 99 年 12 月 21 日文參字第 09930253102 號令頒，中華民國 101 年 5 月 14 日文參字第 10120079966 號令修正，並自中華民國 101 年 5 月 20 日生效。文化部為推動各文化中心朝「劇場」型式營運，提升文化中心劇場管理、行銷及節目企劃能力，培育劇場專業人才，開拓表演藝術團隊巡演機會，增加節目票房收入及作節目比例，擴大藝文消費市場，訂定《活化縣市文化中心劇場營運計畫補助作業要點》。

　　另外在探討臺灣藝文節慶的發展，不能忽視的則是國立中正文化中心國家兩廳院現為國家表演藝術中心國家兩廳院所扮演的角色。所謂的「國家兩廳院」為位於臺北市的國家戲劇院、實驗劇場、音樂廳以及演奏廳四個表演藝術展演場所。成立於 1987 年，在 2004 年改制為行政法人，為中華民國首個行政法人機構，亦是表演藝術專業以公資源支持獨立自公務機關管理之先驅，確保了表演藝術活動的獨立性與創作的自由。2014 年國家表演藝術中心之成立，國家兩廳院正式與高雄衛武營與臺中歌劇院三個館共同合作競爭，以強化在地團隊的演出實力並培養更多的表演藝術欣賞人口以提升國家藝術水準為目標。國家兩廳院成立 26 年來，陸續引進世界知名藝術家，並自許為展現國內優質表演團體並將其推向國際舞台的重要平台與幕後推手，尤其是從 2009 年所舉辦的「臺灣國際藝術節」，在過去 20 餘年國際表演藝術網絡的經營以及表演藝術活動辦理能力培養的基礎上，不僅已經成為臺灣與國際接軌的重要表演藝術平台，自行製作經典節目推向國際已成為臺灣國際藝術節確定的方向。

文化部
（前文建會）

國家表演
藝術中心
（前國立中正文化中心）

地方政府
文化局

圖 6-1：臺灣節慶活動之三個主要行為者（本研究整理）

　　綜合來說，文建會（今文化部）、各縣市政府以及國立中正文化中心（今國家表演藝術中心國家兩廳院）是臺灣各地表演藝術節慶的三個主要行為者。文建會奠定了文化基礎建設的根基，於各縣市興建文化展演中心，並且藉由辦理藝術季的方式，引進國際表演團體來臺演出之外，也鼓勵地方舉辦小型國際文化活動，並透過社區總體營造的方式深化以文化來豐富地方生活的施政概念。另外更透過為期共計八年「活化縣市文化中心計畫」一方面更新各縣市文化中心的硬體設備，更鼓勵專業劇場人才之引進與培育及營運機制的建立。

　　近年來，許多城市紛紛以節慶做為行銷城市的手段，甚至被視為解決當前經濟問題的萬靈丹。在面對國際城市競爭的壓力下，城市為了生存與永續經營，城市行銷活動的豐富度與吸引力成為較勁的主戰場，而推廣一個城市意象與吸引力最快且最容易的方式就是透過藝術節慶活動，藝術節慶活動已被認為是形塑城市形象的有效工具之一（Hall 1992；林詠能2007）。另一方面則是地方自治與選舉的影響，各縣市長選舉以及相繼成立文化局，城市之間的經濟與文化的發展競爭激烈，一方面透過活動的辦理凝聚地方意識以及增加地方民眾與團隊參與文化活動的機會，另一方面也希望透過大型活動的辦理能夠產生經濟效益，活絡地方產業的發展。

　　國立中正文化中心則因組織為行政法人機關，確保了表演藝術活動的獨立性與創作的自由，並奠定綿密的國際表演藝術鏈結的基礎，不但在國內表演藝術生態中扮演領頭羊的角色，每年舉辦臺灣國際藝術節為年度表演藝術之盛事，在節目的規劃上面，透過與地方政府策略聯盟與成本分攤的方式，主動策展及邀請各縣市文化局代表共同瞭解年度展演規劃，並和各縣市文化局分享國際談判與文化展演管理的工作經驗，將其觸角以及影響力延伸至臺灣各地。

高雄都市文化政策演變與高雄春天藝術節

在 Bernadette Quinn（2005）所撰寫的〈*Arts Festivals and the City*〉文中提及，從 1980 年代開始，在國家和國際的脈絡之下，對於社會當中文化產品的形塑也正在改變，文化被當作一種休閒與觀光。城市的形象塑造以及行銷在後工業時代已成為新興的議題，藝術節慶在其中也扮演了重要的角色。如同王志弘於本書第三章〈通往城市權的文化路：都市脈絡下文化權利多重性的限制與可能〉中所提到的，城市競爭成為資本主義和國際關係競逐的焦點。近年來，在經濟上城市成為全球網絡節點，在政治上中央政府的權力亦逐步下放予地方。另一方面，由於生產力大量的提升，大量生產之產品市場日漸飽和，文化成為商品差異化、故事化、美學化以及異質化的重要元素，成為開拓市場與解決經濟問題的萬靈丹。王志弘（2014）認為，就政治、經濟與社會面而論，都市文化治理主要分別涉及了建造文化領導權以吸納市民榮譽和認同、建立集體象徵資本與城市意象以謀求經濟振興，以及倡導特定文化階序品味以維護都市菁英地位等。然而，也同時提醒我們，文化不僅僅是解決經濟產品問題的護身符，也不是在政治上掩蓋與裝飾不平等的包裝，更是要思考文化治理策略同時也是分配文化資源以及照顧不同群體的文化需求，在社會衝突的現實狀況之下，有限資源該如何被分配？分配的優先順序是如何產生？都是我們在探討城市文化活動以及公民的文化權利要思考的核心議題。

高雄市藝文的發展，由於臺灣長期重北輕南的政策，使得相較臺北市的起步晚，相關資源也高度不足。另一方面則由於被定義為工商大都市，因而都市計畫與發展也以此為主。文化藝術的考量雖在 2001 年前有著墨，但較不明顯，甚至會在工商業的考量下被犧牲。2004 年政府委託民間顧問公司進行衛武營藝術文化中心整體規劃報告時，臺北縣市可提供演出的專業場地座位數為 26,218 席，高雄縣市僅為 8,751 席，差距達三倍；與此同時，大高雄都會區藝文消費人次也為大臺北都會區的 1/4（林朝號

等 2009）。然而基於南北平衡的考量，經由 2000 年國慶煙火移師高雄舉辦，高雄市政府開始感受到大型活動以行銷與重新建構城市形象的重要性，以「行銷高雄」為核心任務，並致力推動高雄文化重建與行銷高雄價值，開始辦理貨櫃藝術節、國際啤酒節等藝術活動，結合文化藝術推展與市容更新，進一步打造新高雄市的形象（王俐容 2006）。高雄市文化發展的另外一個里程碑，則為於 2009 年舉辦的高雄世運會。M. Roche 認為，大型活動是重要的文化活動，活動內容應當具備戲劇化的特質，吸引大眾的魅力，以及高度的國際重要性（Roche 2000: 1）。藉由世運會期間精心設計的文化節慶與活動（特別是開、閉幕式）、都市有形和無形文化資本的動員，以及南臺灣文化生活與人情味的展現，凸顯高雄獨特的地方文化特質與深層在地文化價值（劉俊裕 2013）。

　　高雄春天藝術節於 2010 年開始舉辦，從城市文化治理的角度來看，可以被視為 2009 年舉辦世運會後，對於高雄在地主體意識以及高雄市做為一個「創意城市」榮耀的延伸。相較於其他藝術節，其節目的策劃開創獨立「草地藝術節」、具有當地特色的歌仔戲傳統的系列節目品牌，亦著重教育推廣與周邊活動，擴大市民對於藝術節的參與。在此同時，高雄市政府亦整併相關的文化機構與資源，透過事權統一以及專業化管理來增進文化藝術相關活動辦理的效率。原本於 2001 年由高雄市政府教育局捐助成立的「財團法人高雄市交響樂團文化藝術教育基金會」於 2003 年主管機關業務移撥高雄市政府文化局，並於 2009 年將原交響樂團及國樂團基金會整併為「財團法人高雄市愛樂文化藝術基金會」，並附設高雄市交響樂團與高雄市國樂團，由文化局史哲局長出任董事長，擴大凝聚社會力量參與音樂文化事務。

　　除了上述政策目標之外，其工作的主要內容即為與高雄市政府文化局、高雄市文化基金會共同辦理並執行每年的春天藝術節。春天藝術節開辦首年（2010 年），主要的目標為吸引觀眾參與表演藝術活動，並建立市民付費欣賞的消費習慣，[6] 節目的內容除了與國立中正文化中心合作的節

目之外，亦邀請國內其他職業團隊參與演出，以增加藝術節內容的豐富性。其中因為高雄地處南臺灣，相較於北部春夏之交依舊寒冷，高雄卻是風和日麗，極為適合戶外藝術活動，草地音樂會應運而生成為藝術節亮點（旺報 2013）。第二年（2011）則在藝術節的主軸上強調在地團隊的參與，在地團隊從首年的 6 組增加為 11 組團隊，企圖透過藝文能量加深海洋城市的文化涵養。[7]

第三年（2012）隨著大東文化藝術中心的啟用，演出場次由 2010 年的 13 檔 21 場增加為 30 檔 60 場，在節目規劃與執行能力的進步，更呈現了藝術節立足高雄與世界接軌的企圖心，並受到各界的矚目，於表演藝術聯盟所辦理的 2012「十大事件」票選候選新聞網路票選當中，英國現代舞 DV8 高雄春天藝術節演出，名列第十一。此外，由於縣市合併，文化局長史哲表示，縣市合併後的高雄市幅員廣大，為了提升文化參與人口，文化局除了爭取安排更多國際水準的演出，也不忘豐富並普及多元文化，讓民眾都喜歡並欣賞表演，豐富生活品質（中央社 2012）。為延續原本高雄縣推動歌仔戲展演與藝術教育的文化政策，以及重視市民社會中廟前展演歌仔戲的文化生活，位於鳳山區的大東表演藝術中心也成為歌仔戲展演的新據點，「經典＋創新」的歌仔戲演出成為高雄春天藝術節的特色。

第四年（2013）因為受其他縣市藝術節的威脅與挑戰，強調其自創、自製、自辦、自售的原則，並除了過去邀請在地團隊參與藝術節演出之外，更進一步希望透過藝術節鼓勵在地藝文團隊跨界合作、發表創新演出。此外，更首度挑戰從高雄「回攻」臺北，由高雄市交響樂團共同演出的《交響女神琴狂夜》與《琴訴春天》，攻佔臺北城市舞台，創下春藝自

6　根據高雄春天藝術節官方網站的資訊，首次以節目內容包括戲劇、舞蹈、古典音樂、傳統藝術、流行音樂、親子節目等類型共 13 個節目，共計 21 場次，吸引超過四萬位民眾購票參與，其中參與至德堂各場次的觀眾約為一萬八千人，平均票房為 82%。平均觀眾整體滿意度達 90%，更有 91% 的民眾願意再參與同類型的節目。

7　藝術節主視覺設計運用高雄在地畫家「陳文龍」老師畫作「大船入港」為設計基調，象徵巨大船舶將豐盛藝文能量載進高雄港，深滲城鄉中則是更暖暖悠遠的文化涵養。

製節目至其他城市演出首例（自由時報 2013）。今年第五年（2014），可以發現在節目的規劃上更加全面性，包含了國際重量級的戲劇舞蹈節目，亦讓高雄本地的團隊能有持續演出的機會。對於國家兩廳院的倚賴逐年降低，反而與國內其他展演與創作平台，如廣藝基金會、財團法人擊樂文教基金會、財團法人雲門舞集文教基金會相互交流與鏈結，讓表演藝術活動不僅只能在臺北演出，春天藝術節成為南臺灣重要的表演藝術櫥窗。

綜觀高雄春天藝術節五年的發展，可以歸納為以下的特色：

一、與其他展演策展平台策略聯盟，增進國際節目策展能量

高雄春天藝術節自開辦以來，每年皆和國立中正文化中心（今國家表演藝術中心國家兩廳院）合作，[8] 分別以和國立中正文化中心採購節目以及相關演出行政勞務、委由國立中正文化中心與國外演出團隊共同簽訂三方合約、與國立中正文化中心分別與國外團隊簽約並分攤團隊國際旅運費用等方式進行合作。歷年合作下來，高雄春天藝術節的工作團隊對於國際節目接洽與執行之經驗累積以及技巧日益成熟，與國立中正文化中心的合作節目已日漸減少。另一方面，在 2014 年也和財團法人雲門舞集文教基金會每年呈現的雲門二春鬥以及每三年由財團法人擊樂文教基金會舉辦的臺灣國際打擊樂節合作，一方面豐富充實春天藝術節的節目內容，另一方面則成為演出團隊在南臺灣重要的合作夥伴，支援國內平台的南部巡演活動，藝術節的平台成為南臺灣的表演藝術櫥窗。

8　歷年來共同合作的節目包含：草地音樂會《藍色星球》、現代芭蕾舞劇《白雪公主》、2011 旗艦節目《茶花女》、原住民美聲音樂會《很久沒有敬我了你！》、羅諾斯絃樂四重奏音樂會《太陽光輪》、《NSO 百年 · 風雲、有機體》（卡菲舞團）、《暴風雨》（俄法英－契訶夫戲劇節、與你同行劇團）、《璀璨新世界》（國家交響樂團）、《金雞》（以色列的馬歇爾舞蹈劇）、《被縛的普羅米修斯》（希臘導演埃斯庫羅斯作品）、碧娜 · 鮑許《春之祭》和《穆勒咖啡館》、2014 旗艦節目《孽子》等。

二、草地音樂會培養藝文人口

自 2010 年起以草地音樂會做為高雄春天藝術節特有的節目品牌，[9] 草地音樂會主要是由高雄市交響樂團或是國樂團，於高雄市美術館面湖草坪所舉辦的大型售票戶外音樂會，讓觀眾呼朋引伴，席地而坐，在自然的氛圍當中欣賞演出。在音樂類型的規劃上，多是策劃闔家欣賞或迎合大眾市場口味的題材，以現場樂團伴奏搭配多媒體電影放映或是結合真人的戲劇舞蹈演出，將藝文活動與市民的休閒習慣相結合，不但拓展更多藝文潛在欣賞人口，更讓市民的日常文化生活更加多元。高雄市交響樂團駐團指揮楊智欽在接受媒體訪問時，提出了對於草地音樂會的觀察：「高雄人生活步調比較自在，草地的隨興場域具有民眾喜歡的自在氛圍，音樂會上，大家席地而坐，啜飲小酒，吃點小食，十分自在。」「演出一定要售票。一方面希望培養付費觀眾，另一方面也希望民眾正視藝術文化是有價的。」（旺報 2013）

三、創新歌仔戲匯演成為藝術節特色

今年（2014）為高雄春天藝術節的第五年，也是執行歌仔戲聯合製作計畫的第三年，創新歌仔戲匯演成為高雄春天藝術節特色。延續過去高雄地區民間蓬勃的歌仔戲演出以及縣市合併之前高雄縣主導的歌仔戲文化場域演出，及其每年春節期間於鳳山國父紀念館策展性的春節連演等相關表演藝術政策，一方面藉由文化局固有預算之補助經費以及春天藝術節整體

9　草地音樂會歷年來陸續舉辦了《藍色星球》、《臥虎藏龍》、《兔寶寶大鬧交響宴》音樂會、《很久沒有敬我了你！》原住民美聲音樂會、《魔戒首部曲－魔戒現身》電影交響音樂會、《賽德克・巴萊》電影交響詩音樂會、《NASA 星世界》天文探索音樂會、《武松打WHO？！》音樂舞台劇、《你咁有聽著咱唱歌－小號・歌聲・228》草地音樂會、《哈利波特》好萊塢十大魔幻電影音樂會、《提姆波頓影展》交響音樂會。

文宣的包裝與宣傳，協助劇團製作精緻化及票房推廣，[10] 使歌仔戲的表演不再侷限於廟埕前的免費演出，亦賦予歌仔戲當代劇場化及再創新的多元可能性。於歌仔戲團隊佔高雄有效立案表演立案團隊的百分之十以上，透過藝術節的平台，整合在地團隊活力並開創具有當地特色的歌仔戲傳統的系列節目品牌；透過專款專案甄選與輔導機制並支持新作，五年來在春天藝術節歌仔戲專案支持下創作的新作共有 13 部。另外一方面，從四月到六月的連續演出，展現傳統市民生活中廟會歌仔戲「拼台」競技的文化傳統，在現代劇場與藝術節概念當中再現傳統戲曲的文化精神。如同知名戲劇學者王友輝（2014）所觀察的：「邁向第三年的春天藝術節歌仔戲聯合製作計畫，不僅傳承傳統，更是大膽創新。今年，集結臺灣優秀藝術團隊，戲曲名角接力登台獻藝，在演出作品文本、形式、議題上展現創新能量。2014年將在高雄春天藝術節，看見臺灣傳統藝術無盡自我超越的豐碩成果。」

四、藝術節提升在地團隊演出能量

高雄春天藝術節以執行單位「財團法人高雄市愛樂文化藝術基金會」的附屬團隊高雄市交響樂團與高雄市國樂團為核心團隊，積極參與藝術節各類推廣與教育類節目。[11] 一方面透過在藝術節中扮演城市樂團多樣化的角色，讓常設樂團能夠與市民的文化生活更加親近；另一方面，則透過

10　如同明華園天字團團長陳進興所描述的：「春藝委員們對劇本及製作團『百般挑剔』對宣傳過程『緊迫盯人』，要求各項細節及美感不能馬虎。三年合作下來，天字團從技術團隊到演員、行政人員都提升許多。」（自由時報 2014）

11　以 2013 年為例，包含了草地音樂會《NASA 星世界》天文探索音樂會、《武松打 WHO ？！》音樂舞台劇、《小小阿瑪迪斯－袋鼠抱抱》嬰兒音樂會，並邀請國際知名音樂家共同參與，如《交響女神琴狂夜》音樂會（指揮家西本智實與義大利帕格尼尼小提琴比賽金牌小提琴家庄司紗矢香）、《無樂不奏》音樂會（上海民族樂團藝術總監王甫建與笛子演奏家李宛慈）、《琴訴春天》音樂會（2005 丹麥馬爾科國際青年指揮大賽首獎得主指揮家陳美安與小提琴家安梅耶）、《雙城樂會》（臺灣南北兩大國樂巨頭台北市立國樂團與高雄市交響樂團）、《幻日之舞》音樂會（高雄市交響樂團駐團指揮楊智欽與 2003 年蘇黎世鋼琴大賽的冠軍得主鋼琴家艾利克希‧伏羅汀）。

演出場次的增加以及與國內外傑出音樂家相互切磋的機會,提升了兩個樂團的節目企劃能力、演出實力,讓藝術節的能量得以累積與延續。除了上述兩個附屬團隊之外,春天藝術節亦是在地演出團隊的重要展演平台。高雄室內合唱團、對位室內樂團、尚和歌仔戲劇團、南風劇團、豆子劇團、臺灣戲劇表演家劇團等團隊,不僅連年參與藝術節,同時也是高雄市扶植傑出演藝團隊,讓高雄市文化局透過藝術節的辦理,在地表演藝術團隊的扶植上面,扮演了更積極的角色。

結論

80 年代開始辦理全國文藝季可以被稱為臺灣文化公民權發展以及縣市政府辦理藝文節慶活動之濫觴,本文嘗試從此脈絡來看臺灣文化公民權發展與探討高雄春天藝術節。高雄市從 2000 年起開始透過辦理大型文化活動來重建城市形象,初期著重在市容的改善以及城市現代化的基本建設,其成效於 2009 年所辦理的市運會達到了高峰,透過大型活動的舉辦,對外展現了高雄獨特的地方文化特質與深層在地文化價值,對內則凝聚了市民對於高雄從早期工商業大城轉型現代化創意城市的自我認同。延續這樣的光榮感,2010 年開始舉辦的春天藝術節,則是由高雄市政府文化局所主導的表演藝術綜合節慶,企圖透過每年四個月表演藝術活動的密集舉行,增進市民參與文化藝術活動之機會,消除藝文資源長期南北分配不均的狀況,另一方面則藉由活動的舉辦增進文化消費,更進一步發展都市行銷與文化觀光。

我們從高雄春天藝術節五年的節目規劃當中,看見了高雄市文化局所主導的藝術節,以普及市民文化參與為主要目標,在節目的規劃上陸續鼓舞了在地團隊以及增進策劃團隊的策展與製作統籌能力,並兼顧地方常民文化生活習性,規劃出具有地方特色的藝文活動,近年來已經成為全國性藝文活動在臺灣南部最重要的呈現平台。從量化數據來觀察,節目檔次與

場次數以及欣賞人次，已經由第一屆共計 13 檔、23 場演出以及約 4 萬人觀賞，第五屆已經躍升至共計 33 檔、75 場演出以及約 10 萬人觀賞（自由時報 2014），可以說是成績斐然。從節目的內容來分析，高雄春天藝術節除了與國內主要的表演藝術平台以及辦理單位，如國立中正文化中心、財團法人雲門舞集文教基金會、財團法人擊樂文教基金會策略聯盟以充實藝術節的內涵，更開創了草地音樂會、創新歌仔戲匯演等系列，建立獨一無二的並具有高雄在地文化特殊性的風格；此外，以高雄市交響樂團與高雄市國樂團為核心團隊，積極參與藝術節各類推廣與教育類節目，並鼓勵高雄市扶植傑出演藝團隊參與藝術節，也讓高雄市文化局在地團隊的經營上，扮演了更具主導性的積極角色。

　　然而，我們嘗試根據上述高雄春天藝術節的節目內容的彙整與分析，從中央與地方競合關係、擬定兼顧不同市民區域的文化參與政策，以及公民賦權與實踐等面向來回應臺灣文化公民權發展的脈絡，以及呈現在高雄市透過高雄春天藝術節的辦理，臺灣文化公民權實踐的在地樣貌，並進一步呈現在全球化的都市競爭之下，文化公民權發展的潛能與限制。

一、中央與地方競合關係

　　我們可以從 2004 年《文化公民權宣言》當中所提及的「中央和地方政府有責任提供足夠的文化藝術資源，滿足各地公民共享文化的權利」以及《文化基本法》草案第 6 條 [12]「全國性文化事務，應由文化部統籌規劃，政府各機關應共同推動」來檢視在高雄春天藝術節的辦理上，中央政府和地方政府的競合關係。目前中央對於春天藝術節的挹注主要可以分為經費的支持以及網絡分享與經驗傳承兩種。前者主要是透過文建會（文化部）活化地方文化中心的競爭型補助專案，補助全國各地文化中心辦理藝

12　政府制定政策應有文化思維，文化事務是政府共同之任務，全國性文化事務，除應由中央文化主管機關統籌規劃外，並應由中央與地方各機關共同推動。

文活動的經費，提升各地文化中心的人力素質以及提供民眾更多文化資源；後者則是透過國家兩廳院在國際表演藝術網絡的經營以及表演藝術活動辦理能力的傳承與指導，讓節目的規劃不需要再從零開始、從頭摸索，在經費充足的情況下，短時間就能夠有顯著的辦理成效。然而，隨著為期八年的活化縣市文化中心政策即將結束，以及今年（2014）國家表演藝術中心的成立，衛武營即將於 2015 年開幕，中央與地方的合作關係將產生變化。對於衛武營的開幕，文化部長龍應台在與高雄地方的座談會上面表示：「衛武營做為表演藝術上的大磁鐵，放在南臺灣，是文化和美學的泥土，希望讓本來就充滿創意能量的地方，會因衛武營走上不同的路。」（新頭殼 newtalk 2013）而高雄市文化局長史哲在接受訪問時也表示：「站在地方的角度，我們很樂意先以至德堂為衛武營的暖場，中央和地方聯手，讓表演藝術的春天持續在南臺灣發酵。」（自由時報 2012）在未來中央政府與地方政府所扮演的角色以及互動關係，對於高雄市文化公民權實踐的衝擊，將是未來值得專注的焦點。

二、擬定兼顧不同市民區域的文化參與政策

從與高雄市在地藝術工作者之實際訪談可以得知，高雄市民以及表演團隊對於春天藝術節的看法，雖多持正面的肯定態度，然而在資源分配的透明性與公平性上仍持保留的看法。期望能夠在節目的策劃上更具高雄在地文化的特殊性，在引進國外節目的同時，能夠強化藝術教育且增進國外團隊與本地團隊的交流，以提升本地團隊的藝術水準與製作品質。並能在凸顯工業城市轉型為文化城市的同時，充實市民參與城市文化的實際內涵，讓高雄春天藝術節成為市民文化生活一部分的願景得以落實。此外，縣市合併後，如何融合原本高雄縣政府推廣在地文化與高雄市政府推動精緻藝術並與國際接軌的文化政策，並兼顧不同區域市民的文化參與，也將是未來高雄春天藝術節現階段需要解決的重要課題。借用本書第三章中王

志弘教授的看法，高雄春天藝術節的舉辦，建造文化領導權以吸納市民榮譽和認同、建立集體象徵資本與城市意象以謀求經濟振興，以及倡導特定文化階序品味以維護都市菁英地位；然而回到現實層面，社會上仍充斥不平等、權力和資源競逐，我們從藝術節節目策劃看見資源分配與迎合不同群體需求的同時，也體現了社會衝突。

三、公民賦權與實踐

從聯合國教科文組織所歸納的十一種文化公民權之範疇來檢視高雄春天藝術節，會發現該藝術節對於高雄市公民的貢獻主要在「參與文化生活」的部分，市民在「文化政策參與權」的部分參與空間非常的有限，綜觀該藝術節辦理五年的成果來看，不論是國外節目的安排、國內團隊邀請的機制、檔期與演出經費的分配、各類表演藝術活動都是由文化局單向由上而下的決策，亦被認為資源過於集中於「財團法人高雄市愛樂文化藝術基金會」的附屬團隊高雄市交響樂團與高雄市國樂團，以及高雄市扶植傑出演藝團隊。而從春天藝術節的公開資訊當中，也未依照相關法規公佈每年年報以及經費使用與參與人次等統計數據，市民未能進一步瞭解高雄市政府、文化局高雄市文化基金會、財團法人高雄市愛樂文化藝術基金會經費使用以及節目策展的整體規劃，更遑論進一步的監督與參與決策。我們見到了高雄春天藝術節舉辦的五年來，地方的文化生活透過藝術節的舉辦更加的豐富，也讓高雄在地團隊的展演得以透過藝術節的整合與包裝，提高全國性的能見度，然而我們更期待高雄春天藝術節能夠不僅提供表演藝術展演的公共場域，而能進一步透過創造共同的公民空間以及賦予弱勢之個人或團體有發表自己看法的權利，讓文化公民權透過春天藝術節能夠有更具深度的實現。公民參與不再只是靜態描繪，更能夠讓文化藝術的沃土孕育公民的主動性，並推進文化公民權發展。

參・考・書・目

Allen, J., O'Toole, W., Harris, R. & McDonnell, I. 2008. *Festival and Special Event Management* (4th ed.). New York: Wiley.

Bernadette Quinn. 2005. *Arts Festivals and the City*. London: Routledge.

Li-Jun Wang. 2012. *Towards culture citizenship? Cultural and cultural policy in Taiwan*. London: Routledge.

Getz, D. 1991. *Festivals, Special Events, and Tourism*. New York: Van Nostrand Reinhold.

Stevenson, N. 2001. Culture and citizenship: An introduction. In Nick Stevenson (eds.), *Culture & Citizenship*. London: Sage.

Purcell, M. 2003. Citizenship and the right to the global city: reimagining the capitalist world order. International Journal of Urban and Regional Research Isin, E. F. & Wood, P. K. 1999. *Citizenship & identity*. London: Sage Publications.

Maurice, R. 2002. *Mega-events and Modernity: Olympics and Expos in the Growth of Global Culture*. London and New York: Routledge.

McGuigan, J. 1996. *Culture and the public sphere*. London: Routledge.

Singh, K. 1998. UNESCO and cultural rights. In Halina Nie'c (eds.), *Cultural Rights and Wrong: A Connection of Essays in Commemoration of the 50 the Anniversary of the Universal Declaration of Human Rights*. Paris: UNESCO.

王友輝。2014。〈一個品牌的建立－高雄春天藝術節〉。《高雄：高雄春天藝術節特刊》第三期。

王俐容。2005。〈文化政策中的經濟論述：從菁英文化到文化經濟？〉。《文化研究》，1: 169-195。

王俐容。2006。〈文化公民權的建構：文化政策的發展與公民權的落實〉。《公共行政學報》，20: 129-159。

王俐容。2006。〈全球化下的都市文化政策與發展：以高雄市「海洋城市」的建構為例〉。《國家與社會》，1: 125-166。

王淑芬。〈送藝術到社區 庄頭藝穗節開跑〉。引自 http://www.cna.com.tw/news/aloc/201207250335-1.aspx（查詢日期：2012 年 3 月 26 日）

文化部網站。引自 http://www.moc.gov.tw/main.do?method=find（查詢日期：2014
年 7 月 20 日）

文化部 Log。引自 http://blog.roodo.com/warmup（查詢日期：2014 年 7 月 20 日）

吳鄭重、王伯仁（2011）。〈節慶之島的現代奇觀：臺灣新興節慶活動的現象淺描與
理論初探〉。《地理研究》，54: 69-95。

呂弘輝。2007。〈台北兩廳院與高雄國家藝術文化中心經營環境之比較與探討〉。兩
廳院周年論壇台灣劇場經營研討會會議論文。

呂弘輝。2007。〈高雄國家表演藝術中心的未來發展與對區域表演藝術之影響〉。劇
場藝術與文化管理國際學術研討會會議論文。

李思薇。2005。〈文化事件中的停駐與遊走－節慶彌拼台北的文化生活圖象〉。臺灣
大學建築與城鄉研究所學位論文。

林采韻。〈高市交草地音樂會　開創新聲活〉。旺報。引自 https://tw.news.yahoo.com
/%E9%AB%98%E5%B8%82%E4%BA%A4%E8%8D%89%E5%9C%B0%E9%9
F%B3%E6%A8%82%E6%9C%83-%E9%96%8B%E5%89%B5%E6%96%B0%E8
%81%B2%E6%B4%BB-213000502.html（查詢日期：2013 年 3 月 23 日）

林信華。2009。《文化政策新論：建構台灣新社會》。臺北：揚智文化。

表演藝術聯盟（2013 年 3 月 8 日）。〈文化部新聞最吸睛　紙風車「第二哩路」受
矚目《2012 表演藝術年鑑》十大新聞事件票選結果揭曉〉。PAR 表演藝術雜
誌。

金名。「談衛武營前景　龍應台：南方大磁鐵」。新頭殼。引自 https://tw.news.
yahoo.com/%E8%AB%87%E8%A1%9B%E6%AD%A6%E7%87%9F%E5%89%
8D%E6%99%AF-%E9%BE%8D%E6%87%89%E5%8F%B0-%E5%8D%97%E6
%96%B9%E5%A4%A7%E7%A3%81%E9%90%B5-151447144.html（查詢網日
期：2013 年 2 月 4 日）

高雄春天藝術節網站。引自 http://www.ksaf.com.tw/home01.aspx?ID=1（查詢日期：
2013 年 6 月 30 日、2014 年 7 月 1 日）

財團法人高雄市愛樂文化藝術基金會網站。引自 http://kpcaf.khcc.gov.tw（查詢日
期：2013 年 6 月 30 日）

國立中正文化中心網站。引自 http://www.ntch.edu.tw/（查詢日期：2013 年 6 月 30
日）

陳其南，劉正輝。2005。〈文化公民權之理念與實踐〉。《國家政策季刊》，4(3): 77-88。

陳其南。2004。〈邁向一個審美的公民社會〉。《傳統藝術月刊》，44: 4-5。

陳其南。2004。〈公民美學運動在台灣〉。《書香遠傳》，15。

楊明怡。〈歌仔戲接力　春天藝術節好戲連台〉。自由時報。引自 http://news.ltn.com.tw/news/supplement/paper/780883（查詢日期：2014 年 5 月 21 日）

楊明怡。〈2014 高雄春天藝術節大躍升　觀賞人次逾 10 萬人〉。自由時報。引自 http://news.ltn.com.tw/news/supplement/paper/786611（查詢日期：2014 年 6 月 11 日）

楊菁菁）。〈春天藝術節　預售開紅盤〉。自由時報。引自 http://news.ltn.com.tw/news/supplement/paper/786611（查詢日期：2013 年 2 月 19 日

葛祐豪。〈《春藝壓軸》7 檔歌仔戲　好戲連台〉。自由時報。引自 https://tw.news.yahoo.com/%E6%98%A5%E8%97%9D%E5%A3%93%E8%BB%B8-7%E6%AA%94%E6%AD%8C%E4%BB%94%E6%88%B2-%E5%A5%BD%E6%88%B2%E9%80%A3%E5%8F%B0-004620959.html（查詢日期：2013 年 4 月 8 日）

趙靜瑜。〈史哲：盡地方之力培養藝術人口　迎接國家級表演場館〉。自由時報。引自 https://tw.news.yahoo.com/%E5%8F%B2%E5%93%B2-%E7%9B%A1%E5%9C%B0%E6%96%B9%E4%B9%8B%E5%8A%9B%E5%9F%B9%E9%A4%8A%E8%97%9D%E8%A1%93%E4%BA%BA%E5%8F%A3-%E8%BF%8E%E6%8E%A5%E5%9C%8B%E5%AE%B6%E7%B4%9A%E8%A1%A8%E6%BC%94%E5%A0%B4%E9%A4%A8-202454302.html（查詢日期：2012 年 3 月 26 日）

劉俊裕。2013。《全球都市文化治理與文化策略》。新北市：巨流。

顧忠華。2004。《公共領域的社會基礎」。公共領域在台灣：困境與契機》。臺北：桂冠圖書。

附錄

高雄春天藝術節節目一覽表

年度	節目內容
2010	高美館草地音樂會《藍色星球》、《臥虎藏龍》，與國立中正文化中心合作現代芭蕾舞劇《白雪公主》、國臺交名家系列《英雄的證言》、布萊德‧利托《卸下魅影面具》音樂會、高市交《穿梭在村上 1Q84 異托邦》、高雄城市芭蕾舞團與高市交芭蕾舞劇《彼得與狼》與綻、對位室內樂團音樂會《登陸夢幻島》、台語巨星演唱會《與春天有約》、臺灣戲劇表演家劇團十年大戲《預言》、尚和歌仔戲與高雄國樂團《白香蘭》、金鷹閣電視木偶劇團與高雄市國樂團《雷峰塔》…等精采節目。
2011	2011 兩廳院旗艦節目《茶花女》，高美館草地影音型態音樂會「兔寶寶大鬧交響宴」音樂會與原住民美聲音樂會《很久沒有敬我了你！》。二組國際級重量團隊：奧地利薩爾斯堡偶劇團以木偶演出經典名劇《真善美》、美國克羅諾斯絃樂四重奏帶來太空對話音樂會《太陽光輪》。
	十一組高雄在地團隊，包括：高雄市交響樂團「李斯特 200 週年系列音樂會」、高雄市國樂團《秦兵馬俑幻想曲》、臺灣戲劇表演家劇團《三口組－建國大夢》、高雄城市芭蕾舞團《仙履奇緣》、對位室內樂團《仲夏樂之夢》、尚和歌仔戲劇團《牟尼之瞳》、金鷹閣電視木偶劇團《玉筆鈴聲之蒼狼印》、十鼓擊樂團與左派舞蹈協會《東之春－鼓踞雄風》、藍色狂想樂團與爵劇影色舞團《琴遇舞孃》等演出。
2012	高美館草地音樂會－《魔戒首部曲-魔戒現身》電影交響音樂會、《賽德克‧巴萊》電影交響詩音樂會、《NSO 百年‧風雲》（NSO 國家交響樂團）、《浮光樂影》（鍾耀光與高市國）、《高加索火鳥－魔號提琴手》（高市交及納卡里亞可夫與葛林戈斯）、《春花夢露》台語紅歌演唱會、《鍵影魔笛手》（蘇文慶與高市國）、《璀璨新世界》（國家交響樂團）、《遺書的解藥》（國立臺灣交響樂團）、《絕對 D 調》（諏訪內晶子與高市交）、《有機體》（卡菲舞團）、《Can We Talk About This?》（DV8 肢體劇場）、《暴風雨》（俄法英－契訶夫戲劇節、與你同行劇團）、《台北爸爸 紐約媽媽》（人力飛行劇團）、《海鷗》（台南人劇團）、《第一次的親密接觸》（臺灣戲劇表演家劇團）、《金花囍事》（大開劇團）、《新月傳奇》（紙風車劇團）、《美女與野獸》（法國喜樂米劇團）、《少年哪吒－三太子》（高雄城市芭蕾舞團與高市國）、《乞丐王子－遇見灰姑娘》（對位室內樂團）、《奇幻旅程》（舞鈴劇場）、《暴風雨》（九歌兒童劇團）、《大願千秋》（唐美雲歌仔戲劇團與高市國）、《孫飛虎搶親》（臺北藝術大學、中國國家話劇院）、《艷后和她的小丑們》（國光劇團）、《愛河戀夢》（明華園天字戲劇團）、《白香蘭》（尚和歌仔戲劇團）、《義薄雲天》（春美歌劇團）、《刺桐花開》（陳美雲歌劇團）。

臺灣文化權利地圖

年度	節目內容
2013	《金雞》（以色列的馬歇爾舞蹈劇）、《被縛的普羅米修斯》（希臘導演埃斯庫羅斯作品）、《青鳥》（法國四銀翼團）、《抵岸》（紅躍劇團）、《賈寶玉》（非常林亦華）、《一百年的寶藏》（豆子劇團）草地音樂會、《NASA 星世界天文探索音樂會》（高市交）、草地音樂會《武松打 WHO ？！》音樂舞台劇（高市國）、《南面而歌》原創音樂演唱會（當地樂團徵件作品）、《交響女神琴狂夜》音樂會（高市交）、《樂海大宅門》音樂會（高市國）、《 'O Sole Mio! 噢！我的太陽》（對位室內樂團）、《無樂不奏》音樂會（高市國）、《琴訴春天》音樂會（高市交）、《謬思號角》（艾莉森 · 鮑爾珊與蘇格蘭合奏團）、《小小阿瑪迪斯－袋鼠抱抱》嬰兒音樂會（高市交）、《雙城樂會》（高市國）、《幻日之舞》音樂會（高市交）、碧娜 · 鮑許《春之祭》和《穆勒咖啡館》等。
2014	《你咁有聽著咱唱歌－小號 · 歌聲 · 228》草地音樂會、《原舞者～『Pu'ing·找路』》、草地音樂會－《哈利波特》好萊塢十大魔幻電影音樂會、草地音樂會－《提姆波頓》影展交響音樂會、《蘿絲小玫瑰》、《歐卜劇團》、《吹破天》（高市國）、《狐公子綺譚》（唐美雲歌仔戲團）、《威尼斯商人》（皇家蘇格蘭藝術學院）、《天堂大酒店》（弗洛茲劇團）、《故事／時光》（比爾提 · 瓊斯舞團）、《看不見的旅程》（豆子劇團）、《愛麗絲夢遊仙境》（加拿大瞬間劇團）、《西西里號手交響曲夜》（高市交）、《調皮的野玫瑰－不一樣的舒伯特》（對位室內樂團）、全本芭蕾舞劇《柯碧莉亞 Coppelia》（高雄城市芭蕾舞團）、2014 兩廳院旗艦節目－《孽子》、《馬克白後傳》（英國皇家莎士比亞劇團）、《胡琴三人行》（高市國）、《小小阿瑪迪斯～袋鼠抱抱》嬰兒音樂會、《舞號寶寶》（高市交）、《北國之海》（高市交）、春鬥 2014 雲門 2 十五週年、《台灣國際打擊樂節》世界傑出木琴獨奏家系列及荷蘭皮可沙打擊樂團、《梅山春》（臺灣豫劇團）、《安平追想曲》（秀琴歌仔戲團）、《天天想你》（廣藝劇場）、《貓神》（明華園戲劇總團）、《王熙鳳大鬧寧國府》（國光劇團）、《夏 · 飛雲之音》（高市國）、《金探子》（春美歌劇團）、《斷袖》（一心劇團）、《王者之聲》（高市交）、《國奇遇》（紙風車劇團）、《國士無雙》（明華園天字戲劇團）。

資料來源：本研究整理。

第三篇

臺灣文化權利的在地實踐：
淡水、雲林、臺南

第七章

淡水，孕生於在地的文化權利覺醒與實踐

－張依文－

文化權利與公民參與

關於文化權利的理論，在本書第二、三章已經進行了理論上的討論和分析，第二章以文化向度與文化權利的分析架構圖來理解文化做為日常生活實踐與文化權利論述之間的連結關係，指出「Ａ象限‧特殊的生活方式和Ｂ象限‧整體的生活方式」的交互運作、互為主體構成了文化權利的迴路與分析架構，認為不同文化權利之間是彼此連結的，而為了保障常民的日常生活實踐，民眾的文化權利不應當再被視為一種奢侈與虛構的權利。第三章也指出「文化權的界定與操作，有著多重的內涵與模式，提出文化權的兩種基本內涵，分別是具普同論（universalism）和平等主義色彩的文化資源（如媒體、教育）近用權，以及具特殊論（particularism）和社群主義色彩的生活方式（如語言、習俗和認同）保有權。再者，文化權有兩種基本實踐模式，分別為制度面與價值觀，前者指涉了機構、法令、政策與行政慣例的確立；後者涉及意義、理念、認同和價值的認定與體現。」可以觀見到的是，文化權利和常民生活的不可區分。

相關於文化權利的研究約可歸類為三種，一種是公民權領域的擴大，在這樣的研究下，重視的是保障文化的多樣性和對各個公民團體，也就是基於多元文化主義以尊重文化的多樣性為中心，代表的學者有 Renato Rosaldo 和 Will Kymlicka 等；一種是公民權的深化，隨著文化權利的

提倡，提升公民的文化力，讓公民權更能被實踐，代表的學者有 Aihwa Ong、Tony Benntt 和 Colin Mercer；還有一種研究主張的是人類有在豐足的文化環境中生活的權利，也就是文化權是人權的一種，國家有保障文化權的義務，這個領域的學者所關心的是文化權應該如何被保障，代表的學者有 Nick Stevenson 等。回到公民身分來看，公民身分有三個核心價值：歸屬、權利、參與。歸屬感的意思是，公民對彼此和政體有著聯繫一體的感覺。權利是團體成員所享有的特權，相對地必須負有責任。參與指的是公民對法律的制定有著平等的影響力，兼具有統治者和被統治者的身分，享有平等的權利也須擔負平等的責任。三種價值缺一不可，僅有歸屬和權利只能產生主體性，且必須要先有這兩種價值的存在，第三種參與價值才有運作的可能（張福建 2009：216）。因此，文化權利也應該是平等的，並且附有連帶的義務，公民也應該可以參與文化政策、文化相關法律的制定。歸結而論，文化權利發展至今，已經被確認是為人權的一種，公民的文化權利應該被保障。

在文化治理的理論脈絡中，文化權利的主張包含了公民參與文化治理、政策的權利。因為政策通常通過對行為的建議暗喻著對人民的管理，是一種規範化的權力，為主體設置了一種永遠難以達到的理想，但是借助道德的不完善性可以讓主體去追求這個理想（Engin F. Isin and Bryan Turner 2007: 326）。延伸而論，正因為文化政策暗喻管理，因此需要相對的人民權利來限制政府權力，因此和公民參與相關的文化權利的討論也隨著文化政策的發生越趨重要。本文將深入探討除了公部門，民間團體和市民都可以是文化權利倡議的能動者，透過淡水鎮的案例研究，記錄一個發自民間對於自身文化權利的覺醒過程，希望探討文化權利在臺灣地方中，早已有過從在地文化認同出發，探究起自身應該擁有的文化權利的內涵，並已跳躍過公部門、由下而上、積極地實踐起參與文化政策權利。

確實，依循文化和常民生活緊緊相扣的原點，伴隨文化而生的文化權利其實早已蘊藏於在地之中。回到本書第三章開宗明義所述，權利並非天

生既予，而是爭取來的，點出文化權利的實踐和覺醒，和爭取有著密不可分的關係。透過重新審視淡水地區的地方文化自覺與認同的發展過程，可以看見在地的文史團體、藝術團體、學術機構扮演著文化治理中的能動者角色如何倡議自身的文化權利。G. A. Almond 提到，人們儘管有公民的角色但仍保留著與服從於政府的臣民關係。在許多國家，個人選擇的公民角色可能是非常有限的，如同公民角色有多少能力一般，臣民角色也可以是有能力的。但不同的是，臣民不參與法規的制定，與不涉及政治影響的使用，臣民的能力僅限於認識其本身在法律下的權利。臣民是呼籲而不是要求政府對本身的需求做出反應；公民則透過明確的、權利的使用來讓政府官員服從其要求。做為有能力的公民，他們把自己看做是能透過政治影響來影響政府決策，通過組織團體、透過投票選擇權、或其他報復措施（G. A. Almond and S. Verba 1989: 199）。在國家機器的運作中，公民參與似乎有其實行的困難，因此在公民參與的理論實踐上，多有學者是以地方政府或社區的公民參與為討論主軸。G. A. Almond 與 S. Verba 的研究也發現，因為公民與地方政府關係較密切與熟悉，所以公民認為自身較有能力影響地方政府的決策。的確，對公民而言，地方議題是較有意願、較有能力參與的。例如 1980 年代因為觀光熱潮對在地的衝擊和淡水快速道路發展計畫的議題，引發淡水居民關心在地，透過各種公民運動尋找淡水意象，建構起地方認同。這正是一種爭取、抗爭運動的文化權利覺醒和實踐的過程，於是淡水地區的居民在組織團體的過程中，轉化成為公民的角色並且實踐起參與文化政策的權利。

　　佐證文化和常民生活為一體兩面的關係，而文化權利應當孕生於在地的常民生活，筆者認為淡水地區自有的豐厚文化和自然資源，讓淡水得以是臺灣各地中，最早產生在地文史意識的地方之一，成為活躍的民間力量之基石並引發許多文化活動和社會運動。在本書第二章提到了 2011 年至今臺灣的藝文界和常民乍然掀起了陣陣的文化波瀾，從美麗灣原住民傳統領域的抗爭到反對兩岸服務業貿易協定、搶救淡水夕照與反對淡江大橋興

建等,顯示了當前臺灣民眾與藝術文化工作者,對於自身文化生活權利意識的抬頭,以及公民對於自身文化的自省與自主的渴望。在淡水的公民活動發展中也隱約可以見到這樣一種公民對自身文化生活權利的覺醒,而且是一種孕生於在地的文化權利,根基來自於淡水的自然資源、文化資源、文化資產所促發而成的活躍文史團體。從 1984 年「滬尾文教促進會」開始、1990 年成立的「淡水文史田野工作室」、「滬尾文史工作室」、1993年「淡水社區工作室」、1995 年「淡水文化基金會」等陸續成立,這些團體多是淡水住民從鄉土愛、愛淡水出發自主成立,策辦了許多文化節和藝術節活動,並且積極地提供公共對話的場域,邀請在地居民共同思考淡水的發展藍圖。從歷史記憶、藝術文化的保存和發展提起了在地居民的地方認同,藉著在地文史團體的努力又提升了居民的公民意識,引發出對於自身文化權利的關心,例如 1995 年舉行了「淡水文化會議」提供住民一個對於地方未來想像對話的場域;2006 年針對淡水的發展舉行了「淡水公民會議」,更可以視為是長期以來文化權利意象的積累後,朝著文化權利實踐前進的里程碑。從淡水地區的脈絡來看,在臺灣關於文化權利的探討是在 2000 年後開始被積極論述,但其實文化權利並非是一個理論,也並非是一種新的權利,從過去到現在,都蘊含在臺灣民間社會,以各種形式存在。

　　本篇文章將先描繪淡水地區的歷史、文化和自然資源,概述在臺灣社會文化發展的歷史軌跡裡,淡水地區在 1970 年代鄉土情懷的浪潮中所扮演的重要角色,這也帶動起了淡水地區文史團體的成立,和淡水地區的藝術家、文學家、關心淡水發展的居民,致力於保護淡水歷史記憶、文化資產和建構淡水在地認同的活動。接著述說並記錄 1990 年代淡水地區文史團體走向組織化,引領出民間文化權利覺醒的過程。尤其是 2000 年後,多次的公民會議,更可以視為文化權利覺醒後的實踐。相對於地方熱鬧的民間力量,淡水公部門的力量似乎較為安靜,地方文化政策框架於承領上級政府命令和政策計畫。回顧從 1990 年代開始在新聞媒體報導中的

淡水，可以看到民間和公部門的文化權利對話，各自有著不同的主張和實踐，各個民間團體也有著不同的文化權利主張。在淡水的案例中，正可以論證在地的常民日常生活空間中，文化權利本就蘊藏在其中。文化權利本該發自民間，是由下而上的，民間必須發聲，提倡並主張自身的文化權利，政府應該開放文化政策為公開討論的場域，才能朝向文化治理，讓全民一同思考並想像未來生活空間的藍圖。

淡水地區豐富文化底蘊

淡水鎮為臺灣北部的小鎮，位於淡水河的出海口，早期為小漁村，過去被稱為「滬尾」。根據資料記載滬尾是在 1862 年開港，在日本殖民時期以「淡水」為正式地名，因為臨淡水河、對面為觀音山，景緻優美，在當時被暱稱為「東方的威尼斯」，尤其是淡水夕照為代表風景。淡水地勢為背山面河，小鎮沿山發展，過去同時有著山城風光也有漁村景緻。又因其特殊的地理位置，過去曾被西班牙人、荷蘭人、英國人、日本人當作主要的港口進行建設和統治，留下許多具有異國特色的建築物，讓整個淡水地區在自然、文化上都有著豐富的資源。自然資源最著名的應該是位於淡水河和臺灣海峽交接處的潮間帶特有的生態系，還有分佈在全球最北區域的亞熱帶紅樹林，因此也引發許多環境保育團體和學者對淡水的關心。

目前在淡水被指定為「古蹟」的建物有 28 個，文化資產資源極為豐厚，並於 2005 年 7 月 1 日由新北市文化局正式成立了「淡水古蹟博物館」，以淡水古蹟園區的概念，串聯並管理營運淡水的古蹟建築群。這 28 個古蹟包括了淡水紅毛城、鄞山寺、理學堂大書院、滬尾礮臺、淡水龍山寺、淡水福佑宮、前清淡水關稅務司官邸（小白宮）、馬偕墓、淡水水上機場、淡水氣候觀測所、原英商嘉士洋行倉庫、滬尾湖南勇古墓、淡水公司田溪橋遺跡、淡水禮拜堂、滬尾偕醫館、淡水外僑墓園、淡水海關碼頭、關渡媽祖石、滬尾水道、公司田溪程氏古厝、淡水崎仔頂施家古厝、

滬尾小學校禮堂、淡水街長多田榮吉故居、淡水日本警官宿舍、淡水日商中野宅、淡水重建街 14 號街屋、淡水重建街 16 號街屋、淡水木下靜涯舊居，[1] 可以看見淡水地區的古蹟充滿了異國文化，西方、東方的文化在此處交匯並留下痕跡。

　　淡水有著豐富的歷史、自然資源、文化遺產，從過去到現在也吸引了許多藝術家和文化人的視線，從而淡水在臺灣的藝術史上也占著重要的位置。從日本殖民時代開始，來臺的日本藝術家及臺灣本土的藝術家，以淡水景色為題材作畫。臺灣美術史上的重要本土畫家陳澄波（1895-1947）、林玉山（1907-2005）、楊三郎（1907-1995）、陳敬輝（1911-1986）和郭雪湖（1908-），於 1941 年共同創作了一幅以描繪淡水為主題的「淡水寫生紀念畫」有著代表性的意義，顯示了淡水在臺灣美術史的重要價值。這幅水彩作品滿富著南國風情，背面有著六位大家的署名。在這些以淡水為主題的畫作不僅僅是藝術價值，本土畫家也藉著描繪淡水抒發著在時代的變動中對臺灣的愛，陳澄波將臺灣人處在日本殖民又面對國民黨政府來臺的矛盾情感，經由畫筆揮灑表現出來。另一位本土畫家陳敬輝在前往京都留學接受正統的美術教育後，回臺後在 1932 年起擔任淡水當地淡江中學的美術老師，培育了許多當地的藝術家，成為淡水藝術史上重要的人物。在臺灣的畫壇中，居住淡水的畫家也不在少數，素人畫家李永沱（1921-2005）、淡水女畫家陳月里（1926-）和劉秀美（1951-）等。畫家陳月里和劉秀美同為「國民美術」概念的倡導者。1990 年代開始的國民美術運動主張將原本屬於上層階級的美術解放，強調美術創作應該是跨越經濟階級的，每個人都可以從事藝術創作。劉秀美和母親陳月里、畫家周邱英薇於 1992 年開始在臺灣的 29 鄉鎮開設了「流動老人美術學校」，讓從未接觸過美術的老人們拿起畫筆，畫下他們生命中的事物。1995 年在全景社區電台開始廣播節目「國民美術」，以演講的形式宣傳國民美術的概念。在

1　臺北縣立淡水古蹟博物館網站，參閱古蹟介紹。引自 http://www.tshs.tpc.gov.tw/（查詢日期：2014 年 2 月）

國民美術的概念中，拿起畫筆的人都是畫家，每個人都是創作的主體，這樣的概念和 1990 年代在臺灣興起的公民社會理論是互相扣合的，市民社會理論主張每一個人都是公民社會中的主體，都有權利追求應享有的公民權利。此外也是臺灣美術史上的重要畫家陳慧坤（1906-2011），他在 2006 年舉辦的百歲紀念展覽，也是以「淡水百景」為展名，再再顯示他生命中的代表作品是以淡水為題。在攝影藝術史中，淡水也經常出現，例如臺灣本土攝影家張鑽傳（1926-1998）和蔡坤煌（1922-1994）很早就開始用攝影機記錄著淡水的歷史。本職為醫師的他們從記錄鄉土的想法開始，因為在行診的路途中看到了淡水的各種風景而萌生記憶淡水的思考，在 1969 年成立了「滬尾攝影學會」。他們的作品映現著淡水的鄉土風景、常民生活空間中的美學。從本土重量級畫家到素人畫家、攝影家，以淡水為題材的學院派美術作品除了藝術價值外，也和素人的藝術作品一樣，迴盪、訴說著對淡水、對臺灣的在地鄉土之愛。

在臺灣的鄉土文學史發展歷程中，1960 年代到 1990 年代間，許多文學作品（詩、歌、小學、散文等）的創作都是以淡水做為舞台，共通的特質是作品中有著「懷舊」的情感。淡水成為一種代表懷舊和鄉愁的符號，這也許是因為淡水地理位置在臺北的近郊，在臺北急速發展經濟、建設的過程中，淡水成為臺北人們一個追尋、找回鄉土記憶的場所。加上淡水的民間藝術文化發展和臺灣社會運動的扣合連繫，除了前述的國民美術運動之外，還有 1970 年代的「校園民歌運動」。這個運動是由出身淡江大學的李雙澤（1949-1977）主導，他批判當時臺灣流行樂壇以西洋歌為主流，主張要唱自己的歌，這也引發了臺灣人對主體性的關懷。歸結而言，淡水在臺灣的藝術史上占有特殊位置的理由，不僅僅因為以淡水為題材或背景的作品有很多，更因為這些藝術作品鉤織在臺灣社會發展的脈絡當中。

以 2007 年出版，由黃瑞茂主編的《淡水河口藝術網絡建構計畫》所整理的資料來看，居住在淡水的視覺藝術家有 197 人，表演藝術團體有 15 個，以人口比例來說是很高的，他們也經常參與並發起各種藝術文化

活動,並且帶起了多元的藝術文化,豐富淡水的藝術文化樣貌。淡水的歷史、文化造就其豐富的文史資源,引發出民間文化團體的蓬勃發展,下一段將探討 1990 年代淡水文史團體的發展和組織化,及在這樣的過程中,所引導出來文化權利的覺醒和實踐。

淡水地區活躍的文史團體

「活躍的地方文史團體」是淡水的特色,文史團體的歷史可以追溯到宗教組織的成立,到 1990 年代興起以地方歷史文化保存為宗旨的文史團體、為了促進藝術發展的藝術團體,都帶動並牽引著淡水地區的歷史、文化和藝術發展。最早的文史團體也許可以說是以淡水福佑宮和清水祖師廟為首的宗教團體,每年農曆五月主辦著淡水最大的宗教祭典「五月節」,另外還有舉辦「燒王船」、「八庄大道祭」等祭典,在節慶祭典的舉辦中,帶動起地方的連結、在地文化的形成,雖然當時並沒有保護文史資源、促進藝術發展的概念,但成為建構淡水在地認同的組織是不可忽視的。

以保護淡水的自然、文史資源和以振興藝術文化為目標的民間團體,從 1984 年成立的「滬尾文教促進會」為始,1990 年成立的「滬尾文史工作室」、1993 年由淡江大學建築系的師生為主成立的「淡水社區工作室」、1995 年成立的半官方機構「淡水文化基金會」,接著在 2000 年「淡水社區大學」也正式登記設立。1993 年以探索臺灣原創舞台表演的「金枝演社」成立,以現代藝術為主軸的「竹圍工作室」都以淡水地域為活動據點舉辦各種藝術活動。淡江大學的「文錙藝術中心」在 2000 年成立,促進淡水地區藝術文化發展當然也為該中心的目標之一。當然淡水地區還有許多大小的文化、歷史、藝術團體,本文將民間的文化權利覺醒與實踐做為討論的主軸,希望透過梳理在地文史團體的活動,探討民間文化權利如何在這樣的過程中覺醒與實踐。

　　文史工作室以城鎮為據點，關注著在地文化、歷史，在 1990 年代的臺灣本土化運動浪潮中，於各個地方被組織成立。文史工作室為自發的民間團體，本著對地方的鄉土之愛，以地方歷史記憶、地方藝術文化保存及活性化為目的。也由於是自發性的民間團體，一般而言都有組織簡單、財政和人員不足的問題，而未進行正式登記的文史工作室也不在少數。在淡水，比起臺灣各地方是較早設立文史工作室的，例如 1984 年為了抵抗當時的環河快速道路建設而成立的「滬尾文教促進會」。雖然該會在 1988 年旋即結束，不過組織的主要成員在後來對「滬尾文史工作室」、「淡水文化基金會」的成立和運作有著很大的影響。

　　先回到淡水地區最早的文史工作團體「滬尾文教促進會」，是在抗爭環河快速道路會引發的環境衝擊威脅而成立，在抗爭過程中首度帶領淡水居民思考在地的公民意識，發聲提出在地的希望和需求，成功停止了快速道路的建設案。接著他們以非宗教團體的身分主辦了淡水第一個藝術文化活動「滬尾民俗藝術週」。這個活動是以淡水地區最盛大的宗教活動「五月節」為基礎，擴大其為一個藝術文化的節慶活動。由淡水鎮公所、滬尾攝影協會、滬尾文物學會等團體共同舉辦，主要活動為在淡水老街的藝術文化演出和展覽。

　　延續結束的「滬尾文教促進會」，1990 年設立的「滬尾文史工作室」以文史資源保存為目的，淡水地區出身的立委盧修一、蘇文魁、李志仁、紀榮達、吳春和、李雲霖和駱文民等人認為淡水有著豐富的人文和自然資源，但在居民生活的內涵中卻一直未能被看見，因此以在淡水從事文化、環保和政治的拓荒活動為目的一同組織了滬尾文史工作室。迄今歸結滬尾文史工作室在淡水地區所進行的出版、社會運動、文化交流與推動、培訓的成果有：出版有《滬尾街》、《淡水文化資源提引》、《淡水史蹟摺頁簡介》、《深度解讀關渡宮報告書》、《來去滬尾街》、《滬尾街快報》等刊物；推動搶救小白宮、湖南勇古墓、參與保護淡水河行動聯盟、淡海新市鎮生態搶救、貝塚遺址處理等社會運動；推動雙圳頭水道、多田榮吉舊宅指定

古蹟、程家古厝指定歷史建築；協助承辦文建會文藝季「懷想老淡水」、全國文史工作室聯誼會、臺北縣橋文化專案調查、文化中心采風等文化活動；進行中正路老街店史訪談、淡水史蹟導覽等活動；培訓淡水史蹟解說員、紅樹林解說員。

　　「淡水社區工作室」是由淡江大學建築系的老師黃瑞茂、陳志梧、曾旭正帶領學生所組成，目的為用專業的都市設計師的角度來審視、設計淡水這一個自我居住生活的空間。在 1993 年接受臺北縣政府和當時的淡水鎮公所委託進行淡水河口空間設計計畫為其成立的契機。工作室以淡水地區公共空間的設計為主要活動內容，除了接受政府部門的委託進行公共空間設計外，也接受居民的委託進行協助居民改善生活環境。淡水社區工作室的成員意識並認同自己身為淡水的一分子，認為身為淡水居民應該享有參與公共事務的權利，因此也積極參與淡水地區的公民運動和公共事務、公共政策的討論。實際上在都市設計之外，對於公共建設的關注、歷史古蹟的保存、自然生態的保護、公共空間使用的公平性議題等等都成為其活動的內容。[2]

　　「淡水文化基金會」是在 1995 年由張子隆和許慧明所提起而成立的，經過了半年的準備，由當時的淡水鎮鎮長陳俊哲召集 250 多人募集基金約六百萬元，正式登記為文化教育財團法人成立。主要的活動內容包含了淡水地區的美術教育和美術展覽的舉行、表演藝術教育和舉辦演出活動、援助藝術文化人才和團體、發行藝術文化相關出版物、企劃舉辦藝術文化講座、公共空間設計和環境美化、藝術文化相關的資訊和歷史史料的收集保存、推動文學和創作活動等等。回顧淡水文化基金會的大世紀，從社區音樂會的舉辦、發行《文化淡水》社區報、協助淡水老街的保存和再造、開辦社區藝文學苑、參與舉辦淡水老街五月節活動等等。除了推動促進淡水地區的藝術文化外，也是參與著淡水地區的公民運動，如保護淡水河行動

2　　淡水社區工作室網站。引自 http://mail.tku.edu.tw/094152/（查詢日期：2014 年 2 月）

聯盟、1999 年、2000 年舉行「淡水文化會議」，提升起淡水居民重視地方文化的關心和意識，提供淡水地區文化藝術的交流場域。在 2001 年進駐縣定古蹟殼牌倉庫，以此為據點開辦淡水社區大學，繼續推動淡水地區的藝術文化及參與公民運動。社區大學以推動成人教育和終生學習為目的，但是淡水社區大學更重要的地方在於提供一個淡水地區市民社會對話交流的場域，讓淡水居民有討論、對話淡水地區的發展和未來圖像的平台，尤其在 2006 年和其他淡水地區的團體所共同舉辦的「淡水公民會議」有著代表性的意義。

淡水地區還有許多藝術文化團體和組織，1993 年成立的金枝演社，以從日常生活激發創作，散發獨特草根魅力的全民劇場為宗旨，因為追求接近土地、探索屬於臺灣的原創舞台，因此和淡水在地有著密切的接合。2002 年在殼牌倉庫園區，以淡水觀音山為背景意象，推出《觀音山恩仇記》；2005 年、2008 年在淡水的二級古蹟滬尾砲台又推出兩齣大型劇場；2009 年以紀念 125 年前清法戰爭中的滬尾之役為主題，強調「Made in 淡水」，動員淡水地區的學生、居民、志工，結合淡水地區的表演團體青少年表演藝術聯盟、精靈幻舞劇團、身聲劇場，上演了《西仔反傳說》；2010 年和淡水國際環境藝術節結合，該劇再度上演，金枝演社創辦人王榮裕說，這好像淡水在辦熱鬧，全鎮總動員。金枝演社持續地以環境劇場為概念所舉辦大型戶外劇場，似乎也繼續地在喚起、實踐淡水在地認同的形成和延續。

1995 年以獨立自營方式成立的「竹圍工作室」，提供讓國內外藝術工作者和團體短期進駐，協助他們從事創作、展演、實驗研究、社區發展、藝術教育等活動，在 2011 年正式登記為非營利組織。以淡水地區為據點，鏈結國際藝術活動。[3] 另外還有淡江大學的「文錙藝術中心」，目的為促進並提升淡水地區藝術文化活動，除了舉辦展覽、表演活動、教育活

3　竹圍工作室網站。引自 http://www.bambooculture.com/（查詢日期：2014 年 2 月）

動外，也致力於促進學校和淡水居民的交流。自 2004 年起連續數年舉辦「淡水藝術節」更是串連起淡水地區藝術文化的過去到現在、藝術家與民眾的交流，並留下許多淡水地區的公共藝術作品。

從淡水地區的發展可以看到，在臺灣的地方和本土意識發展的波瀾中，淡水地區一直航在浪潮的前端，1970 年代蘊含本土意識的鄉土文學發展的一頁、1990 年代解嚴後的民主化所帶動的本土化意識提振的一頁，都可以看到在淡水的文化人所領起的活動和運動。尤其在 1990 年代，淡水地區的藝術文化團體陸續成立，推動著地方文化的保存與活用，提倡著地方的藝術文化，在在都是以市民為主體，由在地的居民自發地組織起來。長期以來市民活動所帶動的地方意識和認同的建構及對自身公民權利的關心一點一滴的累積，在 2006 年「淡水公民會議」中，似乎可以看見淡水居民開始實踐文化權利。

活躍的文史團體帶動文化權利的覺醒與實踐

淡水地區文史團體對於自身文化權利的覺醒，可先回溯 1980 年代滬尾文史工作室對抗臺灣省政府交通處公路局規劃提出的淡水環河快速道路建設案。其後在地的文史團體淡水文化基金會、滬尾文史工作室、淡水社區工作室等等，集合各自力量在 1997 年成立「搶救淡水河行動聯盟」對抗淡水河北側環河快速道路計畫案，當時預定建設連結大度路、關渡、淡水河河堤外側、殼牌倉庫區塊往沙崙重劃區的快速道路。此快速道路將穿越淡水河岸，劃過淡水的山、河景觀，於是在地力量鏈結發起從四個面向（歷史文物、景觀、濕地保育、道路的必要性）來審視建設快速道路的計畫。當時行動聯盟致力於喚起淡水居民對自身環境的關心與重視，例如在《文化淡水》社區報傳遞搶救淡水河的意義和重要；另一方面積極地進行對全國的呼籲，透過抗爭、立法院請願等行動，獲得媒體報導，爭取全國民眾的支持。淡水社區工作室將規劃的快速道路拼貼成實際圖像，發佈給

淡水居民，讓居民可直接想像並思考淡水河未來的藍圖該是什麼？行動中還包含了直接的拜訪、捷運站周圍的公民連署活動，引發了一次在淡水地區的公民運動，實際帶動起淡水居民看見自身的公民文化權利。2000 年政府部門決議不進行該建設案，並指定原來位處快速道路上之四處必須被拆除的老建築「水上機場」、「殼牌倉庫」、「海關碼頭」、「氣象測候所」為古蹟。這次的公民運動是成功的，並且連結起了淡水地區的在地文史團體。

在活動落幕後，參與聯盟的人士開始思考這個過程中所匯集的人脈和能量不應該消逝，於是有了成立淡水社區大學的想法，以鼓勵在地居民關心地方，引導大家參與、討論公共議題為目的。在 2000 年以公共論壇的方式舉行「文化會議」規劃出淡水發展的議程表，其中一項即為成立「淡水社區大學」，淡水文化基金會為主要的辦理單位。但在成立初期因所處的兩個團體在行政業務區分的爭執、內部人員校務運作理念不合，導致辦學的困難，甚至連主要辦理的淡水文化基金會都有放棄承辦的想法。幸而爭端在稍後化解，社大的營運也漸趨穩定。其中，「社區特色課程」是淡水社大致力推動的，以扎根社區、闡揚社區文化、創造展現新社區文化精神為主軸，讓居民在社區內討論與生活相關的公共議題，透過大家能對議題理解，進行討論，形成共識的過程，實踐參與公共議題權利。

在淡水，還有著為了因應當時鎮公所的老街中正路拓寬計畫，由淡水文化基金會和其他文史團體協助老街居民在 1995 年成立的「淡水老街發展協進會」向鎮公所進行請願及政策參與，最後雖然並沒有完成保存老街原有風貌的目標，但帶領起淡水居民參與政策，關心自身的公民權利是值得肯定的。其後在老街重建街的拓寬問題中，淡水文化基金會、淡水社區工作室、淡水社區大學也接連參與這個議題，和居民共同組織「九崁社區總體經營發展協會」，成立街道美術館，讓居民透過藝術繪畫建構起對淡水生活空間的關懷。另外，還有淡水文化基金會每年積極推動水源國小、水源社區發展協會共同參與淡水地區的傳統祭典「八庄大道公祭典」、大屯溪屯山社區的社區營造、淡水文化基金會發起的「淡水大廈社區營造活

動」等等。在淡水地區蘊含著的文化資源、歷史資源、自然資源，藉著在地的文史團體、社區工作者帶動下，喚起居民對自身文化權利的關心，引發起來的是來自民間的力量，居民不再是被動的政策接受者，而成為能參與政策的能動者，在 2006 年舉行的淡水公民會議中，似乎可以看到的是民間對於自身文化權利的覺醒。

2006 年舉行的淡水公民會議「觀光與在地生活共享的淡水小鎮－捷運淡水站周邊環境經營」，是由淡水社區大學、淡水文化基金會等淡水的地方社團及淡江大學的淡水社區工作室共同發起，可以看到這是一個由民間自發的文化治理模式。當時的淡水面臨淡水捷運開通以來帶來的龐大遊客，雖然帶動了地方的觀光和經濟，但接連而來的是對環境的龐大衝擊。加上當時臺北縣政府預定對淡水地區進行的多項開發計畫，讓淡水在地的文史團體開始重新思考未來淡水的空間該如何發展？希望推動淡水人思考對淡水未來的想像是什麼？因此有了進行一次以淡水居民為主體的公開理性的討論的構想，一同尋求對於淡水未來市鎮空間經營的共識，並和公部門進行對話和溝通。

因此他們選擇公民會議這樣的手法，一種審議式民主的實踐模式，透過這一次的公民會議也希望能培養起當地居民熟悉審議式民主的實踐方法，讓文化權利在覺醒後得以有落實的可能，實際影響公共政策，推動淡水地區的文化治理。由學術單位擔任輔助的角色，讓當地居民為討論的主體。會議的準備期長達三個月，淡水社區大學先邀請各方面的學者專家擔任執行委員，包含熟悉淡水交通運輸管理、都市規劃、淡水在地文史團體的代表、熟悉公民會議操作的學者專家共 9 位。從 2006 年 8 月起共召開了 4 次的執行委員會議，針對公民會議的前置作業規劃、會議流程、公民小組的組成方式、議題手冊的內容、監督會議的客觀性和公正性問題進行討論。2006 年 8 月中旬起對外公開募集，並依循淡水鎮的人口特質分佈抽出 15 位年滿 20 歲的居民組成公民小組。公民小組的成員必須先閱讀主辦單位所準備的會議手冊，參與 3 個禮拜共 5 天的公民會議。10 月 28、

29 日的預備會議，由專家學者授課、進行交流對談，先籌組起 15 位公民
代表對淡水的知識和對議題的理解，並由公民小組成員共同擬定四個大面
向「空間的規劃與策略」、「交通系統之規劃」、「環境保護與生態觀光」、
「文化觀光的營造」做為正式會議的探討議題。11 月 11、12 日正式會議
進行和專家學者、公部門的對談，當天參與的專家學者有捷運工程規劃專
家黃亞誠、臺北縣政府研究發展考核室主任李得全、知名景觀規劃建築師
郭中端、臺北縣政府交通局副局長陳文瑞、淡江大學運輸管理學系教授羅
孝賢、臺灣大學土木工程學系交通工程組教授許添本、荒野保護協會講師
曾見占、淡水社區大學主任張建隆、淡江大學建築系教授黃瑞茂、世新大
學觀光學系主任陳墀吉、淡水古蹟博物館館長張寶釧、淡水鎮公所機要
秘書邱明民等 12 位提供專家諮詢，公民小組針對淡水面臨的問題相互討
論、思考解決方案及凝聚共識。最後在 11 月 18 日對外公佈的記者會中，
邀請在地文史團體、公部門一同參與，由公民小組宣讀他們所思索出來的
結論報告，這樣的結論報告正是一部由下而上的政策藍圖，一部民間版的
「淡水發展的白皮書」。在會議中，更提出公民會議並非就此完結，而需要
在地居民的繼續參與、繼續深化各項議題、繼續思考淡水發展和規劃淡水
的未來藍圖，在實踐上應該具體推動制訂《環境公約》和《公民憲章》，
促使公部門正視問題，共同提出解決方案。[4]

　　在公民會議後，淡水在地營造起一股對自身文化權利關心的浪潮，
2006 年 12 月由淡江大學舉辦「地域城市、創意行動」淡水河口發展與
藝文網絡研討會，期冀發展「淡水河口藝文網絡」，建構起以整個淡水地
區為範圍，以在地需求出發、連結國際多元當代藝術的「淡水國際藝術
村」。2007 年 4 月舉辦的「淡水河口藝遊網」公民共識會議，以「在地
人關心在地事－淡水人需要什麼藝術文化？」[5] 為主題邀請居民針對建
構「淡水河口藝遊網」進行對話和討論。在該會議手冊的前言指明了「藉

4　公民會議在淡水社區網站。引自 http://blog.yam.com/tconcon/category/800283（查詢日期：
　　2014 年 2 月）

由『淡水河口藝遊網』公民會議的討論，希望在現有的藝文資源調查，以及公部門對於未來淡水河口的文化政策，作一個公開的對話與討論，傾聽、廣納在地人的意見，並將彙整為正式的報告，做為未來文化政策擬訂的參考。」初步整理出了淡水地區含括藝術文化、文化資產、藝文空間等藝術文化資源並提出淡水地區藝術文化發展的問題點，「人才資源培育的不足」、「文化供需關係統計資料不全」、「市場開發機制不健全」、「文化特性之模糊」。會議結論則提出應該要進行「組織整合－號召地方團體進行聯盟合作、成立自發性團體」、「資源普查－由公部門和在地團體合作設立專案普查及整合淡水藝術資源」、「產業推廣－推動藝術的普及化和推動藝術到產業」、「創造淡水人關心參與的藝術文化生態環境、推廣淡水人必修的藝術學分」、「淡水藝術節－成立具有公信力的聯盟團體為主辦單位、以『淡水印象』為主體」、「組織推動－整合資源，成立平台、推動淡水成為藝文工作者的創作地區」，以上結論正呼應了會議前言，是一種由下而上的文化政策提言，不正可以視為由民間、學界、公部門三方同為能動者的文化治理模式的展現。

　　開放討論式的公民會議在淡水多次地舉辦，討論了關於交通、快速道路、文化藝術、淡水的願景等議題，2008 年 4 月的「淡水：永續創意城市」工作坊，則是在臺北縣政府的淡水河口藝遊網旗艦計畫的架構下，邀請《創意城市》的作者 Charles Landry 帶領淡水在地產業、文史工作、藝文、教育，以及媒體、學界、公部門各領域的代表，以專業的 SWOT 分析方法審視淡水地區目前推動的政策和整合架構的問題，一同討論激盪出實際的解決方針和執行策略。在行動目標上分為五個部分，「淡海新市鎮－以永續創意的淡水為主要價值」、「自然生態－以既有的生態與自然資源為生態與低碳城市基盤」、「歷史人文經驗－區域保存計畫強化歷史街

5　淡水河口藝術網絡／藝遊網公民會議網站，參閱會議手冊《在地人關心在地事－淡水人需要什麼藝術文化？》。引自 http://eyo-tamsui.blogspot.tw/2007/07/blog-post_02.html（查詢日期：2014 年 2 月）

區的遊憩網絡功能、營造淡水老街的創意經驗、淡水老街藝術街坊為示範點」、「都市服務系統－管理導向的交通規劃、品質行銷與特色溝通、清晰的觀覽系統規劃」、「新的淡水－發展文化創意產業結合在地力量，關注生產性的永續的城市營造」。

　　從淡水地區民間文史團體的活動可以發現民間自發性的對於屬於自身的文化權利開始覺醒，積極地希望參與公共政策，扮演起文化治理中的能動角色。接下來將對淡水公部門的文化發展脈絡進行概略的整理，對照民間力量的崛起來分析公部門在文化政策、文化治理場域中所扮演的角色。

檢視淡水地區公部門的文化政策軸向

　　1967 年 UNESCO 召開的「24 國文化圓桌會議」得出文化政策的最低限度是「文化政策應該是指一個社會為了迎合某些文化需求，通過該時期可以取得的物質資源和人力資源的最佳化調動，因而制定的有意義的、特定的措施，以及干預的或不干預的行動的總和。」2005 年 6 月 UNESCO 通過的《保護和促進文化表達多樣性公約》草案初稿中，文化政策與措施被定義為「指地方、國家、地區或國際範圍內制定的針對此類文化或為了直接影響個人、群體或社會的文化表達形式的各種政策和措施，包括文化活動、產品與服務的創造、生產、銷售、推廣和共享的政策。」（毛少瑩 2008：6）Engin F. Isin 與 Bryan Turner 主編的《公民權研究手冊》一書中，提到文化政策相關的有兩個領域，一為藝術，一為日常生活。藝術作品是由有創造力的人們創作，按照審美價值被判斷，其架構出自文本研究和文化史的興趣和實踐。日常習俗關係到人們如何生活、關係到讓人們具有人性人情的一般意識。文化政策會涉及對藝術的制度性的支持，和審美創造、生活方式密切相關（Engin F. Isin and Bryan Turner 2007: 327）。在《文化政策を學ぶ人のために》（給學習文化政策的人們）一書中，文化政策的定義是「系統化所有為了保障和實現人類追求幸福的政策和價值

的計畫。」也提及了地方政府文化政策的重要性，因為文化政策是為了人類的幸福，即福利所存在，這樣的政策，不管是在國家層級或是地方政府層級，都應該是在公共性和市民社會的基礎上被推行，和軍事、外交的政策性質應該是不同的。文化政策的根本是將為了滿足人類在生活中的慾望做為政策目的的工作，因此很多的狀況都是發生在地方的，地方公部門必須擔負重要的角色，必須回應隨著社會變遷和價值變化而生的社會問題和滿足地方居民的要求。地方公部門在文化政策的政策形成過程，應該是公民參與型，和公民的協力合作是不可或缺的。在書中提到了，公民對於政策有兩種欲求，一種是政策形成過程的參加欲求，一種是政策成果的享受欲求，因此文化政策的內容必然要有公民的參與。這樣才是以公民為主體的文化政策，是在最貼近公民的文化政策的地方政府中最可能被實現。尤其在日本，一般認為文化政策是一種總合的政策分野，可以成為行政改革的根基，透過文化政策的擴大可以提升社會對公共性的關係，進而引領行政的整體改革。正是因為文化政策有著無法被量化的部分，所以在政策形成的過程，公民的參加應該是不可或缺的。

　　觀看 1990 年代以來的淡水地區公部門文化政策發展，可以分為三個階段：1993 年到 1998 年在國家文化政策脈絡下，以建設整備文化設施為中心；1998 年到 2006 年以委外執行藝術文化活動的藝術文化補助為中心；2006 年後以執行臺北縣政府（現改制為新北市政府）的政策為中心。雖然淡水鎮在 2010 年配合臺北縣升格為新北市改制為淡水區，公部門由淡水鎮改制為淡水區公所，仍以執行上級文化政策為主要。在第一個階段，淡水地區在公部門的主導下，建設並成立「淡水藝術文化中心」，設置有鄉土資料室、圖書館、演藝廳，成為淡水文化藝術活動的場地。因為公部門並沒有建設文化中心的相關預算，當時是透過鎮長陳俊哲向民間募集資金而得以成立，由淡水文化基金會協助營運。成立後的初期，因為鎮長的支持和淡水當地藝術家的努力，在藝術中心的展覽活動相當活躍，並且以國際級藝術家的作品為主。在陳俊哲擔任兩屆鎮長的期間（1990-

1996 年）以「文化立鎮」為口號，積極地推動以藝術文化來發展淡水，
創立了淡水藝術文化中心、淡水文化基金會，可以視為是首位積極建構淡
水公部門文化政策的首長。在 1990 年代文建會（現升格為文化部）推動
文化政策的地方分權化的脈絡中，雖然在地方分權是以地方的縣市政府層
級為分權單位，但淡水鎮可以被認為是在鄉鎮層級中在文化政策上較有積
極作為的地區之一。尤其 1994 年臺北縣政府主辦「全國文藝季」正是以
淡水的鄉愁為主題，並委由淡水鎮執行，更是接連帶動起了淡水地區藝術
文化活動的發展。

　　1997 年捷運的開通所帶來的大量觀光客對淡水的環境和當地居民的
生活帶來了劇烈的衝擊，淡水鎮配合縣政府的規劃將觀光視為政策內容
的重點項目，開始舉辦起以吸引觀光客為目的的嘉年華式的節慶活動，
如 2001 年的金色淡水倒數活動、臺北縣夏季爵士音樂會、2002 年的河岸
爵士音樂會等等。但另一方面以當地居民為主的藝術文化活動幾乎都由在
地的文史團體舉辦和推動，鎮公所大多以提供預算費用的角色為主，例如
1998 年、2000 年、2001 年以在地歷史文化為內容的「淡水文化五月節」
由淡水文化基金會主辦；2002 年以現代藝術的國際交流為目的的「竹圍
環境藝術節」由竹圍工作室舉辦；2002 年到 2004 年的「淡水藝術節」則
是委由淡江大學文錙藝術中心承辦；2004 年到 2006 年以淡水地區傳統祭
典五月祭為基點的「淡水文化藝術節」是由淡水祖師廟舉辦。此外，淡
水社區工作室等地方的文史團體也都有持續地經營著以地方居民為主，以
地方歷史文化保存或以社區營造為目的的各種地方文化活動。這個時期在
地的藝術文化保存和推動多以民間團體為執行單位，鎮公所並沒有一個比
較完整的政策建構，多以財政補助為主，但在地文史團體在此時期相當活
躍，舉辦了許多以居民參與為目的的藝術文化活動。

　　2006 年開始，配合臺北縣政府預定將淡水河口一帶包含三芝地區塑
造成創意都市的政策下，淡水鎮將藝術發展視為政策重點，致力將淡水的
文化資源統整，營造淡水地區成為國際藝術村；當時亦提出了將淡海油車

口社福大樓七到九樓做為淡水創作藝術家的居住空間的想法。2007 年鎮公所內並成立「文化建設課」負責相關業務，但當時由於缺乏專業人才，加上鎮公所在文化相關政策的業務分配不明，導致文化建設課的部分業務又和民政課重疊；另外已有的圖書館課和產業觀光課也負責部分的文化相關業務，但仍舊缺乏統整的規劃。公部門在縣政府的文化政策規劃架構下，對於文化相關業務的執行是以委託交由民間團體主辦，例如 2007 年「演、談－淡水藝術週」、「青少年戲劇節」是委託淡水地區的劇團金枝演社辦理；另外也有部分嘉年華式的節慶活動，如 2007 年和 2008 年「淡水藝術舞動街坊」是依循政府《採購法》發包由民間專門的活動公司舉辦，這類的活動多有受到由外來廠商主辦而有缺乏地方歷史文化特色的問題之批評。

2009 年臺北縣政府確定雲門舞集為「徵求民間參與興建營運淡水文化藝術教育中心案」的最優秀申請人，雙方簽訂合約，當時以《促進民間參與公共建設法》為依據，雲門舞集得進駐位在滬尾砲台、淡水高爾夫球場旁的淡水藝術教育中心，取得 40 年營運權，預定於 2012 年完工。淡水藝術教育中心前身為閒置多年的中央廣播電台第二廣播發射基地舊址，成立於 1960 年代，占地 1.5 公頃，主建築有三層。雲門舞集的排練場原址在八里，在 2008 年一場大火中燒毀，於是雲門舞集開始尋覓一個能永續發展的地方。在雲門的擘畫中，園區不只是排練場，將對外開放，以永續、分享為方向，經營創意、教育、生活的志業，實踐藝術教育使命，成為文化藝術交流的平台。在臺北縣政府對文化藝術教育中心的定位，園區內還會新建空間，硬體規劃包含排練場、藝術教育中心、戶外展演空間、休閒咖啡館、創意餐廳和行政區等。在底定簽約的過程中，因為臺灣沒有專屬的文化產業法規，導致必須引用適用對象為工商業的《促參法》才能取得興建營運權，而規定需要的資本額認定、會計師簽證、營運計畫等等繁複手續，花了一年的時間，才得以完成簽約手續。簽約完成後，面臨的是《促參法》的門檻仍舊太高，終於在 2010 年盼得《文化創意產業發展

法》通過，成為首度引用該法的藝術團體，雲門終於取得北縣府核發的建照，BOT 案正式成立，預計於 2014 年完工進駐。

2010 年臺北縣政府升格成為新北市政府後，積極推動「樂活水岸」計畫，希望將文化藝術園區結合古蹟為淡水發展政策項目。2011 年再和朱宗慶打擊樂團簽訂「淡水海關碼頭文化教育園區」BOT 案，合約 50 年，初期朱團需募集資金約 4 億來進行園區的興建和規劃營運，預訂於 2013 年營運。園區所在地鄰近紅毛城，占地 0.7 公頃，園區內有臺灣目前僅存的清代碼頭，規劃中預定新建一棟五層樓高的行政大樓。朱宗慶打擊樂團將園區設定為世界打擊樂中心，成為國際打擊樂的交流平台，並培育打擊樂人才、和在地交流、推廣藝術教育、發揮藝術休閒的功能。但該案中的行政大樓興建一事，因位在淡水的古蹟群中，引發民間的討論聲浪。在古蹟及都市計畫審議委員認為預計興建的建物量體過大、高度太高，恐阻擋和影響古蹟保存區風貌，要求修正。但財團法人擊樂文教基金會（朱宗慶打擊樂團）考量打擊樂需要一定規模的展演空間和大型排練場，加上海邊的氣候不利樂器維護，最後在營運成本的理由下，於 2013 年底終止合約，合作案宣告破局。

在淡水地區公部門的文化政策歷史中，似乎很少看見政策規劃時的公民參與，早期的「文化立鎮」由有識的鎮長主導，積極希望推動淡水的藝術文化發展，但之後的公部門首長仍回到以執行上級單位政策的脈絡。再看臺北縣政府到新北市政府對淡水地區的政策規劃，不難發現是依循著文化觀光的路徑，在政策資源的投注上，雖然有淡水古蹟園區為主軸在保存和活用淡水的歷史文化資源，但目的重點是放在促進淡水的觀光、遊憩為主。對照淡水地區活躍的文史團體的各種聲音，以經濟發展延伸而制定的文化政策似乎和在地居民的意見扞格。但不可忘記的是，積極活動的在地文史團體和公部門的關係並不簡單，因為如同 M. G. Kweit 與 R. W. Kweit（1981）提出的，公民參與看似落實了民主精神的同時，在實際執行上卻逃避不了問題。其問題有，一為可能增加政治系統內的衝突。例如政治

家、官僚和公民間的衝突或公民與公民間的利益衝突；二為造成政府決策的困難。因為參與代表了聲音的增加，共識的困難度，勢必影響行政效率；三為社會公平性的衰退。因為參與需要的資源很難不被握有影響力的公民或團體霸占。這些問題的確也在淡水地區發生，於下節繼續討論。

能動者間的文化權利主張與對話

在淡水，在地居民對自身的公民、文化權利覺醒後，在實踐的過程中，可以看見士氣高揚的文史團體、藝術團體在面對淡水的文化、自然資源受到外來威脅時，群起聯盟抵抗。但正如同文化的多元性格一般，各個團體各自有著不同的主張。關於文化權利的主張和實踐，不僅只在對於公部門的大聲疾呼，還可以看見在淡水的地方社會中，各團體也有著不同的權利主張，關注不同的議題。

在 2001 年的淡水河岸美化工程計畫中，預定連結從紅樹林站以西的自行車道、殼牌倉庫的歷史節點、淡水捷運站的交通節點、渡船頭的交通節點、紅毛城古蹟節點，讓各段的空間特性、需求與連結都重新界定。但在地的居民對於該工程卻似乎有不同的聲音，提出的議題是空間主體是否以遊客為主？沿河線性空間如何串連？線性空間的移動是以人為主或是要容納車道？河岸空間要容納停車場嗎？計畫的規劃者淡江大學建築系教授回應，工程的目的在於把河岸設計成一處遊客與居民共享的生活平台，遊客和居民共同分享一個在地文化的空間生產過程。

在淡水的老街保存議題中，也可以看見在地居民主張自身的文化權利對抗公部門，例如 2003 年臺北縣政府預定進行重建街的拓寬工程，滬尾文史工作室提出淡水的老街是重建街與清水街，因為他們留存部分具歷史性的百年老宅或古厝，破壞老街破壞了淡水人拾級而上的記憶；破壞街上的清水廟破壞了淡水的特色風水。當時在文化局召開公聽會，在地方文史人士的強烈反對下，臺北縣政府回應會再會勘該工程計畫。

　　2004 年在淡水殼牌倉庫的整修過程中，淡水文化基金會主張整修是黑箱作業，在縣府的古蹟整修方案中，原擬新建戎克船碼頭的情境展示場，但淡水文化基金會主張「古蹟是誰的古蹟」、「古蹟需要社區參與」為由，經過長期論辯和社區溝通，提出該處古蹟應該是保持現狀不得開發的生態博物館，改變了原來的古蹟整修計畫，成為少數社區介入的古蹟保存翻案例子。

　　淡水的文史團體對於自身的文化權利中文化資產保存的主張相當強烈，滬尾文史工作室的田野組持續在淡水地區進行調查和會勘，例如2006 年他們提出百年歷史的滬尾小學校是日據時代專為日本學童設置的小學，年久失修，應列為古蹟或歷史建物。文史工作室多次發文給縣文化局及鎮公所，希望搶救這個具有教育意義的建築。

　　淡水的文史團體中，其實也存在著不同的聲音和討論，例如殼牌倉庫使用問題。事實上在搶救淡水河行動聯盟的抗爭成功後，殼牌倉庫被列為古蹟並得以保存，但部分淡水的文史人士認為，當初大家一起搶救古蹟空間最後卻是由淡水文化基金會獲得使用權，為何未與其他單位一起分享？而陸續引發紛爭。2004 年滬尾文史工作室希望將淡水龍山寺的老神轎置放於殼牌倉庫中，但淡水文化基金會提出因為倉庫即將整修加上老神轎的產權不明而拒絕，雙方引發爭議。雖然淡水文化基金會表示在臺北縣政府的殼牌倉庫古蹟修復工程完成後，2005 年底即可開放做為公共的文化藝術空間，淡水文化基金會並不會獨佔，但仍可以看出在淡水地區各個文史團體是存在不同的意見。

　　又先前提到的「淡水海關碼頭文化教育園區」BOT 案，也因計畫案中的行政大樓興建位在淡水的古蹟群中，引發民間的討論聲浪，在民間積極主張該大樓恐阻擋和影響古蹟保存區風貌的訴求下，引發該案中止。

小結－孕生自土地的文化權利覺醒與實踐

　　文化權利在淡水地區的孕生過程，展現的是一個文化治理模式的成形，並非完美但可以看見其雛形，因為豐富的歷史、文化、自然資源讓民間文史團體蓬勃地發展，自發性扮演起文化場域中能動者的角色，積極推動的運動和活動帶領起居民關心自身的文化相關權利，於是文化權利得以覺醒並走向實踐。在本書中，可以看見文化權利不是一種新的權利，從過去到現在，都蘊含在臺灣民間社會，以各種形式存在。但可惜的是至今仍未能有法令或制度的支持，重回本書第二、三章的討論，文化權利的實踐有一部分需要的是法理的支持和制度性的保障，但為了避免文化的二度綏靖，公民文化權利的伸張必須不斷地翻轉才不致被編列進主流的治理體制。在淡水這個地方空間中，可以見到地方文史團體不停地翻轉，和地方公部門進行著對抗與合作，另一邊的公部門則對強勢的文史團體有著期冀合作卻又怯於其多元意見的矛盾。

　　統整而言淡水的歷史文化內涵和活躍的在地文史團體，在發展的脈絡累積著對於文化權利的關注，筆者認為 2006 年的公民會議代表著淡水地區居民開始行使手中握有的文化權利，表達出希望參與文化政策，扮演起文化治理的能動角色的企求。但從另一個角度，從公部門觀看其所運營規劃的淡水文化政策，始終缺乏著淡水的主體性，在上級政府所架構起來的所謂「淡水」文化中，執行著文化相關的業務，不知是畏懼公民參與抑或是不願開放文化政策的參與權利。

　　在公民會議中，可以看到文化權利有得以實踐的機會，在地認同感也在一連串的活動中被建構起來。在地的聲音一邊批判政府部門的政策一邊宣誓自身的文化政策參與權利，淡水老街中正街的拓寬計畫、淡水河口的快速道路建設計畫、重建街的拓寬工程中，在地的聲音是對抗政府政策的社會運動。到了 2006 年淡水公民會議的舉辦，可以被視為是一種文化治理的展現，啟發在地居民的自主性，希望參與政策的制訂，正是一種文化

權利政策參與權的實現。雖然公民會議公民小組的人數並不多，但透過課程、對話、參與的責任感，所完成的是確切的公民培力會逐漸散佈出去影響淡水在地的居民。但不可否認的是，公民會議的形式並無法源基礎，會議結論僅能提供公部門參考而缺乏任何實質的效力，2006 年的公民會議活動鎮長未能出席，雖然鎮公所有指派代表參加，但並未有實質上的配合和重視。此外，公民會議所共識出來的結論和意見是否能代表全淡水在地居民的意識也有其爭議存在，畢竟側重商業觀光和重視經濟發展的居民也不在少數，公民會議是否真實地和社區、在地連結成為質疑的論點？筆者認為文化治理的場域中，原本就不會存在一個代表全體的共識，因此公民會議的可貴在於代表著聲音的擴大器，讓公部門能聽到並予以重視。

　　淡水在地的文史團體有著許多的貢獻，除了保存地方歷史文化，許多藝術文化活動也都是由民間團體自主性的推動和舉辦。但是一直以來在地文史團體和公部門總有著各自為政的問題，缺乏合作與聯繫，建立一個對話、聯繫的平台以達成相互支援和合作是為重要的課題。而公部門以上級政府政策指令為依歸的業務執行也造成了淡水地區文化政策缺乏主體性和自主性的問題，例如在淡水的古蹟因為《文化資產法》規定管理層級為縣市政府，因此淡水地區的 23 個古蹟是由 2005 年成立的縣立「淡水古蹟文化園區」負責管理。而藝術發展的政策則是配合臺北縣政府委託交由「淡水古蹟文化園區」所執行的「淡水河口藝術網絡計畫」，企圖將淡水地區（包含三芝、八里）以創意都市的概念來進行。例如「淡水河口藝術網絡計畫」是由淡水社區工作室承接臺北縣政府委託所企畫，在過程中淡水鎮公所並未能參與企畫或政策規劃，僅是臺北縣政府的下級執行單位。許多淡水地區的藝術文化活動，總是被分裂的交由各個民間團體進行，確實帶動起來在地文史團體的活躍發展，但是民間團體和公部門缺乏聯繫。此外，缺乏一個整合的文化發展計畫架構也是不爭的事實。如此的結果對於在地居民來說，是一種文化權利的侵害，因此公民會議或者可以視為一種解決的方法，透過審議式民主的公民會議模式，由在地居民、團體和公部

門一同建構淡水的文化願景，成為淡水地區文化政策的依據，若能定期舉辦公民會議活動，也定可以成為民間團體和公部門對話、交流的平台。

　　當然民間的文化權利聲音不會是一致的，在地民間團體在淡水這個空間中各自有著不同的意見，彼此的協商合作大部分僅存在於對抗公部門的論述場域，在抵抗的過程中建構起了淡水的在地認同，從文化治理的角度來看，權利的運作原本就是多元而複雜的，其運作過程本來就難以全盤掌控，但不同的能動者進行的是不斷的、不同的抵抗，所孕生出的正是不停滾動前進的文化治理空間。本文旨不在探究淡水的文化治理問題，目的在於記錄和梳理在臺灣的地方早已存在著文化權利的覺醒和實踐，並反省和提出公部門在此過程中應該扮演的角色。從淡水鎮到淡水區，都並非臺灣文化政策發展中地方分權的單位，但筆者認為文化相關政策事務應該是由公部門、民間共同治理，才能完成公民文化權利的實踐，因此基層的公部門組織更應該思考在地文化、在地主體性的內涵，和居民共同規劃地方的文化發展。這樣的合作不該僅限於公民會議的場域，因為在公民會議或者是其他的文史團體進行的和公部門的抗爭過程中，文化權利的實踐很容易停留在討論的階段而未能繼續發展，也就是對於單一事件的共識出現後，向政府發聲，政府接收後遂行政策規劃，但政策規劃的階段居民的聲音又再度消失。也許是因為政策的規劃工作必須要某些專業知識而導致的排他性。但文化權利的實踐必須延續，不能停留在單一事件的討論，因此或許可以參考日本行之有年的《地方文化藝術振興條例》，近年許多日本的地方公部門以居民參與的方式來進行《地方文化藝術振興條例》的策定，如此或可發揮將地方居民的意見整合、確立居民的權利義務、還可以確保居民參與文化政策的權利，建構出一個文化權利實踐的模式。

參 · 考 · 書 · 目

Engin F. Isin and Bryan Turner。王小章譯。2007。《公民權研究手冊》。杭州市：浙江人民出版社。

G. A. Almond and S. Verba。馬殿君等譯。1989。《公民文化：五國的政治態度和民主》。杭州市：浙江人民出版社。

上野征洋。2002。《文化政策を學ぶ人のために》。京都：世界思想社。

小林真理。2004。《文化權の確立に向けて：文化振興法の國際比較と日本の現實》。東京：勁草書房。

毛少瑩。2008。《公共文化政策的理論與實踐》。深圳市：海天出版社。

文化環境工作室。1998。《台灣縣市文化藝術發展－理念與實務》。臺北：文化環境工作室。

中國時報。2001。〈漁火人影　港塢與步道共存　遊客與漁民共榮　相映淡水〉。《中國時報》。6 月 28 日。

中國時報。2003。〈淡水重建街拓寬　文史工作者反對〉。《中國時報》。3 月 14 日。

中國時報。2004。〈老神轎入殼被拒〉。《中國時報》。4 月 22 日。

中國時報。2004。〈古蹟整修　誰說要聽專業的〉。《中國時報》。8 月 26 日。

中國時報。2006。〈日據建物滬尾小學校　專家盼保存〉。《中國時報》。3 月 11 日。

中國時報。2006。〈淡海藝術村　北縣構思中〉。《中國時報》。3 月 25 日。

經濟日報。2008。〈打造新淡水　蘭得利把脈〉。《經濟日報》。3 月 29 日。

中國時報。2009。〈文化藝術中心　北縣雲門簽約林懷民諷促參法　像跑障礙賽〉。《中國時報》。4 月 14 日。

中國時報。2009。〈西仔反傳說　200 淡水人逗陣演〉。《中國時報》。9 月 22 日。

中國時報。2010。〈社區踩街看表演　淡水、關渡藝起來〉。《中國時報》。10 月 7 日。

中國時報。2010。〈雲門 BOT 案成立　正式進駐淡水〉。《中國時報》。12 月 21 日。

中國時報。2011。〈朱宗慶樂團進住淡水　打造文化園區〉。《中國時報》。1 月 26 日。

王俐容。2006。〈文化公民權的建構：文化政策的發展與公民權的落實〉。《公共行政學報》，20: 129-159。

行政院文化建設委員會。2003。《民國九十三年度全國各縣市國際文化藝術節導覽》。臺北：文化建設委員會。

李欣如。2009。〈淡水社大　連結在地生活文化〉。《書香遠傳》，71: 59-61。

根木昭。2001。《日本の文化政策：文化政策學の構築に向けて》。東京都：水曜社。

根木昭、佐藤良子。2013。《文化芸術振興の基本法と条例－文化政策の法的基盤(1)》。東京都：水曜社。

徐永明。2006。〈從公民權的演化談文化公民權〉。《文建會網路學院 CASE 智庫 .4 公民美學系列》。臺北：文化建設委員會。

殷寶寧。2013。〈一座博物館的誕生？文化治理與古蹟保存中的淡水紅毛城〉。《博物館學季刊》，27: 5-29。

淡水藝文中心。1993。《藝術家眼中的淡水：淡水藝文中心開幕特展》。臺北：淡水鎮公所。

淡江大學文錙藝術中心。2006。《2006 淡水藝術節美術音樂海洋風》。臺北：淡江大學年。

陳其南主持、蘇昭英編。1998。《台灣縣市文化藝術發展：理念與實務》。臺北：行政院文化建設委員會。

許文傑。2000。《公民參與公共行政之理論與實踐—「公民性政府」的理想型建構》。臺北：國立政治大學公共行政系。

張福建主編。2009。《公民與政治行動：實證與規範之間的對話》。臺北市：中央研究院人文社會科學研究中心。

陳致中。2007。《社區治理與審議式民主：以淡水社區公民會議為例》。臺北：世新大學行政管理研究所碩士論文。

黃瑞茂。2007。《淡水河口藝術網絡建構計畫》。臺北：臺北縣立淡水古蹟博物館。

黃瑞茂。2007。《區域型文化資產環境保存及活化計畫：臺北縣淡水地區文化資產環境保存及活化計畫規劃報告書》。臺北：臺北縣立淡水古蹟博物館。

路仁。2008。〈當快速道路劃破淡水〉。《人籟論辯月刊》，51: 5。

蔡昀臻。2008。〈給淡水文化的時光禮物－訪《文化淡水》總編輯謝德錫〉。《文訊》，275: 79-80。

聯合報。2012。〈淡水古蹟博物館　在地合作　打造古蹟活化典範〉。《聯合報》。10月 27 日。

蕭瓊瑞。2004。《臺灣近現代藝術 11 家》。臺北：藝術家。

第八章

消失的客家方言島－雲林縣崙背鄉「詔安客語」語言文化權利實踐的困境

－廖凰玎－

前言：消失的崙背鄉「詔安客語」島

　　說了好幾世代的話，竟不知道如何稱呼這語言？令人很難想像，但這是真實的事情，就發生於雲林縣崙背鄉「詔安客語」。直到 1985-86 年左右，在語言學家洪惟仁的方言調查下，才發現除四縣客語、海陸客語外，還有「詔安客語」，並列入實地調查研究所得而精心製作的〈臺灣客家方言島消失示意圖〉之中，顯示該語言正處於消失之中，另外也意涵著並貼切訴說，該語言呈現如一孤立島的處境情勢。

　　「詔安客語」事實上很早就隨著清朝漢民移臺時來到這塊土地上，一直混雜於鶴佬人族群中，在發音上已嚴重鶴佬（閩南）化。鶴佬語在強勢國語下已有所不保，「詔安客語」更是瀕危處境。「詔安客語」鶴佬化是與鶴佬人族群互動中，自然演化而形成，但臺灣光復後陸續推動的國語政策，則使「詔安客語」面臨消失。直到晚近還我母語運動，客家委員會成立，屬於客語中少數者的「詔安客語」開始被注意到，因此有機會得到政府資源補助，以及學術研究投入。

　　語言不只是溝通工具，更是人類意念、思想和情感及形成人格的一部分，是重要的人權之一。同時語言既是文化本身，也是文化的載體，涉及文化認同與文化生產的意涵和功能，是重要的文化權利之一。雲林縣崙背鄉「詔安客語」在中央研究院語言學研究所所進行的「臺灣雲林縣崙背鄉

客家話分佈微觀」調查研究中,清楚在臺灣地圖空間上呈現其所存在的位
置性。而本文則從文化權利地圖概念,探察「詔安客語」的研究與保存運
動,試圖介紹在臺灣文化權利地圖的發展過程中,這個不起眼但有其獨特
價值的崙背鄉「詔安客語」的文化權利的實踐與困境。

　　原本快被現代化淹沒,無力招架都市化的一個沒沒無聞的小農村－雲
林縣崙背鄉,似乎在強調多元文化、客語保護與地方文化為中心等等文化
政策轉向中,開始啟動尋根與找回自我在地文化光榮的歷程,朝向語言的
文化權利實踐。但是崙背鄉「詔安客語」已經開始消失的情況,如孤島的
處境,仍舊繼續蔓延著,顯示政府如果沒有更具明確且具有效性的語言政
策和作法,加上崙背鄉「詔安客語」族群也不努力捍衛自己的語言者,恐
怕崙背鄉「詔安客語」島遲早要淹沒而消失,在臺灣島再也聽不見人們用
「詔安客語」真實交談,只剩下一堆研究文獻與錄音檔案,成為博物館展
示物與標本之一。

尋找文化權利的實踐介面－語言權利

　　觀察國際上文化權利(cultural rights)議題的發展過程,從被忽略,
到 1990 年代後,逐漸開始被重視,進行文化權利概念的整理與研究,提
出各種文化權利清單、範疇與分類。梳理所有國際文件、宣言、公約,
逐一羅列出關於文化權利的說明與規定,產生一種重新再把文化權利編
制(inventory)的現象(王俐容 2006)。而此現象,一方面是試圖分析出
文化權利的核心概念,同時也產生漸漸將國際上一直以來所發展各類文化
保護議題,匯聚在「文化權利」的概念下,再重新歸納與分類,將文化權
利的概念進行釐清,編碼與解碼、解構與再建構的過程。這當中語言權利
都被列於各類文化權利清單之內,顯示語言權利做為文化權利具有共識
性(廖凰玎 2012)。但從國際上一些文件和觀點,這只是比較形式上的資
訊。若要更理解語言權利做為文化權利的意義和內涵,需要更深入去探究
其中關連性與連結因素,包括語言的價值。

一、語言的珍貴與正義

　　語言對人類而言，像陽光與水，不可缺少。每日使用語言，是那樣平凡普通，但若深思語言的重要性，會發現不管是從精神性的文化觀點，或是從實際日常生活中，都脫離不了語言。而在全球化下，充滿競爭的社會，追根究底，語言同時內涵著正義的問題。

　　從文化觀點來觀察語言。若問：你知道臺灣獻給世界的禮物是什麼？或許想半天都想不出答案。但答案是「南島民族」語言與文化，這是臺灣所擁有的世界文化瑰寶。國際知名學者 Jared M. Diamond 於 2000 年在國際著名刊物《自然》發表〈臺灣獻給世界的禮物〉（*Taiwan's gift to the world*）學術理論文章，指出臺灣具有在南島語系（Austronesians）及其族群遷移史上的「原鄉」（homeland）地位。同年在《自然》所刊登 R. D. Gray 和 F. M. Jordan〈語言樹支持南島語擴張的特快車序列〉（*Language trees support the express-train sequence of Austronesian expansion*）文章，更指出臺灣是南島語系擴張的特快車序列中的火車頭。臺灣的南島語言在世界語系中佔據著無法想像的重要性位置。文化人類學者也是前文建會主委陳其南教授描述：「臺灣擁有南島語言中最多樣和最古老的原型「基因」，是南島民族的「基因庫」所在。語言是臺灣獻給世界的禮物，是一級的世界文化遺產。」（陳其南 2010、2011）

　　臺灣擁有多元的文化和語言資產，不管是南島語族、客語或是閩南語、國語等。語言與文化常常同時並存，語言代表一種文化，多元的語言和文化原應該是值得珍惜的文化資產。但在臺灣因為政治統治因素，採取同化與壓迫非國語的語言政策，致使南島語族、客語或是閩南語無法在生活中自然被使用，而被迫驅逐出臺灣語境，導致南島語族、客語或是閩南語面臨逐漸消失的命運（洪惟仁 2002）。多元語言的消失，意涵著朝向均質化與單一化的文化發展。本文所探討的崙背鄉「詔安客語」，見證臺灣多元族群與語言交錯歷史與文化軌跡，[1] 但目前已逐漸從臺灣島上消失，

其消失的過程與命運和南島語族一樣。對任何語言消失的族群而言,失去的不只是溝通工具,而是文化和生命。

其次,關於語言正義。從實際日常生活、工作、學習、家庭等等,和教育有很大關係,而其中語言都扮演著重要的角色。從 Bourdieu 的研究與著作《區隔:趣味判斷的社會批判》(Bourdieu 1984a)、《藝術品味與文化資產》(Bourdieu 1984b)清楚指出教育如何影響認知活動中所涉及,到文化符碼(cultural code)的掌握能力,續而影響與形成知識和品味的區別和差異,此也正呈現出社會階級的差異性所在和原因。而語言的使用在教育過程與結果就占有極大的地位,從 Bourdieu 所提到的「慣習」和「場域」概念下,語言就涉及人類身分轉變的可能與意義,也成為在社會場域的階級與競爭之中所關涉可行使的社會權力,由此推演,各類的語言政策、語言法令與施政,都會涉及語言正義的過程與面向(Mowbray 2012)。

二、語言權利與文化體性、身分認同

首先要略述語言和文化概念。廣義性的文化概念,例如英國人類學家泰勒(E. B. Tylor)在其著作《原始文化》(*Primitive culture* 1971)書中第一章〈文化的科學〉(*The science of culture*)對文化的定義:「從廣泛性民族誌觀點,文化或文明是一個複雜整體,包括知識、信仰、藝術、道德、法律、風俗以及其他做為社會成員所獲得之人的能力和習慣。」(Tylor 1903 [1871]),或是 R. Williams 所提到文化是一種生活方式(Williams 2002 [1958]),在此類文化觀點下,語言是文化概念的內容之一。

其次是關於語言的定位問題。若將語言僅視為一種溝通工具,那麼只要是可以便利溝通的語言就符合需求,所以統一性而單一的語言更利於溝

---

1 關於崙背鄉「詔安客語」見證臺灣多元族群與語言交錯歷史與文化軌跡,請參看本文在「雲林縣崙背鄉的歷史脈絡及文化軌跡」段落中的書寫。

通，也可省略因為語言差異所需要的翻譯和其他成本。在此觀點下，語言的工具性是唯一價值，因此對於所使用語言以主流為主，對於面臨消失的語言並無需再投注心力去挽救，視為自然演化與淘汰的結果，語言不會是文化權利，只是工具。

但語言不僅僅只是溝通工具，語言是文化。從索緒爾的語言學觀點，在《普通語言學教程》的「音位學原理」和「語言符號的性質」論述中，能指（signifier）與所指（signified）之間的關係，是建構性的關係，可能是約定俗成，也可能是各類論述，所形成與建立的可能性對應關係，但二者間並無必然性與本質性的連結性，是任意性（索緒爾 1985：67-117）。這個能指與所指之間的任意性關係，正是產生各類不同語言和文化的起點。受此觀念影響的李維史陀（Levi-strauss）所進行的書寫與研究，帶給我們一個領會，那就是不同族群、不同的語言、風俗、傳統、文物、藝術、展演等等，所展現的都是文化的一種形式，而其核心內容是人類的思想、心智與精神。文化的形式與內容之間的串聯因素就是人類的思想、心智與精神之任意性的展現和創造（Wilcken 2012；Levi-strauss 1989）。

此外，語言在文化主體性上也扮演著重要的角色。語言對於個人或群體的文化主體性和身分與認同的影響性，遠比我們所能想像的更強大，在所有相關於文化主體性、身分、認同的有關文化生產中所涉及資源之中，語言是最靈活、最日常以及普遍性存在。語言是產生文化主體性、身分、認同的核心所在。換言之，透由不同符號資源，特別是語言，建構文化主體性、身分與認同（Bucholtz and Hall 2008）。語言的消失也就代表著文化主體性、身分與認同的崩解和喪失。

不僅文化人類學者的研究，指出語言與文化主體性、身分與認同之間的重要關聯性。文化研究學者也指出透過語言媒介，關於文化、意義生產、文本、符號、閱聽人與消費者，形構成我們觀看世界的觀點與價值觀，成為我們的生活與生命（Lewis、邱誌勇、許夢芸譯 2006：187-241）。

國際上語言文化權利之實踐

　　基於語言的珍貴，所涉及資源分配與社會權力和正義性，甚至於是關涉到**文化體性、身分和認同**，這些都顯示出語言的重要性。所以國際上有關典章規範文件都可看到語言權利主張和宣示。在國際規約例如《世界人權宣言》（Universal Declaration of Human Rights）、《公民與政治權利國際公約》（International Covenant on Civil and Political Rights）、《經濟、社會及文化權利國際公約》（International Covenant on Economic, Social and Cultural Rights）、《兒童權利公約》（The Convention on the Rights of the Child）、《原住民族權利宣言》草案（Draft Declaration on the Rights of Indigenous Peoples）、《國際勞工組織公約第 107 號協定》（International Labour Organization Convention No. 107）、《聯合國教科文組織反歧視教育協定》（UNESCO Convention Against Discrimination in Education）、聯合國 1992 年通過《隸屬少數民族或宗教與少數語言族群的權利宣言》（Declaration on the Rights of Persons Belonging to National or Ethnic, Religious and Linguistic Minorities）。歐洲相關語言權利之宣言及文件，例如《保護人權與基本自由公約》（Convention For Protection of Human Rights and Fundamental Freedoms）、《維也納會議議決文件》（The Concluding Document of the Vienna Meeting）、《歐洲安全暨合作會議哥本哈根會議文件》（Document of the Copenhagen Meeting of the CSCE）、《歐盟條約》（Treaty of European Union）、《歐洲憲章的區域或少數民族語言》（European Charter for Regional or Minority Languages）、《保護少數族群之架構協定》（Framework Convention for the Protection of National Minorities）、《奧斯陸關於少數族群之語言權建議書》（Oslo Recommendations Regarding the Linguistic Rights of National Minorities）。

　　在語言權利具體實踐的案例，例如北歐斯堪地那維亞半島薩米人（Sami）的語言文化權利的實踐（Magga 1998: 76-84）。薩米人是居住在地

球上相當艱困的極地地方的原住民，而且散居於好幾個國家區域，包含挪威、瑞典、芬蘭、俄羅斯等，原本也是受到壓迫與漠視，但薩米人卻不斷為自己族群努力爭取有關的權益。1917 年 2 月 6 日舉行的第一屆薩米大會，確定薩米人為少數民族。1979 年薩米人因為居住地要被興建水壩，所有生活和文化面臨被瓦解破壞的危機，從此開啟薩米人的抗爭之路。1987 年在挪威《憲法》首先出現薩米條款，認可薩米為挪威的原住民，薩米語也被認可，1989 年成立薩米民族議會。[2] 挪威的薩米政策基礎是根據上述所提到的國際規範，認定依據國際法薩米人享有文化價值的特別保護權，並且挪威在《憲法》上制定「**國家政府有責任創造有利於薩米族保存並發展其語言、文化與生活方式的條件**」做為法源。[3] 1956 年由芬蘭、挪威與瑞典的薩米人，於薩米人的議會中組成利益代表組織。1986 年芬蘭、挪威與瑞典之薩米族組織於薩米議會中提出《北歐薩米公約》，該公約基於權利協議的形式，並且依據對三國均有效的國際規範而訂。公約主旨在便利薩米族跨越國界的互動，並要求國家致力於尊重薩米傳統與法律詮釋。而在挪威，薩米族建立更多實質權益保障機制，包括語言、身分、自治權、文化資產保護、媒體權等等。[4]

2　Sami 反水庫抗爭　促挪威原權入憲，參閱原住民電台官網。引自 http://tw.news.yahoo.com/ sami 反水庫抗爭－促挪威原權入憲 -140213694.html（查詢日期：2012 年 5 月 28 日）

3　挪威《憲法》第 110a 條。（Constitution of Norway110A: It is the responsibility of the authorities of the State to create conditions enabling the Sami people to preserve and develop its language, culture and way of life.）

4　為實現《憲法》第 110a 條，成立薩米議會，並建立薩米法律位階事項的相關規定的薩米法案：該法案第 2-6 條依據語言及主觀的標準明白指陳「薩米族」定義：承認自己為薩米族人，或以薩米語為母語，或為已註冊之薩米人後裔，此人等得要求於居住之自治區內註冊登記為薩米人，並有資格於薩米議會任職。芬蘭、瑞典與俄羅斯薩米族得於居住挪威三年後登記加入。第 1-2 條：「薩米族應擁有由他們自己選出的薩米議會。」第 2 章：有關薩米議會的權限、活動領域、選舉規則等等。依據第 2.1 章：薩米族應得自己決定薩米議會的權限範圍。第 1-5 條：在挪威境內，薩米語和挪威語享有平等地位。第 3 章：有關薩米語的使用狀況，兩種語言均平等。另外，對於居住地及文化遺產，薩米人有自己的文化管理行政部門，配合挪威的文化遺產保護。關於媒體近用權的部分，有薩米電台，連結散佈各地的薩米人，除強化族群認同外，也扮演保存、恢復和擴展母語的重要功能。

臺灣的語言政策概述

經歷日治時期皇民化的日語政策。後來國民政府的國語運動與政策，例如 1946 年 4 月 2 日設立「臺灣省國語推行委員會」（簡稱國語會）推行國語運動，編輯「國音標準彙編」做為推行國語的依據，在電台進行讀音示範，加強學校、機關及公共場所須使用國語，加強國語文教育，以「書同文」、「語同音」為目標。1963 年起實施禁止學校使用方言。1972 年規定電視台的臺語電視播放時間不能超過一小時。1976 年《廣播電視法》公佈，第 22 條規定：「電台對國內廣播播音語言應以國語為主，方言應逐年減少；其所應佔比率，由新聞局視實際需要定之。」1983 年 4 月，《語文法》起草小組以「切實推行國語，保持固有國字，以防簡防濫」為宗旨，著手草擬《語文法》，後因民意強力反對，才終止而未通過。《語文法》草案要點第 1 條明文揭示，為鞏固中華民族歷史文化根基、團結國力、發展教育文化，特製《語文法》；第 2 條規定以國語做為公用標準語文；第 4 條規定公私文書記錄，為文著述和文字傳播，各級學校教育，大眾傳播，會議公務公共場所，或是三人以上場合皆須以國語為之。違反者將被處罰鍰。（黃宣範 1993：49-83）。

一、來自民間的語言權利主張與行動

臺灣各地的方言、母語受到國語政策的壓迫，已有所不滿，尤其《語文法》草案更引發民間各團體的反對與抗議聲浪，並開啟民間觀點的語言政策主張，包括客語、閩南語和原語。臺灣人權促進會在 1986 年所舉行的「語文法與人權」座談會；1987 年《客家風雲》雜誌創刊，[5] 同時「客

5　《客家風雲》在創刊號中提出警語：「最近我們深刻的警覺到大家從小講的客家話已日漸消失，幾年之後將被淘汰，客家文化也將隨之消失，客家人終將瓦解。我們今天若不警醒，不團結合作，努力奮鬥，那麼我們將愧對客家祖先，也無法跟後代子孫有所交代。」

家研究中心」成立；1988 年原住民團體發動「還我土地」運動，同年客家族群發起「還我客語」運動。**6** 政府開始有些鬆動的態度，宜蘭縣政府有新作為。**7** 1991 年原住民權利促進會再度走上街頭，要求成立臺灣原住民委員會，保障原住民基本權利，該年第一部原住民母語教科書正式出版。「臺灣語文學會」在 1991 年 8 月 17 日成立。1992 年原住民主張不應被稱呼為「山胞」，主張自有的「命名權」，中央研究院發表「尊重原住民的自稱」聲明，應尊重原住民有自行命名的權利。

面對民間對於語言權利主張的行動與聲音，政府開始較正式回應，承認單語政策對母語不尊重是一種過失，也對《廣播電視法》修法，並著手鄉土教學，適度讓客語和原語擁有媒體資源。**8**

二、語言復興的困境

然因長期在國語運動與政策下，在臺灣這塊土地上，各地方原有的語言遭受到壓迫與限制。無形中，有太多語言因此慢慢走上消失的命運。而

6　「還我客語」運動提出三項訴求：1. 立即每日播出客語電視新聞及農漁業氣象。2. 修改《廣播電視法》對方言限制條款。3. 建立多元性的新語言政策。

7　1990 年教育部函覆臺灣省部分縣市推行「本土語言」的說明：強調國家應有共同語言，所以仍應以「國語」教學，有興趣修習各地方方言之學生，可利用課外時間學習。但該年李登輝總統除夕談話，首次以國語、閩南語與客家話分別在電視台播出，表徵肯定臺灣是個多語社會的象徵性意義。1992 年宜蘭縣政府開始對國小三年級到國中三年級施以「本土語言教材」，並定期舉辦本土語言詩歌朗讀、演說、講故事比賽，文化中心也舉辦本土語言資料展覽。

8　1933 年當時內政部長吳伯雄及教育部長郭為藩在立法院表示：過去單語政策對母語不尊重是一種過失。同年 4 月 3 日教育部宣佈在不妨礙國語的前提下，將母語列入中小學正式教學範疇，以選修方式學習閩南語與客家話。頒佈《教育部獎（補）助山胞母語研究著作實施要點》。同年 7 月 13 日立法院通過刪除《廣播電視法》對方言限制條款，新條文規定為：「電台對廣播語言應以國語為主，並特別保障少數民族語言或其他少數民族語言播出之機會，不得限制特定語言播出之機會。」（黃宣範 1993：49-83）1994 年教育部頒佈《國民小學鄉土教學活動課程標準》增進學生對於鄉土的歷史、地理、語言和藝術的知識，並培養保存、傳遞及創新的觀念。2003 年 7 月 1 日客家電視台開播。2004 年 12 月 1 日，原住民族委員會委託臺灣電視公司創設原住民電視台。2007 年 1 月 1 日，原住民電視台改名為「原住民族電視台」，一起和客家電視台正式加入臺灣公共廣播電視集團，成為非商業性的公共媒體。

長期在國語至上的環境下，被教養成說方言的罪惡感與自卑感，大部分的人，可能從進幼稚園起，甚至可能從小在家裡，便無可避免的以國語為主，不再和爺爺奶奶說同樣的話，反而是爺爺奶奶要學說國語以便可以和孫輩對話。語言學家洪惟仁（2002）指出「臺灣語言生態的失衡現象，並以兩個語言社會學調查數據說明華語向下擴張的事實。華語事實上已經佔領了臺灣語言社會的大半地盤，臺灣本土語言岌岌可危，可能全部為華語所消滅。」[9]

縱使近年改推行本土語言政策（如閩南語、客語和原住民語言等），媒體資源也進入，但仍無法改變或是改善國語相對其他語言是強勢語言，危及其他語言生存空間的狀態。本文所研究的「詔安客語」也一樣處在此逐漸消失狀態中。

語言除是溝通工具外，更是人類意念、思想和情感的部分，形成人格的一部分。「語言的限制，就是對我的世界的限制。世界和生命是同一的，所以對語言的限制，就是對生命限制。」[10] 在這個邏輯基礎下，任何語言的限制，就都成了對人類社會活動普遍能力的限制。

同時，語言也是文化生活的部分。從文化的主體是人民的觀點出發，語言權利自然是人民所可主張的文化權利之一。從人民的文化權利觀點下，語言權既涉及文化生活參與面向，其內在更關係著人之生命。在國家文化政策下，語言權利保障則涉及文化認同與國族形塑。然而語言雖存於生活之中，但因語言限制手段常常成為統治所用，語言也就更加脆弱，常消失於不知不覺中。限制破壞語言容易，但要找回或復興，卻要花比破壞力道更多的付出，甚而是不可得，終是不易回復的傷害浩劫。

9　根據洪惟仁對臺鐵主要車站所進行的調查研究，除部分小型車站以外，國語的使用量大於40%，臺北、桃園等北臺灣大站甚至超過60%，呈現國語有向其他地方語言（相對於國語的中、下層語言）擴張的趨勢。

10　臺灣人權促進會（1986-06-15）。「語文法與人權」座談會。《數位典藏與數位學習聯合目錄》。參閱數位典藏與數位學習國家型科技計畫官網。引自 http://catalog.digitalarchives.tw/item/00/5e/24/27.html（查詢日期：2014 年 6 月 19 日）

　　雲林縣崙背鄉「詔安客語」存於鄉下小農村，很難想像會說此客語的族群還曾經不知道自己的文化身分是什麼？說的是哪種客語？還因為口音被恥笑。不僅是少數客語，也是客語族群中的少數，因此不管是對內對外，充滿自卑感。這樣一個位於臺灣地圖一小點的「詔安客語」族群，究竟語言權利對其而言，是怎樣的文化權利的實踐可能性？這是本文所要說明與論述的。

「詔安客語」的名－文化身分的表徵與認同

　　說了好幾世代的話，竟不知道如何稱呼這語言？令人很難想像，但這是真實的事情，就發生於雲林縣崙背鄉「詔安客語」。直到 1985-86 年左右，在語言學家洪惟仁的方言調查下，才發現除四縣客語、海陸客語外，在雲林縣西螺、崙背鄉鎮還有一種將消失的「詔安客語」，並列入實地調查研究所得而精心製作的〈臺灣客家方言島消失示意圖〉之中。雲林的客語分佈在雲林北部西螺、二崙、崙背等鄉鎮，詔安話已退入家庭，社會上通行漳洲腔的鶴佬語，顯示該語言正處於消失之中（洪惟仁 1994）。經洪惟仁探查得知這是來自詔安縣的詔安腔調客語，故稱為「詔安客語」。自此後，崙背鄉的客語才知道了自己名字。從〈臺灣客家方言島消失示意圖〉意涵指出，該語言呈現如一孤立島的處境情勢。

　　事實上祖籍來自福建省漳州府詔安縣的崙背鄉詔安客家人，很早就隨著清朝漢民移臺時來到這塊土地上，詔安客家族群者一直與鶴佬人族群混雜居住。[11] 關於「詔安客語」在發音上嚴重鶴佬化，究竟是在原鄉詔安縣此閩客混居的地區就已開始，或是到臺灣以後才開始，有不同研究觀點（韋煙灶 2010）。但是，到 1985-86 年語言學家洪惟仁實地調查結果，「詔安客語」確實是在發音上嚴重鶴佬化。

11　本文取音鶴佬指涉福佬、閩南、臺語等。

　　「詔安客語」在發音上的鶴佬化，是與鶴佬人族群混雜居住互動中，自然演化而形成。根據中央研究院語言所的研究結論指出：「雲林縣崙背鄉雖是詔安客語的主要聚居地，但詔安客語居民只密集居住於港尾村、羅厝村、崙前村、西榮村、東明村、南陽村及阿勸村幾個村落而已，位於崙背鄉的東南及南部，而其他村落居民則仍以閩南語為主要語言。」（黃菊芳、蔡素娟、鄭錦全 2012：95-123）這說明崙背鄉詔安客家人與鶴佬人混居的情形。崙背鄉詔安客家人都能說流利的鶴佬話，也就是同時雙語、雙聲帶是常態，至今仍舊如此，例如在崙背鄉商業較發達的主要街道中山路或是菜市場等交易場所，經常可聽見詔安客家人和鶴佬人說鶴佬話，但一轉身和同是客家人則立即流利改說「詔安客語」。雙語之間的轉換絲毫沒有困難，都是不假思索地自然說出。在崙背鄉詔安客家人的家庭對話裡，年紀較長的老一輩，與其子女間是以「詔安客語」交談對話，但對孫輩則是多說鶴佬話。[12] 經中研院語言研究所的研究結論也指出：「家裡的長輩極少使用詔安客語與晚輩溝通，因此詔安客語仍漸漸成為弱勢語言。」（黃菊芳、蔡素娟、鄭錦全 2012：95-123）

　　在語言學家洪惟仁的方言調查發表前，在雲林縣崙背鄉這群能夠說客語的族群，因為和眾所周知的四縣客語、海陸客語等客語並不相同，二者間也無法相通交談，因此並不知道該如何跟人介紹，自己所說的客語是哪一種客語、是叫什麼名稱的客語？以作者親身經驗為例，在 1995 年作者任職於苗栗縣三義鄉公所的調解會秘書職務時，雖處於客家鄉村，但是三義鄉所說的客語和作者家鄉家裡聽到的客語不同，二者根本無法聽懂和交談。縱使 1986-88 年雲林縣崙背鄉「詔安客語」已被發表，但還不被社會大眾廣為知曉，因此，作者不知道該如何去向三義鄉的同事和朋友介紹自己家鄉的客語。而作者身旁的親友，有些還到最近才知道原來自己家中所說的和鶴佬話不一樣的話，原來是一種客語，名叫做「詔安客語」。這情

12　作者生於崙背鄉南陽村中山路，父母和爺爺奶奶都是詔安客家人。一直以來，父母和爺爺奶奶之間大多以「詔安客語」交談，父母和爺爺奶奶與作者兄弟姊妹都說鶴佬話。

臺灣客家方言島消失示意圖
1989 年洪惟仁繪

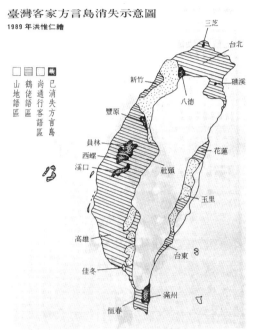

圖 8-1：臺灣客家方言島消失示意圖
（資料來源：洪惟仁。1994。消失的客
家方言島，附〈臺灣客家方言島消失示
意圖〉。臺灣方言之旅。臺北：前衛。）

形完全如語言學家洪惟仁研究指出，有些詔安客家人後代並不知道自己是
客家人，家中所說的是「詔安客語」。甚至於因為無名稱，被當地附近鶴
佬人蔑稱為「漚客仔」（漚因 au 是朽意、去聲）（洪惟仁 1994），意思指
的就是「說的是什麼客家話、算是客家話嗎？」。

　　命名此事確實關涉文化身分的表徵與認同，並且事實上，卻正是「詔
安客語」得以做為文化權利的根。當我族客語有「詔安客語」的名稱後，
就可以明確對外介紹，並且可說明這客語的文化身分，這不僅是「我是
誰？」的問題，但從自我內部，到對外關係與角色的建立，文化與認同皆
在其中。

　　對照之前，說了好幾世代的話，竟不知道如何稱呼這語言，還因此被
做為恥笑的話柄，那簡直是自卑與自尊心受損的處境，但又無語以對，無
法辯解。語言形成人格，這時的確真實呈現。

崙背鄉使用客語的族群，是自臺灣於清朝以來的移民墾荒時期就開始，歷經清治、日本殖民、臺灣光復後國民黨治、中華文化復興運動、解嚴民主化等等至今。這個小農村相應著臺灣文化史轉變過程，解嚴後，即使客家話保護議題早已被提出並受到重視，且臺灣的文化政策發展，從 1990 年代開始去中心化，也已轉向地方文化為中心，而這些完全在崙背鄉所使用客語的族群之外。因為與其他周知的桃竹苗的腔調有所不同，在詔安腔中揉雜有鶴佬腔調，語句中間參雜鶴佬話，被鄙視蔑稱「漚客仔」。使得這群使用此參雜性客語的族群，無法自覺得光榮或者是肯認所說的客語，只覺得是異數，根本無法自覺或是肯認這語言的重要性，反而努力讓小孩說國語，或是學英文，因為那才可以跟外鄉、外縣市或都市人競爭，獲得好工作與好生活，否則會被瞧不起。因此，形成老一輩的會說客語，年輕的不會說，容許詔安客語面臨滅失處境。

然透過「命名」重要文化身分的表徵與意義，建立「詔安客語」的文化身分，崙背客家人開始有客語的認同機會。加上行政院客家委員會於 2004 年成立，[13]《客家基本法》於 2010 年通過，「詔安客語」開始納入被保護的對象。後續透過相關活動，例如 2010 年是「雲林好客－詔安客家文化節」首度納入行政院客委會客庄十二大節慶之列，[14] 2011 雲林・詔安客家文化節、[15] 2012 客庄 12 大節慶－雲林・詔安客家文化節，[16] 也開始建立識別性的硬體標誌。崙背客家人開始經由「詔安客語」嘗試凝聚認同

13　行政院客家委員會法規委員會組織規程，中華民國 93 年 12 月 21 日行政院客家委員會客會人字第 09300099593 號令訂定發佈全文 11 條，並自發佈日施行。

14　2010 詔安客家文化節。參閱客家委員會官網。引自 http://www.ihakka.net/hv2010/october_1/index.html（查詢日期：2014 年 6 月 18 日）

15　2011 雲林・詔安客家文化節。參閱客家委員會官網。引自 http://www.ihakka.net/hv2010/12caci/9mon-2/1m2.html（查詢日期：2014 年 6 月 18 日）

16　2012 客庄 12 大節慶－雲林・詔安客家文化節。參閱客家委員會官網。引自 http://www.yctc.ey.gov.tw/News_Content.aspx?n=0452DF8D95158553&s=F8FE42FB4FA75CB0（查詢日期：2014 年 6 月 18 日）

感。昔日「溫客仔」詔安腔中，揉雜有鶴佬腔調，是丟臉的象徵，誰知今日，反成為族群融合的象徵，甚至被視為是保存最多古音與古意的客語。

因「詔安客語」的名稱出現後，開始「詔安客語」相關的研究，有從族群關係，例如多元族群認同（李嫦薇 2006）、詔安客家的認同（施諭靜 2003）；或從族群關係與語言研究；甚至成立客家研究中心，進行詔安客家研究的知識建構；到以文化技術展現，興建詔安客家文化館的具體實踐。

雖然有以上這些改變，但仍舊是比較停留在形式性、消耗性與消費性的活動，有關的研究和記錄也都是初步性質。實質而論，「詔安客語」的語言權利實踐，還無法突破到文化認同建立階段，而「詔安客語」使用情形仍處於逐漸減少的狀態。

雲林縣崙背鄉的歷史脈絡及文化軌跡

語言與文化可說是「脣齒相依」（李壬癸 2011：279-291）。在談論語言議題，深入語境中有關的文化自是非常重要而或不可缺少的部分。在一些有關文化人類學的深描研究中，為了能全面性建構某族群文化，通常是結合歷史、語言與考古等等研究與文獻，例如關於「Favorlangh 社會文化研究」就利用語彙資料，建構語言與認知（邱馨慧 2011）。所以，關於崙背鄉「詔安客語」議題，怎可忽略追溯昔日的歷史脈絡及文化軌跡？這正是語言與文化相連結共生之處。同時，從歷史脈絡及文化軌跡裡，才能真正深入掌握到語言的重要性與價值性。例如「溫客仔」詔安腔中，揉雜有鶴佬腔調，原是丟臉的象徵，但在追溯歷史與軌跡後，始能體會到，這腔調是來自於「詔安客語」族群在這塊土地上所經歷的族群互動關係文化軌跡，包含清代平埔族群與漢族移民墾荒之遇、漳泉移民與械鬥。於是「詔安客語」所混雜鶴佬腔調的現象，正表徵出族群相遇與融合的歷史，反而是令人珍惜的多元族群與多元語言交錯之文化意涵，而這也是目前崙背

鄉語言分佈情形，近幾年成為有關語言研究的對象（韋煙灶 2010；黃菊芳、蔡素娟、鄭錦全 2012）。

關於「詔安客語」保護與政策，本文在回顧有關研究的文獻與資料後，發現不管是政府施政、活動舉辦，或是學者的知識建構，或是「詔安客家文化館」興建，[17] 皆忽略更深入挖掘和追溯「詔安客語」的歷史脈絡及文化軌跡，似乎使得語言是脫離文化與歷史的抽離物。

在進入歷史、探詢史料前，先簡介崙背鄉。雲林縣崙背鄉位於嘉南平原，主要以農養殖牧為主，生產稻米、果菜與雞豬魚等養殖，鄰近臺灣西螺果菜批發市場，是臺灣第二大酪農專業區。[18] 全鄉分為十四個村落，人口數於 2012 年 4 月是 26,422 人，30-54 歲約 9,903 人、55-100 歲約 8,084 人，男女比率各半。[19] 崙背鄉之詔安腔的客語人數達該鄉的 39%，行政院客家委員會列為客家文化重點發展區，加強客家語言、文化與文化產業之傳承及發揚。[20] 詔安腔客語與臺灣的客家語主要的四縣腔及海陸腔，合稱「四海大平安」，四縣、海陸、大埔、饒平、詔安等次序正好呈現其族群多寡與其客語使用的強弱。雖有完整分佈區域的崙背鄉詔安腔，因為無法改善詔安客語使用的情形，隨著老人漸凋零與能說者的數量減

17　請參閱本文「詔安客語的實踐－知識的建構與文化技術的實踐」段落的內容。

18　雲林縣是農業縣，崙背鄉更是以農民居多，是典型農村型態，全鄉土地面積約五千八百公頃，其中耕地面積約佔 84%、水田佔約 87%，種植稻米、落花生與蔬果等，以苦瓜、洋香瓜做為特色農產品，另外也是有全國第二酪農專業區；民國 62 年於加速農村經濟建設政策下，設置酪農專業區，民國 91 年，酪農戶 58 戶，飼養乳牛約一萬頭，牛奶年產量數萬公噸，年產值約為五至六億元，是崙背鄉之重要產業，雲林縣崙背、斗南兩鄉鎮，平均每年產乳量四萬二千公噸，佔全國乳品供應 13%，居全國第四位主要交乳對象。

19　雲林縣崙背鄉戶政事務所官網。引自 http://lunbei.household.yunlin.gov.tw/population/population02.asp?m2=16（查詢日期：2014 年 6 月 18 日）

20　《客家基本法》第 6 條規定：「行政院客家委員會對於客家人口達三分之一以上之鄉（鎮、市、區），應列為客家文化重點發展區，加強客家語言、文化與文化產業之傳承及發揚。」依據行政院客家委員會 99 年至 100 年「全國客家人口基礎資料調查研究」，以中華民國 100 年 2 月 25 日客會字第 1000002677 號公告發佈雲林縣崙背鄉為該縣唯一的客家文化重點發展區。

少，目前也處於瀕危的狀態。[21]

一、族群互動關係下的歷史脈絡及文化軌跡

追溯歷史，崙背鄉在清代是平埔族群與漢族移民墾荒相遇的所在，在漢族移民中，是漳泉移民共處與械鬥之地，因此它呈現出多元族群與語言交錯之處，以下分別敘述。

二、族群互動關係－清代平埔族群與漢族移民墾荒之遇

崙背鄉位於雲林縣內。雲林縣位於臺灣西側的中南部，嘉南平原的最北端，東鄰南投縣，西面臺灣海峽，南與嘉義縣以北港溪為界，北以濁水溪與彰化縣相隔，另三面分別與麥寮、褒忠、二崙等鄉相鄰。

從地理位置言，崙背鄉是位於濁水溪沖積扇區域，可以說開發得很早，不管是原住民或是漢人移入開墾。因此，崙背此地在清代即有平埔族群與漢族移民墾荒之遇。在關於以清代雲林地區平埔族群的研究中，指出清代漢人移民於雲林地區的開發最晚在乾隆末年就已墾殖完成，其中早期的開墾，集中於斗六丘陵和濁水溪沖積扇，此二地域正好已是早在此地居住的平埔族群的生存空間，當漢人開墾殆盡時，墾殖者以土地買賣方式伸向平埔族群，由此可看出漢人與平埔族群間的消長關係。[22] 故而清代時的崙背鄉位處於濁水溪沖積扇區域，於是上演著清代平埔族群與漢族移民墾荒之族群互動關係。臺灣島上，早於漢人來臺拓墾移民前，早已存在不

21　臺灣早期閩南語為強勢，很高比例客家人因環境因素而能聽解閩語，甚至完全閩南語化。臺灣光復後因推行國語政策之故，導致臺灣客語文化面臨空前流失。據中華民國客家委員會於2004 年所做之調查，30 歲以下年輕客家人有三成能聽解客語，而僅一成可流利使用；在家庭語言方面，30 歲以下約有 60% 使用國語、20% 使用臺灣閩南語、未滿 10% 使用臺灣客家語（黃宣範 1993）。依據作者個人家庭為例，原本爺爺奶奶與父母皆是詔安客家人，但目前只剩 70 歲以上的父母會說，40 歲以上的只會聽客語但不會說，20 歲以下只會說國語，閩語、客語不會聽也不會說。

同文化語言與部落認同的原住民族群居住，從宜蘭、基隆到恆春等地臺灣西海岸的平原地帶，一般稱平地原住民為「平埔族群」。清代是中國華南地區漢人移民開發臺灣的關鍵時期，整個清代的臺灣社會，可以說是漢人與原住民族群相互接觸與變動時期，漢人社會如何從移民社會到在地化的轉變，而原住民族群產生遷移或隱藏的文化變動時期，可以說是族群角色關係的轉換與消長，漢人逐漸成為社會的主導。

　　雲林地區平埔族社群，約有他里霧社、猴悶社、柴里社、貓兒干社、[23] 南社、西螺社等，其中貓兒干社、南社、西螺社位於濁水溪沖積扇地域。雲林地區早在漢人未開墾前，屬於濁水溪沖積扇地域的平埔族社群的貓兒干社，[24] 即已生活於現今崙背鄉內的豐榮村。在 1661 年（永曆十五年）鄭成功分兵屯田中的相關測量土地之文獻中已記載到貓兒干，康熙五十六年（1717）的諸羅縣誌稱「麻芝干社」。貓兒干社與漢人產生互動，並有土地買賣事件，如乾隆二年（1737）貓兒干社把土地賣給張振聲，[25] 學者認為雲林地區平埔族群賣斷土地的事件，時間點約是乾隆年間，此時漢人大約已把無主荒地開墾盡，所以轉從原住民平埔社群的貓兒干社買地。清代官府對於平埔族群的土地管理，法律上准許原住民可以

22　中央研究院民族學研究所「平埔文化資訊網」區域歷史與族族：清代雲林地區平埔族群討論。參閱中央研究院民族學研究所數位典藏官網。引自 http://www.ianthro.tw/p/112（查詢日期：2014 年 6 月 18 日）

23　關於「貓兒干社」用語有時有不同：在臺灣府志（蔣）（1685）稱「貓兒干社」，臺灣府志（高）（1695）稱「麻芝干社」，諸羅縣志（1717）稱「麻芝干社」，黃叔璥《臺海使槎錄》亦以「貓兒干社」做「麻芝干社」。

24　中央研究院民族學研究所「平埔文化資訊網」區域歷史與族族：清代雲林地區平埔族群討論。參閱中央研究院民族學研究所數位典藏官網。引自 http://www.ianthro.tw/p/112（查詢日期：2014 年 6 月 18 日）關於雲林地區之平埔社群，首先就方志中的記載加以整理，可看出雲林地區平埔族社群包括他里霧社、猴悶社、柴里社、貓兒干社、南社、西螺社等，其中他里霧社、猴悶社、柴里社為斗六丘陵地域之社群，屬於濁水溪沖積扇地域之社群則有貓兒干社、南社、西螺社。

25　同上註。乾隆二年（1737）貓兒干社將其草地一所（其址在今崙背）賣與張振聲，其地之中並有十五甲曾經眾番公議睰與張方致，契約字見臨時臺灣土地調查局：《清代臺灣大租調查書》（臺北：臺銀文叢本，1963），頁 333-334。

將土地租給漢人，但不允許漢人私下買斷或侵佔平埔族土地。[26] 或因原住民無力務農，加上生存競爭，生活產生困難，所以賣地遷移他處，如貓兒干社有些遷往埔里。[27] 清康熙時的巡臺御史黃叔璥所著《臺海使槎錄》，[28] 卷五〈番俗六考〉中記載的北路諸羅番三，載有「東螺、貓兒干間有讀書識字之番，有能背誦毛詩者，口齒頗真；往來牌票，亦能句讀。」

　　現今崙背鄉內的豐榮村，即清代時的平埔族群之貓兒干社所在，依據史料所呈現，在貓兒干社與漢人間土地買賣事件，以及貓兒干間有讀書識字的平埔族群之人，能背誦詩詞，也能識讀往來的牌票，說明清代平埔族群與漢族移民墾荒之遇的事實。另外，在崙背鄉的水汴頭社區，依據當地耆老說法，祖先們移居落戶到雲林崙背等地後，經常遭到平埔族的襲擊，故設隘寮阻絕入侵，保護開墾的居民以及聚落安全。於 2010 年詔安客家文化節選擇以「水汴頭的隘丁寮燈火節」做為開幕活動，特為懷古之意。[29]

26　同上註。可以出租。雍正二年有「各番鹿場閒曠地方可以墾種者，令地方官曉諭，聽各番租與民人耕種。」《清會典臺灣事例》（臺北：臺銀文叢本，1996），頁 43。但不能賣斷土地：「內地民人如有私買番地者，告發之日，將田歸番。」《清會典臺灣事例》（臺北：臺銀文叢本，1996），頁 44。

27　同上註。平埔族群仍然杜賣其土地，如道光五年（1825），東螺、阿束、北投、貓兒干社社番已遷往埔里後，仍因「四社番親窮苦靡常，情慘萬狀無奈」，臨時臺灣舊慣調查會：《臺灣私法物權篇》（臺北：臺銀文叢本，1963），頁 1145-1146。邱正略。1992。〈清代臺灣中研平埔族遷移埔里拓墾之研究〉，臺中：東海大學歷史研究所碩士論文，頁 311-316。

28　《臺海使槎錄》為清巡臺御史黃叔璥所著。1722 年（康熙六十一年），黃叔璥抵臺後巡行考察各地。全書 8 卷分三部分：〈赤嵌筆談〉（第一卷至第四卷）、〈番俗六考〉（第五卷至第七卷）、〈番俗雜記〉（第八卷）。採「風土志」的形式，凡敘述一地事物時，首先描述該地的地理形勢與特殊物產，接著記述該地的歷史淵源、社會風俗與政治軍事狀況，也就是透過對地理的描述，達到對一地整體環境的綜合通觀。其中〈番俗六考〉、〈番俗雜記〉、〈番社雜詠〉詳細記錄臺灣平埔族的歷史文化與生活方式，為臺灣史上研究平埔族所不可或缺的珍貴文獻。參閱臺灣大百科官網。引自 http://taiwanpedia.culture.tw/web/content?ID=7462（查詢日期：2014 年 6 月 14 日）

29　2010 客庄十二大節慶，十月 in 雲林。詔安客家文化節。參閱客家委員會官網。引自 http://www.ihakka.net/hv2010/october_1/index.html（查詢日期：2014 年 6 月 18 日）

三、族群互動關係－漳泉移民與械鬥

　　清代漢人到臺灣地方開墾是南而北，西部較東部為先，到乾隆五十四年拓展方向已由南部轉中、北部，在康熙末年已越過濁水溪以北。康熙《諸羅縣志》記載：「於是康熙四十三年已漸過斗六門以北矣。自四十九年…又見過半線（今彰化市附近）、大肚溪以北矣。」[30] 康熙末年因諸羅縣移民大量增加，諸羅縣地區快速開發，於是在諸羅縣內新設彰化縣及淡水廳。雍正元年（1723）彰化正式設縣，此時虎尾溪北至大甲溪南一帶改隸彰化縣，西螺、二崙、崙背三鄉鎮屬彰化縣管轄，分稱西螺堡（西螺）、布嶼堡（含二崙、崙背）。直到劉銘傳建議將臺灣設省，光緒十一年（1885）四月臺灣建省在中部地區新設臺灣府，舊臺灣府改為臺南府，將彰化縣東北地區一帶增設臺灣縣及苗栗縣，虎尾溪北一帶新設雲林縣，西螺、二崙、崙背地區脫離彰化縣改隸雲林縣，分稱西螺堡、布嶼東堡（二崙）、布嶼西堡（崙背）。

　　從以上可以知道，崙背鄉於清康熙年間開始有漢人移入開墾，而這些漢人以漳州人與泉州人為主，並產生漳泉械鬥之事，長期在此環境下，故有素以武術聞名的「西螺七欠」（又稱西螺七嵌）產生（廖良元 2009；李雪溱 2008）。三百多年前，移民來臺灣的詔安客祖先以七條箴規為序，將分居二十五個聚落的族人，畫分為七個大部落，人稱七崁，雲林港尾人則稱為西螺七欠。西螺七欠分佈的區域在現今雲林縣西螺鎮、二崙鄉、崙背鄉及土庫鎮，即目前濁水溪及新虎尾溪流域一帶，為因應盜賊、民變與械鬥等等，並在清朝官方亦鼓勵鄉民地方自行設團練武下，因此，鄉民利用農閒時進行練武，此為西螺七欠武術發展的原因。

　　崙背鄉在清代是平埔族群與漢族移民墾荒相遇的所在，而在漢族移民中，漳州人與泉州人移入開墾，除械鬥外，尚有因為所使用語言的不同，

30　周鍾瑄、陳夢林編修。1962。《諸羅縣志》，卷七。〈兵防志〉。臺灣文獻叢刊第 141 種。頁　110-112。臺北：臺灣銀行經濟研究室。

使崙背鄉地區，呈現豐富的語言使用的情形，而今更成為族群關係與語言
的學術研究對象。

詔安客語的實踐－知識的建構與文化技術的實踐

一、崙背鄉「詔安客語」有關研究

最早關於崙背鄉「詔安客語」記錄與研究，是語言學家洪惟仁在臺灣
南部所進行的方言調查工作中發現雲林縣二崙、崙背也有客家庄，該客語
和桃竹苗的客語完全不同，屬於詔安腔，並調查了一位詔安客後裔 31 歲
任職虎尾中學的李紀瑩老師任發音人，記錄近一百個客語詞彙，於 1988
年發表有關文章於《客家風雲》刊物。[31]

關於詔安客語與閩南語混用，甚而於語言混同的現象，有分別從音韻
的方向研究，亦有從族群互動發展的觀點出發，亦有探討該語言混同音韻
現象是後來移民後在族群互動後才發生，或是於原鄉已帶此特殊雙語使用
現象。

陳秀琪（2002）、廖列震（2004）、張光宇（2004）等人針對詔安客語
的音韻進行研究，研究除指出詔安客語中帶有閩南腔的現象與實證，同時
此部分的研究，亦被定位於補足客家話研究在閩南地區的缺口，閩南客家

31　雲林的客語分布在雲林北部西螺、二崙、崙背等鄉鎮，詔安話在此地已退入家庭，社會上
　　通行漳洲腔的鶴佬語。本方言發音人是虎尾中學李紀瑩老師，31 歲，崙背客家人，祖籍詔
　　安。李老師屬年輕一代，其發音已嚴重鶴佬化，齒音和齒上音不分，和下述八德鄉的詔安客
　　語比較，有簡化的傾向，不但聲母簡化，聲調也簡化。「臺灣詔安話地特色是入聲 -k 完全消
　　失，V- 聲母變成鶴佬語的 b-，聲調和鶴佬語一樣，有豐富的變調，並且輕聲和鶴佬語一樣
　　非常發達，詞彙受到鶴佬化更深刻影響。」、「雲林縣北部西螺、二崙、崙背一代也有一些漳
　　潮客，莿桐鄉有個村叫饒平，顯示是個潮州客家村。」這個客家區被當地鶴佬人稱為「漚客
　　仔」（漚因 au 是朽意、去聲）但客家話在這個地方已退入家庭，筆者調查了一位詔安客後裔
　　31 歲的李紀瑩老師，她仍會說詔安客語，但不完全。她的父親從小一直叮嚀他們再加一定
　　要講客家話，所以她的客語說得還不錯。但現在連鶴佬語在國語的威脅下都已不保，相信客
　　語在她這一代大概無法繼續傳下去（洪惟仁 1994：188-189）。

話的研究，豐富客家話在漢語語音史研究的地位。同時，行政院客家委員會也正積極編制《臺灣詔安客家語辭典》。廖偉成（2010）則近一步從語言之介詞研究面向，分析詔安客語的特殊介詞，並與華語及閩南語做語音及語法特徵的比較。詔安客語介詞的特點主要有：1. 介詞數量相對較華語少。2. 單個介詞擔負多個語法功能。3. 在頻繁的語言接觸中，詔安客語的介詞更帶有閩南話的特色。

頗值得關注的是，雲林縣崙背鄉客家話分佈成為學術研究對象，顯示崙背鄉客家話分佈具有一定意義性。於科際整合下，利用衛星定位新科技與結合質性的訪談方法，與結合先進的地理資訊系統、航空照片，開展語言學習新的研究方向，探究在「地區變體」與「社會變體」變化快速下地方方言的互動與轉變。其中，關於「臺灣雲林縣崙背鄉客家話分佈微觀」所進行田野調查的研究，以語言地理資訊系統的建構為模型，以雲林縣閩客雜居的崙背鄉做為目標，研究閩南語及客家話的互動，繪製該區的語言地圖；以衛星定位訪談地點，或以 ArcView 軟體開啟已向量化的航照圖找出受訪者住家位置，點選取得該處地理座標，匯入 ArcView 軟體，製作成以家庭為單位的語言分佈地圖。該研究田野調查成果顯示，崙背鄉近四成人口使用詔安客語，集中在東南部，與東邊的二崙鄉詔安客語使用村落相鄰（黃菊芳、蔡素娟、鄭錦全 2012），該研究利用地理資訊，配合以家庭為單位的語言微觀分佈調查，建置閩客語語言分佈地理資訊系統，是語言研究的重要資源。

另外，洪惟仁（2007）的〈崙背鄉語言分佈圖〉顯示崙背鄉西部為「閩語泉州腔」、崙背鄉東北部為「閩語漳州腔」、崙背鄉東南部為「詔安客家話」。韋煙灶（2010）則利用居民祖籍與地方公廟祭祀圈的調查成果，並對照語言學者的研究成果，對於崙背鄉「雙語現象」，使用此雙語之「雙語族群」，是後來移民後在族群互動後才發生，或是於原鄉已帶此特殊雙語使用現象進行研究。其認為此來自詔安移民，於原鄉已是具備閩、客雙語能力，而非純粹只操客家語，故而在詮釋雲林縣二崙及崙背兩

地祖籍詔安二都移民裔在原鄉與新鄉均具有多元族群文化特質，以及雙語溝通能力，宜以更寬廣的視野來討論其族群屬性。

二、詔安客家研究知識的建構－國立雲林科技大學客家研究中心設立

臺灣中部地區相關客家研究而成立的學術研究中心，於 2007 年成立。特別關注於雲林縣境內的詔安客家族群，因為此區域是目前臺灣地區人數最多且客語保留完整的詔安客家族群。研究中心成立宗旨是為促進中部地區客家研究知識體系之發展、充實中部地區客家學術研究的內容。

該中心定期舉辦詔安客家學術研討會，以「2013 詔安客家學術研討會」為例，分別邀集研究者對詔安客家的生活、詔安客家的信仰、詔安客家的開墾、詔安客家的語言等面向，進行研究與學術發表。[32] 從 2007 年開始進行持續性的調查研究，積累詔安客家基礎文化知識，生產詔安客家知識，除了將相關成果數位化外，還曾計畫利用現代性文化園區與生態博物館繼續實踐與生產。經由研究中心的相關詔安客家計畫成果，整理如下表。[33]

---

[32] 雲林科技大學客家研究中心「2013 詔安客家學術研討會」審查結果公告。參閱雲林科技大學客家研究中心官網。引自 http://admin2.yuntech.edu.tw/~ehx/（查詢日期：2014 年 6 月 12 日）為能吸引更多新生代學員投入詔安客家之研究領域，增進更多詔安客家研究者可以協助推動詔安客家研究，本校特籌備舉辦「2013 詔安客家學術研討會」，網羅國內客家相關系所之學員前來參與，藉由邀請專家學者分享詔安客家研究成果與心得、安排田野調查與研究議題交流討論，讓參與的學生能更加瞭解詔安客家文化，進而投入詔安客家研究，以達到研究能量永續與傳承目的。

[33] 雲林科技大學客家研究中心研究計畫公告。參閱雲林科技大學客家研究中心官網。引自 http://admin2.yuntech.edu.tw/~ehx/（查詢日期：2014 年 6 月 12 日）

表 8-1　雲林科技大學客家研究中心 2007-2013 研究計畫與成果表

年度	研究計畫與成果	主要內容
2007 | 2009	1. 七欠武術流派分佈普查與流變研究	七欠武術的根源與流變。
	2. 雲林縣詔安客家聚落舊地名源由考	地名文獻考察、田野調查、詔安客語之發音與墾殖歷史、鄉土課程之教材。
	3. 雲林縣詔安客家地區合院民居軒亭形式之研究	比較研究、營建構造、與營建文化等，建築之多元性。
	4. 雲林縣客家二次移民之研究	二次移民客家聚落文化軌跡。
	5.「96-97 年度客家文化生活環境營造計畫南區督導團」	行政院客家委員會委託案。建構專案督導。
	6. 歡迎大家來做客－開設本校客家文化通識課程	培訓一批對客家文化有興趣的學生、研究生投入雲林客家的研究行列。
	7. 雲林客家走透透－雲林客家地圖普查	客家族群基礎普查，做為日後各種發展之用。
	8. 雲林好客－詔安客家文化園區先期基礎調查	詔安客家環境、人文歷史、語言、相關計畫等。
2010	1. 詔安客家研究群：客（ㄎㄚ）人（ㄫㄧㄥˋ）講（ㄍㄨㄥˇ）客（ㄎㄚ）事（ㄙㄨ）－詔安客家研究論壇	網羅現有詔安客家研究學者、詔安客家地方文史工作者、他校客家研究學者、校內客家研究成果等四大對象進行交流討論，協助推動詔安客家研究。
	2. 雲林縣詔安客家聚落空間結構之研究	詔安客家聚落空間之構成元素與組織紋理，保存與推廣詔安客家建築、聚落空間結構。
	3. 雲林縣詔安客家潛力產業之調查研究	客家經濟產業與生態環境、社會文化之間的關連性，以此觀念檢視在地化產業在全球化經濟體系之間（local vs. global）的互動與對話，並企圖為詔安客家的產業找出新一波經濟轉型的契機與途徑。

年度	研究計畫與成果	主要內容
2011	1. 世代對話－詔安客家研究經驗分享與傳承	啟迪學生瞭解詔安客家文化，進而投入詔安客家研究。
	2. 七欠武術數位化輔助教學之研發	數位化，開發成武術產業及客家文化潛力商品。
	3. 雲林縣詔安客家聚落文化生活圈研究	對聚落生活有關工作、居住、就學、購物、休閒、醫療、信仰等日常生活與社經活動的影響範圍進行分析研究，藉由文化生活圈之觀念瞭解各聚落之功能、關係與角色，進而探討詔安聚落之間的組織關係，做為未來進行詔安客家聚落文化保存與發展之參考。
	4. 雲林縣詔安客家文化衍生商品之發展策略研究	藉由詔安客家衍生性產品研發的過程，以及經過詔安客家潛力產業的獨特性標舉、產業文化化、產業展示化的過程，或可啟發詔安客家潛力產業的另類發展。
2012	1. 2012詔安客家學術研討會	瞭解詔安客家文化，進而深化詔客的研究成果。
	2. 臺灣客家文化館舍展示概念、內容與手法的差異比較分析	從臺灣78處客家文化館舍，以北、中、南及東部挑出具代表性的大、中、小型館之客家文化館舍，針對其展示概念與內容、手法，作一差異比較分析，並瞭解公部門、企業團體與民間力量對客家文化館舍之規畫與經營的強弱差異，提供未來客家文化館舍展示定位與目標的相關建議。
	3. 雲林科技大學購置客家圖書館藏計畫	豐富客家研究資料。
2013	1. 2013詔安客家學術研討會	研究能量永續與傳承。
	2. 香花僧在北雲林詔安客家區－香花和尚喪葬科儀傳統與變遷	完整記錄詔安人獨特的送葬禮俗文化，以及執行此項傳統之儀式專家的派別、發展與變遷，並凸顯此項詔安客家文化的重要性。

　　從 2007 年到 2013 年，可看見為數不少的研究計畫執行，因此產生相當多的研究成果，試圖對詔安客家研究產生知識建構，使詔安客家知識成為學術範疇，欲使詔安客家知識更深化，產生傳承效應外，亦企圖帶動崙背詔安客族群的身分認同。該研究中心也進行教育與交流的課程，例如「歡迎大家來作客－開設雲林客家踏查通識課程」的開課，想使崙背詔安客家人得以認識自己，也經由課程的開設，讓別人也認識崙背詔安客家人。[34]

　　雲林科技大學客家研究中心對於詔安客家建構豐富性的知識，持續投入田野調查與研究，想找回詔安客家所遺失的記憶，並且記錄和保存。另外學術研討會、研究計畫成果、教育、交流及相關課程的開設，為詔安客家保護踏出第一步外，更企圖嘗試文化意義的再生產，使詔安客家環境、身分認同與知識生產三者間，經由交流而產生相互建構的循環共生模式。也就是不僅停留於學術知識層面，更計畫利用這些成果籌建詔安客家文化園區，利用現代性的方式，嘗試近一步達到實踐性效力的面向。但無奈最後所興建是「詔安客家文化館」的單一建物，甚至硬體建設與雲林科技大學客家研究中心多年所累積的成果完全無關聯性，也就是「詔安客家文化館」另外獨立進行。因此，雲林科技大學客家研究中心所預設的文化意義的生產和詔安客家環境、身分認同與知識生產等四者之交流而互相建構的模式，完全落空。目前呈現的是雲林科技大學客家研究中心與「詔安客家文化館」是各自分別而無交流連結的分離關係。

三、現代性之文化技術的實踐

　　雲林科技大學客家研究中心曾受雲林縣政府委託辦理，於 2007 年開始「雲林好客－詔安客家文化園區先期基礎調查」計畫，調查範圍為雲林

34　同上註。

縣詔安客家聚落的分佈地區（西螺鎮、二崙鄉、崙背鄉），針對環境、人文歷史、語言、相關計畫等各項軟硬體做基礎調查，原本計畫是利用調查成果，針對詔安客家文化園區提出相關規劃與營運的建議。但最後定案興建的是一棟「詔安客家文化館」建物，完全與研究計畫無關且斷裂。

　　雲林科技大學客家研究中心所進行的研究計畫，就是相關於日後籌建詔安客家文物館、或是詔安客家文化園區之基礎性研究計畫的執行。研究計畫的主持人曾發表〈詔安客的自我描繪與建構－詔安客家文化生態博物館的萌生與實踐〉文章，交代最初構想是籌建詔安客家園區，但中間有所轉折，轉變為實體博物館到生態博物館的發展過程。也委婉指出研究計畫是以「詔安客園區」為主軸，而「詔安客生態博物館」只是「副產品」，因此「詔安客生態博物館」僅是綱要性的構想，內容並不完整，也沒有具體的執行方法與執行期程。然而，中央與地方政府卻是比較想推動「詔安客生態博物館」，於是產生了受委託之學術研究團隊的研究成果意見與委

圖 8-2：詔安客家文化館（資料來源：作者自行拍攝）。

託者即中央與地方政府二者意見想法歧異。（黃衍明 2012：167-181）。

　　然而上面所提到「詔安客家文化園區」或是「詔安客生態博物館」規畫都未能落實。最後是蓋一棟「詔安客家文化館」建物，與原先委託「雲林好客—詔安客家文化園區先期基礎調查」規劃完全是無關的兩件事，而雲林科技大學客家研究中心與「詔安客家文化館」也呈現各自分別而無交流連結的分離關係。資源與成果無法集結與整合成為共同努力的力量，使得更難以成事。目前已投入多年的資源與研究的雲林科技大學客家研究中心，仍舊只能停留在學術研究範疇，無法連結到詔安客家在地的能量，產生知識研究與社會實踐無法連結，因此有關詔安客家的知識也只能是一篇篇的學術發表和報表上的成果。導致文化意義的生產和詔安客家環境、身分認同與知識生產等四者間之交流與互建構的模式，完全落空。

結論

　　關於崙背鄉「詔安客語」面臨消失，而其語言文化權利實踐的困境，本文認為可分為三個面向來討論：首先是官方語言政策，其次是崙背鄉「詔安客語」族群自我的態度，最後應注意語言與歷史脈絡及文化軌跡之間的關係。

一、官方語言政策的檢視

　　崙背鄉「詔安客語」案例顯示，在經過官方國語運動與政策下，強勢的國語已迫使「詔安客語」成為語言孤島，步入消失的命運。雖然政府與學術界開始予以關注並投入資源，但是這些關注與投入，一方面顯示政府對語言政策的無視與忽略，流於短暫性與活動消費性的行政補助，並無助於受迫害而已逐漸滅失的語言生機。從崙背鄉「詔安客語」觀看，臺灣的語言政策根本未曾注意深化「詔安客語」的語言活力與復興的面向。語言

學習深受語言活力的影響，強者愈強，弱者愈弱，缺乏超越強者語言的誘因下，弱勢族群常放棄母語，轉向優勢語言。因此對於語言活力低的族群，較積極的作法應盡可能擴充母語在各領域的使用，除家庭中使用外，包括學校、家庭與社區三者關聯性建立的語言復興（黃宣範 1993：124-169；施正鋒 2003：35）。

　　語言政策約有四種可能性動機，包括同化（assimilation）、多元（pluralism）、本土化、國際化。同化語言政策將使非主流的弱勢族群語言死亡。多元語言政策承認各種語言的地位，予弱勢族群語言官方地位，各族群得以維繫其母語的權利。不同語言政策顯示出官方深層的意識形態與價值觀點，此對於非主流的弱勢族群語言的命運具有決定性影響（施正鋒 2003：33）。

　　國內關於語言研究結果皆指出，在經過官方國語運動與政策，所採取的同化（assimilation）語言政策下，國語已經成為強勢語言的狀態，壓縮其他弱勢語言的使用與生存空間，國語因此成為臺灣的優勢語言，其他弱勢語言多已退入家庭，甚至於消失（洪惟仁 1994；黃宣範 1993：124-169；施正鋒 2003：35）。曾經客家族群發起的 1988 年「1228 還我母語運動」就記錄著弱勢語言的怒吼。[35]

　　在 1988 年「1228 還我母語運動」提出語言平等議題，之後客家委員會成立與《客家文化基本法》的制定下，崙背鄉「詔安客語」或可得到政府關注，但不管是中央客家委員會或是地方政府的文化施政中，有關經費挹注於相關學術研究與計畫執行，不斷舉辦各式活動。但檢視這些活動與執行，並未注意到如何提升崙背鄉「詔安客語」語族活力的面向。也就是在影響語族活力三個因素：1. 經濟社會地位；2. 人口（數量、比例、分佈、移出、移入、出生率、通婚）；3. 制度的支持（指族群、語言在學

35　客家人還我母語運動乃是因為 1988 年 5 月行政院新聞局《公共電視設立方案》，制定開播「國語」和「臺灣閩南語」的雙語節目政策，卻忽視使用客家語，促使「客家權益促進會」的成立並催化同年 1228 還我母語大遊行。

校、行政機關、法院、教會、電視台等勢力），這些面向（黃宣範 1993：
124-169）並未被嘗試施作於崙背鄉「詔安客語」。

　　崙背鄉「詔安客語」逐漸退入家庭，家庭中也多充斥國語。而家庭領
域正是母語保存的最後一道防線，要是強勢語言入侵到家庭領域，那就是
表示母語流失的情形嚴重。崙背鄉「詔安客語」家庭不乏質疑學客語有什
麼用？父母親多傾向鼓勵小孩學習國語和外語，以增加競爭力。在此之
下，從衡量語言活力的幾個互為關連的指標：1. 比較就學前後學會的語言
與長大以後所學會的語言。2. 父母親傳承母語給下一代的程度。3. 不同族
群相互學習對方語言。4. 語言使用的情境是否衰退或擴張（黃宣範 1993：
124-169）。應該關注的面向是崙背鄉「詔安客語」語言活力，及從學校、
家庭與社區的進行「詔安客語」語言復興，啟動「詔安客語」生機。[36]

二、崙背鄉「詔安客語」族群自我的態度

　　從語言文化權利核心為文化培力（cultural empowerment）理念的觀
點，觀察崙背鄉「詔安客語」的文化權利實踐，顯示出其最大的困境是長
期以來隱藏所形成的自卑，產生嚴重的「內外部認同」問題。「因長久生
存在鶴佬族群中，詔安客家人隱瞞身分，長期下來，多數遺忘客家身分，
出現嚴重的「內部認同」問題，同時詔安客語與為數較多的粵系客家使用
不同的客語、不同的生活文化，為非主流客家族群，故亦有嚴重的『外部
認同』問題。」（黃衍明 2012：167-181）所以如何激發與誘發對自我的詔
安客語文化身分認同與能力，例如以詔安客語來參與、實踐等，找回「詔
安客語」的文化認同，才是詔安客語重要的扎根工作。

36　目前只有雲林縣崙背鄉東興國民小學特別進行詔安客語的教學，並且在校園中鼓勵老師、
　　學生可以用詔安客語交談。請參閱雲林縣東興國小客語生活學校暨臺灣母語日網頁。引自
　　http://163.27.202.136/098myday/（查詢日期：2014 年 7 月 8 日）

　　一方面，政府在政策與法規上，既然要挽救面臨滅失的詔安客語，就需規劃有關的語言政策，搶救詔安客語的語言活力。至於以現代文化技術之「詔安客家文化館」單一建物，以展示或是舉辦活動等方式，恐怕無法深耕詔安客語的復興，亦無助於詔安客語的流失。

　　但同時，重要的是「詔安客語」族群自我對於語言的態度。從國際上有關的語言實踐的案例，都是需要該族群自我意識並肯認語言的價值和意義，並且不斷努力挽救即將消失的語言，這在北歐斯堪地那維亞半島的薩米人（Sami）的語言文化權利的實踐（Magga 1998: 7-84）或是德國的少數族群索勃人爭取語言權利（蔡芬芳 2002：239-294）等案例都得到印證。有關研究也都指出族群自我對於語言的態度，對於語言的復興與使用非常重要（黃宣範 1993；施正鋒 2003）。

三、語言與歷史脈絡及文化軌跡

　　語言權利涉及文化體性、身分與認同的建立，因此語言不僅僅只是溝通工具，其內涵是文化，與文化是「脣齒相依」，所以不應是被抽離文化而斷裂。因此，語言權利的實踐，必須是根基於深層的歷史與文化脈絡之下，一方面可彰顯其價值所在，語言才不會只落入溝通的工具性，而可以和文化互生共存的結構，也才可實踐文化權利的內涵與意義。關於深入追溯崙背鄉的歷史脈絡及文化軌跡，這部分是目前官方對於崙背鄉「詔安客語」的語言政策及有關的知識建構所未注意到的。

參・考・書・目

Bourdieu, Pierre. 1984a. Introduction. *Distinction: A Social Critique of the Judgment of Taste*, 1-8. Harvard University Press.

Bourdieu, Pierre. 1984b. Outline of a Theory of Art Perception. *The Field of Cultural Production: Essays on Art and Literature*. Columbia University Press.

Bucholtz, Mary & Hall, Kira. 2008. Language and identity (369-394). In Alessandro Duranti (ed.), *A Companion to Linguistic Anthropology*. Oxford, Blackwell.

Diamond, J. M. 2000. Taiwan's gift to the world. *Nature*, 403: 709-710.

Gray, R. D. & Jordan, F. M. 2000. Language trees support the express-train sequence of Austronesian expansion. *Nature*, 403: 1052-1055.

Mowbray, Jacqueline. 2012. *Linguistic Justice: International Law and Language Policy*. Oxford University Press.

Magga, Ole Henrik. 1998. Cultural rights and indigenous peoples: the Sami experience (76-84), In UNESCO (ed.), *World culture repor: Culture, diversity and markets*. Paris.

Tylor, Edward Burnett. 1903. *Primitive culture*. London. First Published in 1871.

Williams, Raymond. 1958. Culture is Ordinary. In Ben Highmore (ed.), *The Everyday Life Reader*. London, Routledge, 2002.

Lewis, Jeff。邱誌勇、許夢芸譯。2006。〈語言與文化：從結構主義到後結構主義〉。《文化研究的基礎》。臺北：韋伯。頁 187-241。

Levi-strauss, Claude。王志明譯。1989。《憂鬱的熱帶》。臺北：聯經。

Wilcken, Patrick。梁永安譯。2012。《李維史陀：實驗室裡的詩人》。臺北：衛城。

丁元亨。2002。《歐洲整合與歐盟語言政策》。臺北：客家委員會。

李壬癸。2011。〈對於原住民母語教學應有的一些認識〉《台灣南島民族的族群與遷徙》。臺北：前衛。頁 279-291。

李媏薇。2006。〈從多元文化看臺灣詔安客的族群認同－以雲林縣崙背鄉詔安客為例〉。嘉義：南華大學教育社會學研究所碩士論文。

李雪溱。2008。〈西螺七欠發展之研究〉。雲林：雲林科技大學文化資產維護系碩士論文。

施諭靜。2003。〈此客非彼客？－從詔安客家的認同行動談起〉。雲林：雲林科技大學文化資產維護系研究所碩士論文。

施正鋒主編。2002。《語言政策研究：語言權利法典》。臺北：客家委員會。

施正鋒主編。2002。《各國語言政策學術研討會論文集》。臺北：客家委員會。

施正鋒主編。2003。《語言政策的概念架構、以及相關理論・語言政策及制定『語言公平法』之研究》。臺北：客家委員會。

洪惟仁。1994。〈消失的客家方言島，附〈臺灣客家方言島消失示意圖〉〉。《臺灣方言之旅》。臺北：前衛。

洪惟仁。1988a。〈消失的客家方言島，附〈臺灣客家方言島消失示意圖〉〉。《客家風雲》，3: 13-17。

洪惟仁。1988b。〈簡介臺灣長樂及詔安客話－記五個衰亡的客家方言島〉。《客家風雲》，5: 40-44。

邱馨慧。2011。〈十七世紀臺灣原住民社會文化研究－以 Siraya 與 Favorlangh 為例〉。國科會專題研究計畫（計畫編號 NSC 99-2410-H-007-033）。

韋煙灶。2010。〈雲林縣崙背地區族群與語言分佈的空間關係之探討〉。臺灣語言文化分佈與族群遷徙工作坊臺中場研討會，國立臺中教育大學舉辦。

索德爾（Saussure, Ferdinand de）。1985。《普通語言學教程》。臺北：弘文館。

陳其南。2010。〈從〈台灣獻給世界的禮物〉說起〉。《當代》。243(4)。

陳其南。2011。〈語言是台灣獻給世界的禮物〉。《自由時報》。

陳秀琪。2002a。〈臺灣漳州客家話的研究－以詔安話為代表〉。新竹：國立新竹師範學院臺灣語言與語文教育研究所碩士論文。

陳秀琪。2002b。〈語言接觸下的方言變遷－以臺灣的詔安客家話為例〉。第二屆漢語方言小型研討會。《中央研究院語言學研究所語言暨語言學客語專刊》，7.2: 417-434。

黃菊芳、蔡素娟、鄭錦全。2012。〈臺灣雲林縣崙背鄉客家話分佈微觀・語言時空變異微觀〉。《語言暨語言學專刊系列之四十九》。中央研究院語言學研究所。

黃衍明。2012。〈詔安客的自我描繪與建構－詔安客家文化生態博物館的萌生與實踐〉。《博物館學季刊》，26(4): 167-181

黃宣範。1993。《方言語國語的生態關係 • 語言、社會與族群意識－臺灣語言社會研究》。臺北：文鶴。

張光宇。2004。〈臺灣詔安客家話比較研究〉。行政院客家委員會獎助客家學術研究九十三年度計畫成果報告。

蔡芬芳。2002。〈德國語言政策－以索勃人為例〉。《各國語言政策學術研討會論文集》。臺北：客家委員會。頁 239-294。

廖良元。2009。《七欠足拓》。雲林縣：港尾社區發展協會、港尾順天宮發行。

廖列震。2004。〈雲林縣崙背地區詔安客話音韻研究〉。臺北：臺北市立師範學院應用語言文學研究所碩士論文。

廖偉成。2010。〈臺灣詔安客語介詞研究－以雲林縣崙背地區為例〉。桃園：國立中央大學客家語文研究所碩士論文。

第九章

文化權利的公民實踐－
以臺南市公園路 321 巷日式宿舍群的
保存與發展為例

－連子儀－

遺產保存的治理轉向

　　文化權的範疇與內涵廣博，本書第二章已有廣泛且豐富的討論，無論是 L. V. Prott 歸納國際法對文化權利的規範，或是聯合國教科文組織（United Nation Educational Scientific and Cultural Organization, UNESCO）所列舉的文化權利範疇，可以看出包括教育，文化的表達、發展和認同，遺產接近、研究，參與文化生活與文化政策的權利，都含括於文化權利之中。然而，文化權利並非獨立的存在，而與政治、經濟、社會等力量相互拉扯，更需要爭取與奮鬥，統合於「城市權」中，以帶出城市生活的革新（詳見本書第三章對城市權的討論）。

　　第七章的作者張依文以淡水為個案，提到了在文化治理的理論脈絡中，文化權利的主張包含了公民參與治理的權利，並記錄了做為文化治理中的能動者，公民對自身文化權利的覺醒與實踐，在阻擋不當開發及爭取地方文化遺產保存上，所發揮的影響力。同樣是城市居民對於自身文化權利由下而上的參與及捍衛，本章則以文化遺產保存的單一個案－臺南市公園路 321 巷日式宿舍群的保存與發展為例，從遺產保存的治理轉向，政治與經濟力量的滲透和影響，個案的介紹，市民接近、參與文化遺產保存的權利至結論對文初提問的回應，透過作者於 2011 年參與至今的觀察，爬梳知識分子、文化公民在參與過程中所遇到的瓶頸、提問與反省，以及遺產的保存與經營，如何邁向城市文化永續發展的方案與建議。

文化遺產以具體的物和空間，見證了過去發生之事的確實，其保存、研究，跨越了時空，聯結了過去與現在，是為社會集體記憶的儲藏所。各類型的博物館中，又以現址型的博物館，[1] 遺產與文物就地保存的歷史、記憶脈絡最為完整。

321 巷日式宿舍區，是臺南早期西畫教育奠基與推廣之地，座落於 27 號的郭柏川紀念館，即是早期西畫教育推手郭柏川的故居及其授畫的所在，深具在地歷史價值。名人紀念館，尤其是現址型的故居，透過建物、文物的保存，具體保留了人們在歷史發展過程中的實踐軌跡，及文化、文明發展的記憶。一個人若因意外造成記憶的斷裂，便難以奠基於對自身過去的累積和認識，面對未來做出行動和抉擇，集體的記憶對應城市發展亦如是。因此，遺產的保存，與每位公民關係相聯，公民對其保存與經營方式，亦應有參與的義務與決策的權力。公民參與文化事務，也是時代與環境影響下的趨勢。在全球經濟環境不景氣及資源有限的影響下，因應環境而做有效變革，各國政府為維持行政效能，紛以行政革新來應對財政緊縮的挑戰，新公共管理的模式應運而生，「公民參與」的途徑亦成為公部門有效整合資源，維持公共服務品質的方式之一。臺灣則於 1996 年啟動行政革新，而有「建立小而能、精銳型的政府」的概念提出（黃大洲 2001）。今日政府不再萬能，且越來越仰賴民間參與，以分擔公部門龐大的公務負擔，公私部門在公共事務參與上，界線日趨模糊。從越來越多古

1　Kenneth Hudson 將「現址博物館」（site museum）分為四類，包括生態的（ecologial）、民族學的（ethnographical）、歷史的（historical）和考古的（archaeological）。其中生態的現址博物館指的是：「幾個未受到人為改變其週遭環境的博物館。」如加州優詩美地國家公園博物館（Museum of Yosemite National Park, Calif）；民族學的，其歸類則是由於「博物館的所在地仍然或曾經可以說明一個社區的生活居民與習俗」；歷史的則為「博物館的所在地是過去有一個社區曾發生過重大的歷史事件，對這個社區有很大的影響」，例如：戰爭、堡壘、公共建築或偉人住宅；考古的，「博物館就限制在發掘工作現址成立的。」（Kenneth Hudson 2003: 169-170）他並指出，現址博物館擁有的生命與本質是其他類型博物館不能取代的，建築物等具體空間中曾經發生過的事件，是其吸引力的要件。

蹟保存公、私協力與公民參與的發展模式，可以發現公部門對民間資源越趨仰賴，公共事務也從過去由上而下的政治權力落實，逐漸被一種分權、多元參與的「治理」模式所取代。

此外，臺灣公民社會的發展亦日漸成熟。自 1960 年代中，由美國在聯合國專家協助下將「社區發展」概念引入臺灣後，1994 年行政院文化建設委員會正式提出「社區總體營造政策」（以下簡稱「社造政策」）後，帶動了各地社區營造運動蓬勃發展，社區大學亦於各地紛紛設立，知識解放與公民意識的提升，使得公民參與的社會氛圍逐漸成熟。在此趨勢發展下，公民對自身文化參與的權利亦日漸覺醒。本文中，做為公民文化權利實踐案例的臺南市公園路 321 巷日本宿舍區（「原老松町日軍步兵第二聯隊官舍」），為臺南市內保存最完整的日治時期建築群，此區於 2002 年列定為臺南市市訂古蹟後，曾多次面臨解編、拆毀不等的保存危機，能夠留存至今，在地非營利機構（包括基金會、文史團體與社區大學）及公民的守護行動是為關鍵。

2012 年 10 月宿舍群點交國防部後，臺南市文化局隨後於 11 月規劃推出「321 巷藝術進駐計畫」與國防部取得共識，在此區的未來規畫尚在研究之際，以兩年為期遴選出七組團隊進駐，各類藝文活動的舉辦，使得此區成為市民休閒和文化參與的新據點。2013 年年底，公部門在此主辦了環境藝術設置的活動，而有多件裝置藝術進駐此區，環境氛圍的改變，使得關心此區的地方團體、知識分子與文化公民，對其未來發展是否會流於商業化、觀光化、去文化化而感到憂心。透過大型公共藝術美化街區或是社區，在臺南成功造就海安路和土溝社區等失去活力的社區，成為新興景點，並帶來商業和觀光發展的契機。然而，本身歷史文化與自然環境條件優厚的宿舍群，其遺產的保存及未來發展，類似成功模式的複製是否會導致過於同質化，而抹滅了其原有的文化脈絡和記憶？這樣的發展能否符應公民期待、社區的支持，以及在地永續發展的經營？公部門在決策過程中是否善盡了溝通與資源整合者的角色，並兼顧了關注此區的地方團體、

公民等利害關係人文化參與的權利？有沒有兼顧文化、經濟、社會與在地發展，更具知識性、永續性的發展模式？是本文試圖整理與釐清的部分。

遺產保存的文化、政治與經濟角力

文化遺產的保存並不是一個獨立的問題，而與政治、經濟和社會脫離不了關係。近年國立博物館設置的減緩，地方中小型及區域性，以閒置空間或古蹟轉化為博物館的空間日漸興起。一方面是因為新博物館學及後現代等思潮下，權力去中心化的轉變，使得地方歷史、多元文化的展現，及博物館與社會環境的鏈結日益受到重視；另一方面則與政府不再如過往般擁有支持文化機構的充裕資本，轉而鼓勵縣市、鄉鎮及社區等地方與民間籌設博物館，並越來越重視博物館發展的經濟面向有關。

地方性博物館，1970 年代左右在世界各地已逐漸興盛，臺灣則在 1990 年代後興起（Stam 1993；Vergo 1989；許美雲 2001；羅欣怡 2010）。隨著社會變遷，博物館身為一個文化機構，不僅被期望在經濟面向上有所表現，也經常做為複雜的都市再發展策略之一（黃智彥 2008）。誠如本書第二章作者劉俊裕提出的，商業市場與政治力量對常民生活的強大影響力，且資本主義的擴張，已滲透到日常生活的細節裡。321 巷今日的發展樣貌，文化與城市遺產和記憶的保存，所面臨的挑戰亦脫離不了政治、經濟的影響，市場考量與消費文化的滲透。以下試圖從遺產保存在當代所面臨的文化、政治、經濟角力，以及各國城市行銷在創意上的競逐，對遺產保存可能產生的破壞進行整理。反觀在此脈絡影響下，321 巷當前發展，娛樂化、休閒化，城市記憶與文化面臨邊緣化的保存危機。

隨著生產力不斷提高，城市開始從過去的工業中心、生產中心，逐漸轉變為文化中心和消費中心。許多社會學家皆認為，消費社會始於二次世界大戰後（彼得·柯睿耿 2010）。法國社會學家布希亞（Jean Baudrillard）則認為後現代社會就是消費社會，他從符號學角度所提出的「符號」消費

理論，奠定了後消費文化相關研究的理論基礎（季松、段進 2012）。張婉真曾寫道：「從符號學的角度，消費係以物的象徵與符號性為媒介的傳播行為。『象徵』的交換，即『關係』的消費，才是消費的本質，越來越多的商品透過符號、象徵與經驗出現於市場，消費文化的邏輯似乎正朝向去物質化而演進，觀光業、休閒娛樂乃至於博物館事業也使成為消費文化下的一環。」（張婉真 2009：8）Campell 則比較了傳統與晚近的享樂主義後指出，傳統的享樂主義，一般而言其特徵在於尋找特定行為，例如吃、喝、性有關的快樂；但是晚近的享樂主義，則可以在任何或所有經驗中尋找愉悅的面向。從尋求感官的愉悅，轉向獲得情緒的愉悅，並有能力從不同的象徵中選取喜歡的意義，現在享樂追尋者，可以在所有事物中找到愉悅，消費品的世界，於是成為今日的享樂樂園（Peter Corrigan 2010）。

消費者透過消費尋求體驗，體現於空間的消費上，城市中許多具有文化歷史的空間、建築因此獲得保留，並進一步發展成結合文化、消費的休閒娛樂空間，配合地方節慶活動的舉辦，用以發展都市旅遊。城市文化建設和文化產業的發展，亦是一些城市和國家的發展策略，例如歐洲興起的文化規劃（cultural planning）。各國政府亦日益注重城市特色和形象的建立和宣傳，在全球化的進程中，發掘並保存在地文化特色與傳統，用以轉化提升城市在旅遊市場上的能見度與競爭力（季松、段進 2012）。這樣的趨勢，亦可以從 2004 年聯合國教科文組織（UNESCO）成立創意城市網絡，提升各會員城市於全球的能見度，並做為平台，讓各城市可以就各自進行經驗的分享和交流窺見一斑。[2]

城市與文化的消費化，另一股推動的力量則和全球經濟不景氣有關，由於各國財政緊縮，文化預算降低，政府願意或是能夠投注到非營利之公共事業的資源越來越少，使得博物館、古蹟、學校等非營利空間的經營，

2　UNESCO, Creative Cities Network 網站之介紹。引自 http://www.unesco.org/new/en/culture/themes/creativity/creative-cities-network/why-join-the-network/（查詢日期：2014 年 4 月 15 日）

亦面臨了市場的淘汰機制與威脅,並必須花更多的心力在資源的開拓與社
會互動上,開闢消費性的空間,吸引參觀者拜訪並消費,從而維繫自身的
生存與發展。無論觀光、休閒或是購物,消費活動逐漸「侵入」到包括博
物館在內的各種非消費型的文化空間之中,並使其成為一種去差異化的產
業(季松、段進 2012;Urry 1996)。於是,諸如迪士尼化、百貨公司化,
或是膚淺化的批評聲浪亦隨之而起。

　　不可否認的,隨著城市功能轉變,消費對於城市就業、維持公、私立
機構生存,以及文化資產保護,引導地方建設、發展都市旅遊,在地經濟
及城市競爭力提升等各方面的推動作用,已成為各國城市發展策略所不
容忽視的環節。各城市透過消費空間、節慶場所及文化設施的規劃與建
設,產生各式的休閒娛樂空間,並日益注重城市符號和象徵意義的生產、
包裝、宣傳和銷售,使得城市本身越來越像可供消費的商品(季松、段
進 2012)。刺激消費與觀光的奇觀生產,以及各類以文化為名的創新與設
計,亦成為城市包裝的一種手段。

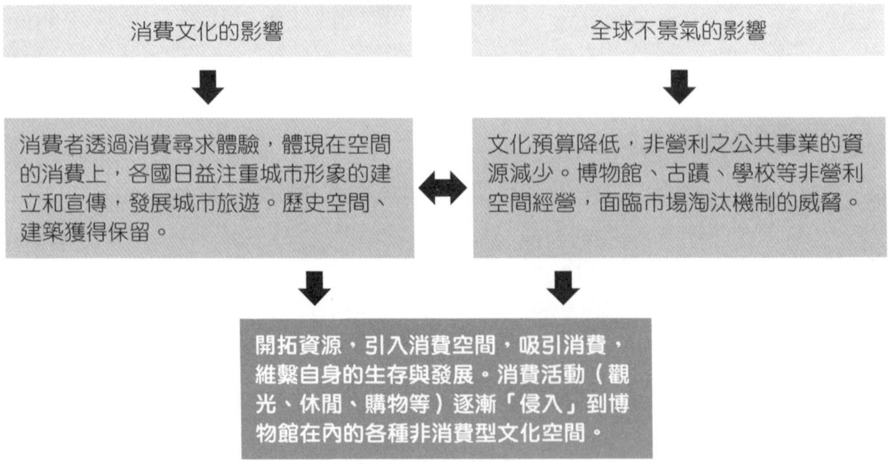

消費文化的影響	全球不景氣的影響
⬇	⬇
消費者透過消費尋求體驗,體現在空間的消費上,各國日益注重城市形象的建立和宣傳,發展城市旅遊。歷史空間、建築獲得保留。	文化預算降低,非營利之公共事業的資源減少。博物館、古蹟、學校等非營利空間經營,面臨市場淘汰機制的威脅。
⬇	⬇

開拓資源,引入消費空間,吸引消費,
維繫自身的生存與發展。消費活動(觀
光、休閒、購物等)逐漸「侵入」到博
物館在內的各種非消費型文化空間。

圖 9-1:資產保存於當代面臨的發展困境

　　奇觀的生產，以臺南為例，海安路藝術造街便是知名的例子。海安路是臺灣藝術造街的首例，其機緣在於 1993 年臺南市海安路「道路拓寬和地下街工程」的失敗，導致地層下陷、工程延宕、街景破敗，造成地方空間沉寂如死城，並失去生機與活力。2004 年在與當時的都市發展局局長取得共識後，時任臺南 21 世紀都市發展協會執行長的杜昭賢與召集人林朝成提出「臺南市海安路示範點美化造街補助」，帶領一群藝術家，進入破敗的公共空間創作，以新類型公共藝術，將殘破的空間進行整理與美化，塑造街道特色、美化街區環境（吳瑪悧編 2007；林朝成 2005），成功帶動人潮回流，並吸引茶坊與燒烤店等外來店家進駐，鄰近的神農街亦出現了新興藝文空間，以及文史、文創團體的進駐。

　　鮮明的公共藝術，加上不時舉辦的藝文與節慶活動和消費空間進駐海安路，帶動了此區的觀光潛力，吸引許多遊客與年輕人造訪、拍照、消費。雖然期間一度因工程問題，造成散落在街區的藝術作品無人照顧、更新而老舊破敗。然而，隨著地下停車場工程於 2012 年完工，開始出現新的藝術作品，亦有作品隨著建築拆遷而消失。2014 年海安路整體景觀再造正式啟動，市府都發局提出「海安春藝」計畫（陳惠珍 2014），臺南大學接受委託，在中正路口設計的大型裝置藝術「厚禮」謝籃，用以象徵臺南人非常熱情且「厚禮數」，作品以鍍鋅鋼板拼砌，結合蝙蝠、鹿、鶴等代表福、祿、壽的吉祥圖案，組合成節慶、祈福、拜神的視覺意象（黃文博 2014）。海安路持續進駐的大型公共藝術，成功妝點、美化了城市中的街景。藝術活化地方的模式，在臺南亦被運用在土溝農村、水交社眷村、永康新村、鯤喜灣等社區，乃至 2013 年底進駐 321 巷日式宿舍群的大型裝置藝術。以藝術美化地方的奇觀創造，短期間確實可以帶來話題與觀眾。然而，長期來看，過多類似模式的複製，卻很有可能導致社區原有特色遭到覆蓋，在發展上過於同質化，而失去獨特性與競爭優勢。

　　大衛‧哈維便曾就此提出警示，認為許多令特定城市成為具吸引力之文化與消費中心的創新和投資設計，其成功經常是短暫的，其他地方很快

就會仿效，出現類似或其他創新，使其競爭優勢瞬逝而變得無足輕重。在競爭的強制法則下，地方為了生存，只能冀求在競逐中保持領先，結果便是以都市為基礎的文化、政治、生產和消費創新，成為一場刺激但經常是破壞性的大漩渦（David Harvey 2010）。觀光、節慶、奇觀的生產與消費，被標誌成為拯救都市經濟的良方，然而它們經常具有高度的投機性，這些投資或許能替都市問題提供快速但暫時性的解決之道，但失敗案例也不少。在臺灣亦可以發現大型藝術節慶活動、設施榮景不再，導致地方政府負債的案例，例如 1996 年開辦並在國際間享有高度評價的宜蘭國際童玩節，便曾自初期的千萬盈餘到後來嚴重虧損，以致於 2007 年停辦（凌美雪 2008；楊宜敏 2010），更別提許多被譏為蚊子館的地方文化設施。

市定古蹟 321 巷日式宿舍，本身就是歷史的發生地，體現了地方的共同記憶，是早期藝文人士聚集，以及臺南西畫教育推動的根據地。余秋雨先生曾說道：「直接現場也就是一個明確無誤的空間方位，只有這個空間方位才能提供一系列充滿活氣的綜合信息，來確證或否認各種事實發生的可能性、合理性以及運行軌跡，很難被局外的捕風捉影所替代。」（王惠君 2003）王惠君亦曾指出，歷史發生地的留存，能傳達超越文字的信息，這也是古蹟保存的重要意義。然而，過多以消費、觀光為導向的人為環境改造和妝點，地方氛圍的改變，很有可能造成聯繫過去與現在的古蹟聚落空間，通往過往的記憶之路，因而斷裂和受到破壞。

長期關懷 321 巷發展，並致力於推動臺南老屋新力的前財團法人古都保存再生文教基金會（簡稱「古都文教基金會」）執行長張玉璜便提醒：「有歷史、有文化、有好的空間是 321 巷日式宿舍群的優勢，另外就是老屋新力運動催化下，老房子的價值開始被理解，雖然這樣的理解尚未到位，老屋也有被亂改，而不盡理想的案例。321 巷宿舍群的優勢和機會，事實上是綁在一起的，如果沒有辦法理解它的優勢，要談它的機會，就讓這個事情有了偏差，它的優勢一定會和它未來的路連結的啊。所以，公共投資，要謹慎一點，不是有藝術就是好的。我一直想要強調，和老屋新力一樣，那是屬於市民的公共空間，不是屬於觀光客的空間，一直想的都是

圖 9-2：土溝社區以馬賽克拼貼，供農民農
　　　　忙間可以坐下休息的「十分鐘陶淵
　　　　明」。(連子儀攝)

圖 9-3：2014 年進駐海安路的裝置藝術作品
　　　　「厚禮」。(連子儀攝)

圖 9-4：水交社眷村（警察新村）舊宿舍牆
　　　　面上的馬賽克拼貼。(連子儀攝)

圖 9-5：復興老兵文化園區，社區住宅牆面
　　　　上的彩繪。(連子儀攝)

觀光客，反而會把這些珍貴的東西，變得庸俗化。」[3] 2014 年年底，321 巷
藝術聚落為期兩年的藝術進駐即到期，此區未來發展也許需要思考的是，
在地古蹟的保存，是為了迎合觀光客的需求，短期的商業效益？還是奠
基於在地記憶、歷史，及社區與市民對於文化生活的想像，結合非營利機
構、公民團體，從更細緻的文化面向、生活風格營造出發，發展出永續的
城市環境與在地體驗。

3　連子儀記錄。2013 年 12 月 16 日。訪談古都基金會執行長張玉璜。於古都保存再生文教金
　　會 2 樓。

321 巷藝術聚落與郭柏川紀念館

　　臺南市公園路 321 巷藝術聚落（「原老松町日軍步兵第二聯隊官舍」），是臺南市內保存最完整的日治時期建築群，鄰近火車站的良好地段，潛值難以計量。其座落所在，自清代以來，即為府城重要的軍事中心，清代設置總鎮署及左營。日本統治臺灣時期，在此區設置山砲兵部隊與工兵營，為臺灣第一個現代化的兵工廠。1920 年代開始建造營區官舍，原來共有二十餘棟官舍，為步兵第二聯隊軍眷居所。光復後由國軍接收，部分轉為高級軍官的宿舍和眷村，另約一半借予國立成功大學（前身臺灣省立工學院），供教授家庭住宿用。國民政府來臺，仍將此地規劃做為軍事用地，直到軍方所屬的兵工配件工廠，在 1992 年北遷至南投集集為止。原廠區已拆除成為空置的停車場（張幸真、連子儀 2012）。

　　除了軍官與眷屬外，本區曾住過三位大學校長（羅雲平、夏漢民、翁政義），多位知名的學者與藝文人士，國際知名導演李安也曾住過 321 巷 1 號，可惜該棟建築也已拆除。目前區內最有名的一棟建築，就是 27 號的臺灣前輩藝術家郭柏川故居，也是藝術家生前最後二十多年落腳和生活的所在。郭柏川，1901 年出生於臺南市打棕街（今海安路一帶），為臺南早期西畫教育發展的重要推手，其故居亦為當時臺南地區藝術家習畫聚會的場所及根據地，深具歷史價值。1934 年畢業於東京美術學校西畫科，郭柏川由日本轉往大陸發展，前後受聘於國立北平師範大學、國立北平藝專與京華藝術學校任教，在北平一共停留了十二年。以「宣紙」做為創作材料融合中西藝術風格，彩繪的油畫作品，是其樹立自我繪畫風格的特色。1949 年他偕妻與子，在臺灣光復後，重回故鄉臺南，於 1950 年 9 月受聘為臺南省立工學院建築工程系的專任教授（今成大建築系），並推動成立「臺南美術研究會」，積極推展在地藝術教育與藝文活動，並多次向當時兩位市長建言於臺南設置首座美術館（李欽賢 1997；黃才郎 1993）。當時他所分配到的宿舍就是今日的郭柏川紀念館，畫家直到 1972 年退休

皆居住於此，留下多幅以臺南公園、運河、府城街景、赤崁樓、孔子廟為題材的作品。初搬入此區時，郭夫人朱婉華曾就當時對此居所的印象寫道：「宿舍院落頗大，花樹扶疏、池水粼粼、游魚喋喁，榕蔭庇屋，滿地綠苔。幾株不知名的野花自石隙中鑽出，笑靨迎人，馨香沁鼻。樹叢中也不時有白頭翁和小黃鶯、麻雀、野鴿上下飛翔和鳴叫，丰姿翩翩、歌聲宛轉。尤其那顆婆娑起舞的椰子樹像一把傘似的張在後院，每年不但可以飽飲它的漿露，並且還帶給我們一筆小財富，環境憂靜無囂，誠屬居家勝地。」（朱婉華 1980：99）

目前，故居空間保存概況良好，畫室亦維持郭柏川生前使用的樣貌，除內部擺設與家具，隨著年代老舊及使用者的不同，汰換而不復見，院內的植栽與以往不盡相同外，宿舍幽靜且花木扶疏的宜人環境並無太大的改變。在地方非營利機構與文史團體的努力下，321 巷日式宿舍群於民國 91 年 8 月 26 日臺南市文化局召開古蹟指定審查會議，列為臺南市市訂古蹟後，保存與維繫的議題一直備受關注，但由於土地產權問題複雜，並且尚有多戶住戶居住此區，所以遲遲未見對於此區的明確規劃。古都文教基金會曾於 2003 年由臺南市政府文化局委託調查、研究並出版的《臺南市公園路 321 巷日本宿舍區，歷史建築調查測繪與再利用規劃》報告書中指出：「『原老松町日軍步兵第二聯隊官舍』位處臺南市中心區，交通便利可及性高，區內生態人文資源十分豐富，近鄰臺南公園，產權也全屬於官方，故具有相當高的公共利用價值。」（張玉璜 2003：5-2）

報告書中，詳細考察了此區的建築、環境、產權、土地使用狀況、再利用機能評估、空間使用規劃建議等，並指出可將區內最有名的郭柏川故居規劃為「郭柏川紀念館」，以其為推動起點，妥善利用深具文化魅力的空間建築資源，逐步擴展古蹟保存的成效，及藝文、文化活動的活絡（張玉璜主持 2003）。雖然已列為市定古蹟，此區仍一度面臨解編並拆毀的危機，2007 年因臺南市登革熱疫情不斷蔓延，病例數最高又最嚴重的就屬宿舍群座落的北區，且附近也傳出病例的緣故，市府為整理環境拆除老屋

的行動因而擴及此區，機具開入宿舍區，正準備進行拆除工程之際，才發現宿舍群具有市定古蹟的身分，於是將案子呈報市務會議，當時的市府與國防部傾向保留郭柏川故居，將其他八棟予以解編，並著手進行解編事宜（洪瑞琴 2007；楊淑芬 2007b）。此事件引起民間團體反彈，曾著力於調查整理 321 巷的古都基金會，以及多位文史人士，對於因疫情大舉拆毀市內老房子、古蹟，深感不平，不願意城市的文化資產與記憶被輕率抹去。為守護此區，進而以古都文教基金會為首，串連社區大學、文資協會、五柳枝文化生活協會、綠色團體等遞交陳情書，並發起民間力量共同協助清理宿舍區環境。幸而，最後於在地社群的努力下，321 巷日式宿舍建築群得以全數保留下來（楊淑芬 2007a、2007b、2007c）。

　　2011 年（民國 100 年）此區產權問題尚未釐清之際，郭柏川愛女郭為美回到臺南，出資整修位於 321 巷 27 號的郭柏川故居後，對外開放參觀，逐漸吸引藝文人士與團體，包括那個劇團、城市故事人等在此處聚集，並舉辦多樣性的藝文活動，如郭為美老師的畫展，那個劇團結合故居場域，以郭夫人朱婉華為主角，透過表演者演繹畫家的愛情、婚姻與故居生活點滴的《畫外》，以及多場音樂會等，使得此區的知名度開始提升，民眾逐漸湧入親近藝文活動，享受日式宿舍區樂活氛圍。公部門繼而積極介入此區土地產權的協調，並於 2012 年 10 月由國防部點交後，移交市府管理。守護文化資產並不是一件浪漫的事，此區位於市中心，交通便利的地段，深具開發潛質，且區內資源豐富，宿舍區點交、住戶搬離前夕，便有住戶反應，開始有人進入此區與他們商購區內樹木，擔心一旦遷出，於點交市府期間的空窗期，多年情感所繫的家園，區內珍貴老樹、環境和建築，會遭到任意破壞。這樣的憂心並非空穴來風，前例便有臺南市南區水交社眷村，在產權歸屬於軍方的情況下，由文化局規劃為文化園區後，便閒置至今，由於缺乏管理維護，使得該區從林木扶疏轉為荒涼，並發生宿舍老宅的檜木板、門窗被偷、老樹被挖走等憾事（洪瑞琴 2012）。鑒於處境類似的案例遭到破壞，及遲遲未見具體規畫的荒廢和擱置，關注 321 巷

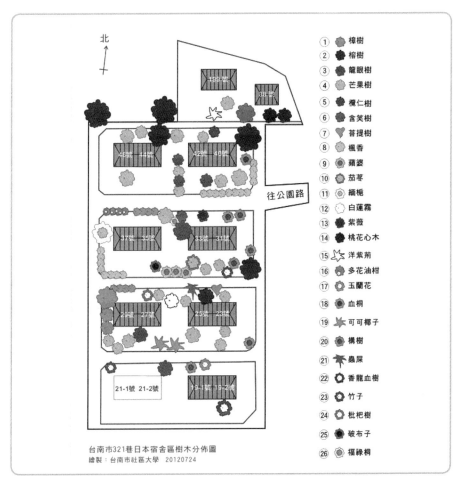

圖 9-6：臺南社區大學「老樹之旅」班老師及志工亦利用假日走訪 321 巷，認識、記錄 321
　　　巷的植物及樹木，並由志工整理繪製此區的樹木分佈圖。

宿舍區未來發展的文化人士和在地團體、居民，對於此區發展不禁憂心忡
忡，亦不敢鬆懈。

　　點交前夕，民間發起了一系列的守護行動，在地藝文團體那個劇團與
城市故事人號召民眾至 321 巷「輪班散步」守護此區不至於在住戶日漸遷
出，人煙漸稀時期，遭有心人士趁機進入此區破壞環境外，臺南社區大學

「旅行寫生」班師生則利用暑假期間，每週六早上至 321 巷寫生，用畫筆記錄這裡的美好；「老樹之旅」班的老師及志工亦著手認識、記錄 321 巷的植物及樹木，並整理繪製了一份此區的樹木分佈圖，希望市府能現地保留這些樹木，將資訊分享給市民。期待透過大家實際常來此地走動，並且管區警察可以加強巡邏，避免、嚇阻人為的破壞，來妥善保存美麗的日式宿舍群（晁瑞光 2012）。在藝文團體、非營利機構及在地知識分子、民眾持續參與及媒體報導、關注和守護下，2012 年 10 月點交國防部後，此區旋即轉在與國防部取得共識後由市府代管，對外封閉並由保全無縫介入 24 小時巡守。那個劇團則協調於宿舍區封閉期間，在郭柏川故居以戲劇演譯以畫家父女情感為主題的《私信》，持續帶領民眾親近、關心此區，認識在地藝術家的故事。透過公、私部門的合作，那個劇團和城市故事人亦於期間安排志工，義務排班，協助紀念館日常環境維護和照顧，讓其內花草、水池與魚，不至於因無人照顧而荒涼、受損，得以完好度過點交到後續規劃間的空窗期。

　　文化局隨後於 11 月規劃推出「321 巷藝術進駐計畫」，並遴選出七組團隊進駐，兩年為期，進駐巷內的七棟日式宿舍，包括公園路 321 巷 38 號「蔚龍藝術有限公司」（文創、策展）、29 號「林玉婷與林岱璇」（個人藝術創作者）、27 號（即郭柏川故居）「那個劇團」（表演藝術）、37 號

圖 9-7：城市故事人於每月第四個週日，為民眾免費導覽 321 巷。（連子儀攝）

圖 9-8：郭為美老師於故居教授繪畫。（連子儀攝）

「臺南風景好」（攝影策展）、35 號「影響 ‧ 新劇場」（表演藝術）、33 號「聚作聯合工作室」（設計），及公園北路 199 號「臺南人劇團」（表演藝術），在未來區域整體規劃尚在研究之際，免費提供做為藝術家們創作與生活的場域，並協助維護管理古蹟。隨著藝術團體進駐 321 巷，臺南人劇團、那個劇團、影響 ‧ 新劇場，三個表演性質的藝術團體，不時有各式演出，或是針對兒童的戲劇表演；郭為美老師每週二於郭柏川紀念館，帶領對藝術有興趣的民眾創作、習畫；協同管理紀念館，善於述說城市故事的「城市故事人」每月的第四個週日，定時免費導覽 321 巷，為民眾解說此地的故事和歷史；「聚作」則不時舉辦各式藝文展覽，或手作課程，舊物的草地拍賣等；林玉婷與林岱璇則細膩的將於此區生活所觀察到的生活細節，轉化為創作元素，以作品具體呈現；「臺南風景好」亦不時有各式主題的展覽；「蔚龍藝術有限公司」則善於策展，並有文創商品的展示。此區亦成為臺南市民休閒娛樂、親近藝文的新興據點。

　　規劃研究期間，此區主要做為藝術家創作、生活的場域，而不是主題式的文化園區，保留了寧靜的生活氛圍。市民拜訪此區，參觀藝術家工作室時，因而能夠更自由的與場域進行對話。到訪此區的民眾選擇與場域互動的方式各不相同，或是安坐宿舍內的一角，靜靜懷念過往的生活方式；或追念故人、結伴出遊、取景拍照。進駐郭柏川紀念館的那個劇團，團長楊美英便說道：「其實這個地方今天的存在，就是公民行使文化權利一個很好的證明。現在的 321 巷也相當具有讓參觀民眾自行與環境對話的空間，而不是像很多的文化園區，主導性太強，區內各種視覺的軟體、硬體，都是要觀者去 follow 主題的規劃，那個既有的空間已經塞滿了。」[4]

　　多數進駐團體並沒有固定開放時間，造訪此區的部分民眾難免失望。文化局於是在 2013 年年底，規劃了「321 巷藝術聚落環境藝術設置展」，邀請進駐的藝術團隊、台南應用科技大學美術系的黃美惠與韓國普普藝術

4　連子儀記錄。2013 年 11 月 25 日。訪談那個劇團團長楊美英。於郭柏川故居。

圖 9-9：韓國知名藝術家崔正化向民眾募集 日常生活用品，打造如花綻放的 「cleaning flower」。（連子儀攝）

圖 9-10：藝術家崔正化以鮮綠色塑膠藍製 成的大型裝置藝術「森」。 （連子儀攝）

家崔正化，以藝術妝點此區，而有多件裝置藝術進駐，以及小規模的空間改造。宿舍區原有的景觀和氛圍逐漸改變，使得長期關心此區的知識分子、公民與團體不免擔心此區未來的發展，是否會因為著眼於觀光客與觀光發展的需求，使得宿舍區原本具有的生態環境、建築和歷史記憶遭到破壞或忽略，而在經營上流於娛樂化，進而喪失原本的特色與優勢。

回歸市民參與為主體的文化權利實踐

從 2011 年至今，論者參與 321 巷聚落保存至今的記錄與整理，可以發現，321 巷日式宿舍區及郭柏川紀念館的保存，其力量來自於在地社區、社群和民眾，包括在地知識分子、文史人士，臺南市社區大學及其師生和學員、古都文教基金會、文資協會、五柳枝文化生活協會、綠色團體、那個劇團、城市故事人等。公民對於自身文化參與權與文化遺產接近權的守護，有著良好基礎，並符合了王壽來所指出，讓文化資產守護成為可能的動力其要件包括在地知識分子的參與、多元的守護行動，以及社區營造的有力基礎，並指出唯有根基於族群或社區自發性的認同，才有守護的動機的成功條件（顏新珠、何貞青等 2009）。

公民意識的建立，與社區營造的發展及在地文化資產的保護運動息息相關。在許多國家，社區參與世界遺產保護已經成為遺產保護的重要途徑（施國隆 2012）。臺灣 1960 年代中期，美國在聯合國專家協助下，將「社區發展」的概念引入臺灣後（曾旭正 2007），1965 年頒佈《民生主義現階段社會政策》，直到 1994 年由行政院文化建設委員會提出「社造政策」以來，社造政策已成為臺灣文化政策重要的一環。然而，不同於歐美與日本的社造運動起源於在地的自覺，一開始就是由下而上的啟動，臺灣的社區營造運動，則是由官方開始著手推動，由上而下的黨國政策落實，逐漸發展成以居民自覺、自發為基礎的社區營造運動。居民參與自身社區環境改善，臺南土溝社區、嘉義新港、北投乃至於原鄉部落，已有許多持續多年，且成果顯著的社造案例。

如今，政府不再如過往般擁有充分的資源，做為文化機構和資產保存運作長期且單一供應者，需要尋找更靈活、有效的解決方案，來代替過往由上而下的服務模式。觀光雖然可以帶來即刻的商機與效益，然而，若只建立在與在地社區生活、文化脫節的奇觀與商品消費上，終將面臨永續發展的挑戰。觀光，並不見得要以犧牲在地居民對於美好生活的想像，以媚眾的、奇觀生產的方式來發展。從在地文化傳承、歷史、建築與生活出發，透過居民的共識，以更友善環境，更細膩的經營方式，依然可以達到觀光發展的效益，且魅力持久不減。日本古川町，便是一個值得借鏡的案例，1960 年當地居民為整治社區家用廢水溝「瀨戶川」，多年來在居民的共識與努力下，塑造了社區營造的典範，不僅維護了在地自然環境，傳統祭儀、產業、工藝等，亦獲得年輕人傳承保存。雖然他們也思考了在地觀光發展對地方的經濟效益，但其所發展的觀光，是以居民生活為主體的，一種在地體驗，而非迎合遊客而改變古川。當地的社造推手村坂有造，提出了「感考」兩個字，意思就感覺、查考，自己去發掘地區的美，而不是為觀光而觀光，才是觀光有意義的地方。[5]

5　南部開講－在地旅行－探訪古川町的里山精神。參閱公共電視官網。引自 http://ptssouth. blogspot.tw/2014/06/1030530.html（查詢日期：2014 年 6 月 29 日）

　　無論如何，古蹟保存與永續經營，民間的參與、認同，是能否永續經營的成敗關鍵。張玉璜分享過往參與古蹟指定與保存的實務經驗時談到：「許陽明擔任臺南副市長時，我們與他合作指定了許多的古蹟。但指定古蹟後，閒置了一段時間，因為雖然指定了許多古蹟，但當時臺南卻難以照顧這麼多古蹟。所以，當權力是由上而下，而不是由下而上的時候，古蹟指定了還是只能放著。從一個行動的 NGO 的角度來看，我覺得公民的參與和文化的權利這個東西，其實要連結到公民社會的落實，如果只是成就了某種政策，那還是不足的，所以同樣是世界遺產，可以經營得很庸俗，也可以經營成大家都誇獎，並引以為豪的文化城市。」6 未來，公部門如何建立一個好的機制和環境，將文化參與的權利，交由公民決定，不只著眼於觀光效益，而能思考在地社區與公民的需要，讓宿舍區結合社區的力量，朝向根植在地、永續發展的方向發展有待持續觀察。

結論：根植在地特色的社區永續發展

　　古蹟保存，未來地方發展與城市競逐，應從短期獲利的競爭，轉換為永續經營的競爭，才能帶動地方朝向良性發展。所追求的不應只是短期的經濟效益，更應鼓勵永續性的投資，避免投機性投資帶來破壞，跳脫盲目的創意競逐，能有足夠的耐心，根植在地特色與社區永續發展，深入思考、發展在地魅力與特質。公部門亦應跳脫發展主導的角色，成為傾聽、溝通、協調者，以及資源的整合者，透過政策支持，創造一個良好的環境，讓公民與地方團體，更多利害關係人參與、守護社區，整合在地歷史、生態資源，改善社區生活，達到永續、正向的發展目標。

　　第一期的藝術聚落進駐結束後，321 巷日本宿舍區陸續整理出的空間，將開放給更多藝術團體進駐。巷內的 23 號則為公共空間，開放藝術

6　同註 2（連子儀 2014）。

家短期進駐、舉辦展覽外，文化局亦會派員進駐。臺南市文化局局長葉澤山表示，此區移交市府管理後，將搭配古蹟修復的時程，對此區發展進行通盤的考量，也不排斥以都市計畫的方式整建（晴花 2014）。無論如何，宿舍區做為具有在地歷史價值與地方博物館特質的古蹟群，其未來發展是否能以踏實的腳步，不求即刻效益，亦不複製拷貝，建立無可取代的特色與魅力，成為城市發展的生力軍，需要規畫單位能夠更具有永續發展宏觀的意識。論者認為，地方博物館及資產經營須納入永續發展的概念，透過社區自發性的學習、守護、監督形成良性互動，使資產的保存，可以透過更整全的計畫加以落實，而不至於因為追求經濟價值，使得其本身或所在社區的環境、生態遭到破壞，並發展出對城市友善的循環機制。

　　永續發展，於在地經營和在資產守護上，所考量的並非單一的經濟價值或是文化價值，而是更整全的發展。澳洲昆士蘭大學教授 Galla 所提出的，文化工作與永續發展其他二十四個面向的關聯性或可做為參考：(1) 社區認同及參與（community awareness and participation）、(2) 文化傳達與多元性（cultural expression and diversity）、(3) 社區安全（community safety）、(4) 經濟活動（economic activity）、(5) 經濟資源的分配（distribution of economic resources）、(6) 物品的消費（consumption of goods）、(7) 投資（investment）、(8) 人類健康（human health）、(9) 交通（transport）、(10) 休閒（leisure）、(11) 觀光（tourism）、(12) 能源利用（energy use）、(13) 水源利用（water use）、(14) 土地利用（land use）、(15) 森林資源利用（use of forest resources）、(16) 化石燃料利用（use of fossil fuel）、(17) 空氣品質目標（air quality objective）、(18) 水質（water quality）、(19) 土壤品質與穩定性（soil quality and stability）、(20) 生物多樣性之保護（protection of biodiversity）、(21) 承載能力（carrying capavity）、(22) 廢棄物降低（waste reduction）、(23) 廢棄物回收（waste recycling）、(24) 管理系統（management systems）（羅欣怡 2010）。

　　上述內容所列要項中，社區的認同與參與，廣納更多地方團體、公民等利害關係人參與文化資產的守護，是當代遺產保存的成功要件。此外，Galla 所列的二十四點中，如遺產的經營包含社區文化活動的舉辦，營造安全包容，促進公民文化的參與和表達的環境；經濟面向上，在關照社區經濟發展外，亦應將經濟資源妥善分配，使遺產保存不僅只有文化人士、中產階級在文化參與上受益，而能兼顧社會各階層福利與需要；鼓勵永續而非投機性的投資模式，提供對人類健康有益並兼顧休閒與永續觀光的環境，建立汙染與能源耗損最低的便利交通系統，減少包括各類能源、石化燃料和水源的浪費及空氣、水質的汙染；確保土地友善利用、土壤的肥沃與穩定、環境的乘載能力、區內生物多樣性與生態的保護，以及廢棄物的減少和回收再利用、環境品質的監測與管理等，都是 321 巷日式宿舍群未來管理與保存，在永續發展上可以參考與實踐的項目。

　　最後，回應文初的提問，可以知道城市發展與遺產保存應以「文化」為基礎，尋求發展的永續，而「文化永續」應建立在全方位關照社區需要上，兼顧環境、社會與經濟的永續，彼此間並不相衝突（羅欣怡 2010），亦不會因文化發展而犧牲環境和生態（過去填土式的文資保存整建模式，確實常造成環境、生態的破壞）。當然，也不會鼓勵破壞歷史記憶，抹滅地方文化脈絡的投機性投資，並確保公民與地方團體等利害關係人文化參與的權利，由公部門以政策支持，營造一個民間參與、協力保存遺產的良好環境，從城市記憶、歷史紋理與在地特色出發，達到文化與地方發展的永續經營，是未來可以參考的實踐方向。在此前提下，古都基金會於 2003年針對此區進行的歷史建築調查測繪與再利用規劃報告書中，針對再利用定位與方向的建議，包括先引入非營利機構在規劃階段協助進駐維護環境，階段性導入不同的功能，將區內多棟宿舍單獨或成群規劃出不同的用途，從社區原有的遺產、建築與環境優勢出發，推廣都市生態教育，舉辦藝文活動和建築空間的研習，整合社區周邊文化資源和公園綠地，促進市區生活品質改善等的建議，至今來看依然具有參考價值。（張玉璜 2003）

參 ・ 考 ・ 書 ・ 目

Harvey, David. 1989. From managerialism to entrepreneurialism: the transformatiom in urban governance in late capitalism. *Space of capital: toward a critical geography*. NewYork: Routledge.

Stam, D. C. 1993. The informed muse: The implications of 'the new museology' for museum practice. *Museum management and curatorship*, 12(3): 267-283.

Vergo, Peter. 1989. Introduction. *The New Museology* (pp. 1-5). London: Reaktion.

Urry, John. 2002. *The tourist gaze*. London: Thousand Oaks.

Urry, John. 1996. How Societies Remember the Past. In Fyfe, G. & Macdonald, S. (ed.), *Theorizing Museums,* pp.45-65. London: Blackwell Publishers.

UNESCO, Creative Cities Network, http://www.unesco.org/new/en/culture/themes/creativity/creative-cities-network/why-on-the-network/ (accessed October 4, 2014)

Peter Corrigan。王宏仁譯。2010。《消費社會學》。臺北：群學。

Kenneth Hudson。徐純譯。2003。《有影響力的博物館》。屏東：國立海洋生物博物館。

季松、段進。2012。《空間的消費：消費文化視野下城市發展新圖景》。南京：東南大學出版社。

顏新珠、何貞青等。2009。《文資特攻隊：15 個文化資產守護行動案例》。臺中市：文建會文化資產總管理處籌備處。

張玉璜主持。2003。《臺南市公園路 321 巷日本宿舍區（原老松町日軍步兵第二聯隊官舍）歷史建築調查策會與再利用規劃報告書》。臺南：財團法人古都保存再生文教基金會。

吳瑪悧編。2007。《藝術與公共領域：藝術進入社區》。臺北：遠流。

李欽賢。1997。《氣質・獨造・郭柏川》。臺北：雄獅。

黃才郎。1993。〈精練而美麗的情感－論郭柏川的生平與繪畫藝術〉。《臺灣美術全集 10》。頁 17-37。臺北：藝術家出版社。

朱婉華。1980。《我與郭柏川》。藝術家家屬自行出版。

許美雲。2001。《名人紀念館營運管理之研究－以「林語堂先生紀念館」為例》。嘉義：南華大學美學與藝術管理研究所碩士論文。

羅欣怡。2010。《博物館與文化政策－探討臺灣1990年代以降博物館之相關政策與發展》。臺北市：國立臺灣師範大學社會教育學系博士論文。

張婉真。2009。〈消費文化、博物館與社會大眾〉。《博物館學季刊》，23(2): 5-19。

王惠君。2003。〈文化場景在巷中－古蹟保存的另一種意義〉。《建築師》，頁65。

施國隆。2012。〈從世界遺產看臺灣文化資產永續發展的經驗與因應策略〉。《文化資產保存學刊》，21: 5-22。

黃智彥。2008。〈博物館推展文化觀光可行性之研究〉。《運動事業管理學術研討會論文集》。臺中：逢甲大學。頁95-111。

張幸真、連子儀。2012。〈公園路321巷，再見！〉。《國立成功大學校刊》，239: 28-34。

晴花。2014。〈藝術永續的321巷〉。《新活水》，53: 104-105。

黃大洲。2001。〈行政革新：政府必須痛定思痛急起直追〉。《國家政策論壇》，1(2): 71-73。

楊淑芬。2007a。〈不滿古蹟解編　地方搶救321巷〉。《中國時報》。11月19日。

楊淑芬。2007b。〈防疫拆古蹟　文史界譁然〉。《中國時報》。11月17日。

楊淑芬。2007c。〈啟聰列古蹟　公園路321巷不解編〉。《中國時報。12月14日。

洪瑞琴。2007。〈321宿舍群擬解編古蹟　拆2戶〉。《自由時報》。11月17日。

洪瑞琴。2012。〈公園路321巷古蹟　10月起市府代管〉。《自由時報》。10月30日。

陳惠珍。2014。〈臺南海安春藝　景觀再造啟動〉。《中國時報》。1月17日。

黃文博。2014。〈南大厚禮謝籃　海安路新亮點〉。《中國時報》。3月7日。

楊宜敏。2010。〈睽違2年　宜蘭童玩節回來了〉。《自由時報》。7月4日。

凌美雪。2008。〈聯合國認證的童玩節　宜蘭縣府自墮棄守〉，《自由時報》。3月31日。

林朝成。2005。〈海安路藝術造街－談公民美學與公民行動〉。《2005 公民行動研討會論文集》。引自 http://163.26.52.242/~nature/modules/tad_book3/page.php?tbdsn=105（查詢日期：2014 年 4 月 15 日）

晁瑞光。2012。發現臺南珍寶：321 巷日式宿舍群。臺南社區大學。引自 http://tncomu.tw/modules/tadnews/index.php?nsn=2013（查詢日期：2014 年 3 月 17 日）

連子儀記錄。2013 年 11 月 25 日。訪談那個劇團團長楊美英。於郭柏川故居。

連子儀記錄。2013 年 12 月 16 日。訪談古都基金會執行長張玉璜。於古都保存再生文教金會 2 樓。

第四篇

 結論
臺灣文化權利理論與實踐的再省思

第十章　文化權利的在地實踐－臺灣的文化多樣性與融攝性
－張宇欣、劉俊裕－

文化權利的在地實踐－臺灣的文化多樣性與融攝性

－張宇欣、劉俊裕－

權利的主體移轉與跨域融攝

　　權利的主體為何？權利從何而來？權利的來源究竟是自然賦權，還是來自於爭取與鬥爭？本書第三章王志弘指出「權利並非天生既予，而是爭取來的。權利是鬥爭的成果，也是奮鬥的理想和憑藉。權利也非恆久不變，而是隨歷史更迭。」的確，在權利的發展進程中，權利主體的移轉與權利內涵的跨域融攝，會隨著時空背景而更迭，而藉由抵抗鬥爭獲取或「復歸」權利更是邁入國家治理階段的如實寫照。

　　然而，綜觀整個權利概念漫長的發展歷程，從西方中古時期以信仰合理化權利來源的「君權神授」說，歷經因抵抗「君權神授」而萌生的「天賦人權」[1] 主張後，權利概念的轉向則直指權利的主體應是人民，而非國家政體或君王。進一步闡釋，人類發展在跨越初民時期後，基於提升眾人幸福、解決眾人之事，人民交出本身部分的「自然權利」而組成政府，以

1　17 世紀英國著名自由主義思想家洛克（John Locke）開啟天賦人權學說之端，主張人是一種理性的動物，所以人類在自然狀態中，便存在所謂「自然法」，與每個人都具有的「自然權利」（natural right），非他人所能加以侵犯和剝奪的，此為近代歐美民主主義的理論基礎，而他也更進一步提到：因要保障此自然權利，於是國家和政府便應運而產生，明確指出國家與人民之間權利的從屬與相對關係。然而，真正把天賦人權說發揮極致的則是 18 世紀的法國民主主義大思想家盧梭（J. J. Rousseau），其 1762 年的《民約論》（Contract Social）提出「人是生而自由的（Man is Born Free）」，此觀念影響了近代世界各國的民主革命，例如美國《獨立宣言》和法國《人權宣言》都曾引用這句話。

換取法律保障之下的新權利,讓政府能夠執行「公共意志」。故國家的存在是基於「公共契約」,國家治理的合法基礎來自於人民以契約精神所賦予,以保障人民的天賦人權,若國家或政府違反了「公共意志」,而人民則有權推翻(盧梭 1762)。而後藉由「天賦人權」說所開展的民主思潮,則可被視作權利主體回歸初始的象徵:權利主體應復歸至進入國家體制前所存在的應然狀態,而權利內涵則是每一個人均擁有凌駕於國家治理之上、普遍且原生具有的自然權利(表 10-1),且此權利不可轉讓、不需經法律授予,具有普遍固有、不可剝奪的特性。

表 10-1　權利主體的移轉與權利來源

時期	民初時期	國家體制時期		【天賦人權】民主國家
		【君權神授】君主立憲	共產國家	
權利主體與移轉過程	人民 →	國家	國家 →	人民
權利來源與移轉過程	人民	人民自然權利 ↓透過公共契約 國家	國家以專制力量取得人民自然權利	人民自然權利 ↓透過公共契約 國家 ↓透過人民抗爭 復歸人民自然權利 實際狀況:權利在人民與國家體制之間擺盪

　　然而,雖然權利應是天生既予,主體亦是人民自身,但現實情況則是在進入國家體制、人民交出部分「自然權利」後,權利便至此失落。加上權利移轉過程中,權利主體的錯置與權利來源的模糊,以致今日國家與人民之間產生諸多與權利相關的衝突,如本書第四章提及的美麗灣案與卡地

布遷葬案、第九章臺南市公園路 321 巷的文化資產保存與賦權一例，人民與政府間的權利拉鋸和抗爭之路也自此展開。因此，現今社會人民以抗爭形式取得權利的激烈模式，並非是進一步訴求「應然權利之外」的各項權利。事實上，劇烈抵制與抗爭的表象背後，其真實意涵只是訴求復歸其原初擁有的自然權利罷了。

英國馬歇爾（Thomas Humphrey Marshall 1950）在國家體制下梳理人民權利的內涵，指出英國近代史上歷經三個世紀、發展速度亦不相同的三種權利：18 世紀公民權（civil rights）、19 世紀政治權與 20 世紀社會權，而晚近更為複雜曲折之文化權利的倡議，則與現今特定的權利思潮和時空脈絡有關（詳見本書第二、三、四章）。20 世紀 60 年代起，在權利概念逐漸復歸為人民所有之趨勢下，流轉於國家與人民間、曖昧空間中的權利主體開始向人民端靠攏，而其內涵亦與國家、公民、社會等向度結合，跨域融攝了政治、經濟、社會、族群、語言、居住與文化等領域，漸趨跳脫由上而下、國家治理式地「權利給予」，取而代之的則是以人民為主體、以人民權利需求為起點，由下而上地回應政府作為與張顯權利訴求的諸多實踐。再者，權利主體的翻轉和權利概念的跨域融攝，除了凸顯人民是諸多權利訴求的能動者外，近年在特定權利思潮和時空脈絡下產生且漸受重視的「文化權利」主張，更是萌發於權利主體、貼近人民自身，並與日常生活緊密相關的基本權利訴求。就如權利概念本身揉雜融攝的特性，在現今整個社會有機體當中，文化與文化權利的概念、現實和實作，以及與其他權利之間，同樣存在著不可分割的融攝與關聯性，以致必須將文化置於其他領域的相互關係與互動脈絡中來探究。而不論文化被視作是系統的次領域、還是源自於馬克思主義的上層結構，或是瀰漫各處等（見本書第三章），多重權利間的接軌、衝突或相互補述，都是相異權利之間架接、協商與轉化的有機運作方式，而互動結果則會因權利實踐的時空背景而相異。不變的，則是文化權利依舊無法置身於政治、經濟與社會權利之外。

文化權利，是一個動詞：殊異與普同的交錯光譜

由於文化的多元性意涵以及與其他領域間所存在的不可分割性，加上文化權利亦與其他多重權利產生架接與轉化的繁複關係，因此文化權利是一種不斷流動移轉與交錯融攝的動態過程。換言之，文化權利不是靜態的存在，其作為與主張是其主體－人民，一個實踐日常生活的「多義動詞」。而究竟文化權利的行使是以何種樣貌實踐於日常生活當中？

本書第二章劉俊裕根據「四個日常生活文化向度，以及國際法與國際組織對於文化權利範疇的解釋」，歸納出「圖 2-2：文化向度與文化權利的分析架構」，除了說明文化做為日常生活實踐與文化權利論述之間的連結關係（劉俊裕 2014），並揭示了文化本體之內在本質、外在表徵與文化權利概念間「生生不息的動態循環」。本文據此更進一步融合了第三章王志弘針對文化權利概念的哲學性探討，以及文化權利與其他多重權利的互動脈絡關係，整理出「表 10-2　文化權利普同性與殊異性相互參照之比較」與「表 10-3　文化本體內外 vs. 文化權利普同殊異論之對照」，並以本書所關注的臺灣文化權利個案為例，做為對照與分析的範例。

在本書所關注的臺灣文化權利個案中，以第七章為例，張依文描繪淡水鎮鎮民與文史團體如何透過文化會議凝聚民間共識，由下而上、復歸權利於人民，形塑出「滾動式」的公民審議民主以及「滾動式」的文化權利實踐。在淡水地區豐富的文化底蘊下，展現了有別於國家政策由上而下的一言堂運作機制，取而代之的，是融合與匯聚眾人之議，孕生出的在地文化權利覺醒。當然民間的文化權利聲音不會是一致的，在地民間團體在淡水這個空間中各自有著不同的意見，在淡水文化權利實踐過程中，由於國家與人民間、人民與人民間存在多向力量之拉鋸，文化權利主體因多方力量之消長而造成主客換置的流動與變異。雖然文化權利主體的流動使權利實踐過程倍加艱辛，但在多方力量相互激盪與挪用的模糊空間中，卻也滋養且形塑了「滾動式」的公民審議機制。張依文在淡水的個案中明確

指出，在地文化權利的實踐仍需要法理的支持和制度性的保障，但為了避免文化的二度綏靖，公民的文化權利的伸張必須不斷地翻轉，才不致輕易被收編到主流的文化治理體制之中。此外，根據本書第三章王志弘針對文化權利概念的哲學性探討，淡水文化權利之實踐是屬於淡水鎮鎮民這個特殊群體中，有別於其他群體「文化認同與歸屬」的特殊權利，然而淡水鎮鎮民所展現的「參與文化政策的權利」卻也同時屬於普羅大眾的普同權利（表 10-2）。換言之，淡水文化權利之覺醒象徵了「文化認同與歸屬權利」的實踐，亦體現了「文化是認同與生存意義」以及「文化是獨特的生活方

表 10-2　文化權利普同性與殊異性相互參照之比較

文化權利概念	哲學基礎	特殊群體／少數群體	普同群體／普羅大眾
特殊論	多元文化／社群主義／差異政治	文化是認同與生存意義／文化是獨特生活方式	
		● 語言權利：詔安客語傳承 ● 文化認同與歸屬的權利：詔安客語傳承、淡水文化權利覺醒、美麗灣案、卡地布遷葬	● 保護資產與研究的權利：臺南市公園路 321 巷文資保存 ● 創意活動與教育訓練權 ● 文化自主與藝文參與權：春天藝術節、臺北電影節、臺南市公園路 321 巷文資保存 ● 文化藝術自由表達權利：春天藝術節、臺北電影節 ● 接近文化遺產的權利：臺南市公園路 321 巷文資保存
普同論	自由／公民共和／同一性	文化是資源與機會／文化是素養與能力／文化是資產與生意	
		● 文化創作權利：春天藝術節、臺北電影節 ● 文化發展權利：臺南市公園路 321 巷文資保存 ● 文化再現權利：春天藝術節、臺北電影節、臺南市公園路 321 巷文資保存	● 參與文化政策的權利：淡水文化權利覺醒 ● 保護藝術文學與科學權：詔安客語復振 ● 智慧財產權利 ● 文化生產流通與消費權：春天藝術節、臺北電影節

式」，因此文化在此實踐的過程中與其他領域的關係是位於上層結構（表
10-3），是每一個群體獨有的、認同與歸屬的意識形態，但達到「文化認
同與歸屬」的途徑－「參與文化政策」，卻是每一個人民應無差別擁有的
權利。

本書第八章由詔安客家子弟廖凰玎，以發人省思的內在對話和獨特的
在地主體觀點，生動且深刻的描繪一個語言系統在臺灣土地上的起落興
衰。就如她所言，語言是族群文化與文化權利實踐的介面，「詔安客語的
名」即代表了詔安客家族群文化身分的表徵與認同，語言一旦流失，文化
終將失去載體而無法傳承。語言在文化傳承、文化認同與歸屬的精神層
面，具有超然的上層結構意義（表 10-3），然而在日常生活領域中，語言
的使用則一如空氣、水和陽光般無所不在。對詔安客家這個獨特的群體而
言，使用自己的語言、表達自己的文化認同與文化邏輯，是他們異於其他
群體在「語言」與「文化認同與歸屬」面向的特殊權利，然而關於瀕危語
言的保存與復振，卻因對應了「保護藝術文學」的普世價值，而屬於普羅
大眾所擁有的普同權利。

因此事實上，文化權利概念的特殊與普同，其邊界是流動的，就如同
交錯的光譜，遊走於政治哲學「普同論」與「特殊論」兩端點之間，文化
權利主體與實踐模式的動態特質因而更加顯而易見。再者，在普同與殊異
的光譜之間更加耐人尋味的，則是文化權利「同中容異、異中求同」的揉
雜與融攝，因而產生跨越與融合兩者的新樣貌：特殊群體中的特殊權利、
特殊群體中的普同權利、普同群體中的特殊權利，以及普同群體中的普同
權利（表 10-2），而位於不同「象限」中的這四種權利區分的必要，則是
為了讓所有的群體都能平等的享有特殊和普同的權利。

表 10-3　文化本體內外 vs. 文化權利普同殊異論之對照

文化權利概念	哲學基礎	文化本體之內在本質	文化本體之外在表徵
特殊論：特殊的生活方式	多元文化／社群主義／差異政治	**意義與實踐互為主體：被認可為一個社群的權利**	
		● 接近文化遺產的權利：臺南市公園路 321 巷文資保存 ● 語言權利：詔安客語傳承 ● 文化藝術自由表達權利：春天藝術節、臺北電影節 ● 文化認同與歸屬的權利：淡水文化權利覺醒、美麗灣案、卡地布遷葬	● 保護資產與研究的權利：臺南市公園路 321 巷文資保存 ● 創意活動與教育訓練權 ● 文化自主與藝文參與權：春天藝術節、臺北電影節、臺南市公園路 321 巷文資保存
	文化與其他領域之關係	意識形態 政治、法律、宗教 經濟基礎 B. 文化是上層結構	經濟　政治 社會　文化 A. 文化是系統的次領域
普同論：整體的生活方式	自由／公民共和／同一性	**文化與政治經濟的繁複連結：參與文化生活的權利**	
		● 文化創作權利：春天藝術節、臺北電影節 ● 文化發展權利：臺南市公園路 321 巷文資保存 ● 文化再現權利：春天藝術節、臺北電影節、臺南市公園路 321 巷文資保存	● 參與文化政策的權利：淡水文化權利覺醒 ● 保護藝術文學與科學權：詔安客語復振 ● 智慧財產權利 ● 文化生產流通與消費權：春天藝術節、臺北電影節
	文化與其他領域之關係	經濟　政治 社會　文化 A. 文化是系統的次領域	經濟 政治　社會 C. 文化瀰漫各處

臺灣文化權利的底蘊與萌生

　　本書《臺灣文化權利地圖》以臺灣部分縣市的個案為藍本，述說著一個個萌生於土地、生根於臺灣，有關於文化權利動人的故事。在權利實踐的過程中，不論文化權利主體如何移轉融攝、不論文化權利概念的殊異與普同如何交錯揉雜，身為文化權利能動者的每一個人民，透過每一寸滴滴點點的耕耘足跡所積累而成的文化權利底蘊，是在紛擾煙塵落定後，任何一個旅人在臺灣文化地圖中無法不看見的風景。

　　臺東的反美麗灣與反卡地布遷葬，抗爭是激烈的、衝突是一觸即發的，但我們卻在阿美族人與卑南族人的身上，寧靜地看見一個個為守護祖靈與傳統領域而戰的堅毅靈魂。族人以生命捍衛自己與祖靈的家園，抗爭行動的訴求表面上是反對非法開發與反對商業觀光，然而事實上，在文化深層底蘊中堅守且捍衛著的，是族人們之所以生存、認同、歸屬與被命名的文化權利－那不可被剝奪、轉讓或取代的固有權利。

　　文化權利的萌生一如淡水的文化權利覺醒。淡水鎮豐富的文化底蘊催生了人民自發性的文化意識，而淡水鎮人民對家園土地認同與歸屬的情感，更造就淡水鎮獨一無二的公民審議式民主。文化權利實踐的能動者源自於人民與地方，由人民到政府、由地方到中央，萌生茁壯、開枝散葉。眾人藉由參與地方文化政策，實踐了自身對土地與認同歸屬的文化權利，並將源源不絕的動能再次回饋給地方，在「滾動式審議民主」外，形成另一種「滾動式」的增能與賦權機制，再次豐厚了文化的深層底蘊。

　　臺南市公園路 321 巷的文化資產保存亦若是。321 巷日式宿舍群與郭柏川紀念館的保存，長期在政府與軍方權責未明、政策反覆的狀態下，荒廢失修許久，自從在地力量的進駐，社區居民、文史社群與在地知識分子的紛紛參與，讓 321 巷日式宿舍群與郭柏川紀念館的資產修護、保存與活化成為可能。由於參與者對社區、土地的自發性的認同，形成投入與支持的動力，將這份歸屬與認同轉化成多元化守護行動、藝術團體進駐、社區營造規劃，重新賦予古蹟群嶄新的生命力。

　　是故，臺灣文化權利的底蘊、臺灣文化權利的美好風景究竟從何而來？在臺灣現況中，即便文化權利的主體會因不同時空脈絡而不斷更迭移轉，或間歇性捲入社會、經濟與政治等不確定的因素當中，然而人民身為行使與實踐權利最大能動者的事實，依舊不可被忽視。因人民對土地的情感、因人民對群體與文化的歸屬認同；也因為由下而上、根基於人民，主動自發性的投入深耕，致使文化本體之內在本質到外在表徵，文化的意義與文化權利的實踐互為主體，而「被認可為一個社群的權利」和「參與文化生活的權利」（表 10-3），在相互激盪滋養的過程中，終漸形成臺灣文化權利的深厚底蘊。

文化權利藍圖－政策作為的開展與困境

　　如同本書第一章提出臺灣文化權利不同能動者間互動的可能取徑所析論，臺灣的國家、都市與地方政府層級（上層）；文化第三部門、藝文團體、文史團體、少數民族和文化公共輿論（中層）；以及人民、藝術文化工作者的日常文化生活（底層）等能動者，彼此之間對於文化權利確實存在不同的理解、想像與內涵界定，在實踐上也的確出現了各種不同的互動模式和取徑。在個案研究中，我們觀察到上層的能動者透過文化政策法規嘗試的積極文化賦權與消極不賦權；也看見中層文化團體的轉譯、詮釋力量，專業的文化輿論監督，以及文化代言和彼此爭議的角色；當然也呈現了底層的人民、藝術家、文化工作者的文化參與、承繼公民的文化權利，他們對文化權利的各自挪用、漠視、反動、抗爭，並且（透過中層代言）提出文化訴求爭取文化權利的體制化等。

　　在臺灣，即便一路走來踽踽而行，但源自於地方、文化權利實踐的成果已逐一綻放。然而回頭檢視，在臺灣所謂的國家治理下，相關於文化權利實踐、由上而下的完整政策藍圖是否存在？本書第二章論及我國文化法規的母法－《文化基本法》和臺灣人民參與文化生活的權利，劉俊裕以此

角度切入、檢視《文化基本法》內容，顯見作者在「視《文化基本法》可貼近人民日常生活為應然」的前提下，對《文化基本法》如何實踐人民基本文化權利有所期待。然而從《文化基本法》草案中發現，臺灣文化部門並未釐清國際間已被充分討論過的文化權利概念，也未積極以人民日常生活和文化權利實踐為主體，更遑論會將人民參與文化生活的權利視為主要的課題。再者，在文化的內在本質上，這部《文化基本法》缺乏臺灣核心文化價值的論述，例如文化認同、歸屬、表達等文化權利；而在外在表徵上，也無論及如何實踐人民文化權利的具體思考與作為；加上立法諮詢過程中民意基礎的薄弱、缺乏實質的「文化整體影響評估」與「定期監督審查機制」等，因此對社會大眾與文化人士而言，它是一部與人民無關、讓人民無感的文化母法，反而更接近是國家文化部門功能導向的《文化行政基本法》。

　　然而，若空有法規卻不依法作為，或是那與無法又有何不同？以美麗灣與卡地布遷葬案為例，《原基法》長久以來的「無法化」，使原住民族文化權利在遭遇社會、經濟與政治等強勢壓力時，便無法主張其文化權利主體性。因此，立法與執法同等重要。唯有由上而下、有力的政策與法制作為，方能保障文化權利實踐與救濟文化權利侵害。

　　而在法制的立法與執法之外，政策作為能否以人民為權利主體、關注人民文化權利實踐，更是人民用以檢視國家政策的試紙。本書中「春天藝術節」與「臺北電影節」，即是中央與地方協力實踐文化權利的案例。根據郭玟岑的觀察，縱使春天藝術節於舉辦過程中，中央與地方間存在競合關係、未來亦須擬定兼顧不同特質、區域的市民文化參與政策，以顧及表演藝術之外的公民團體。但由高雄市文化局主辦、以普及市民文化參與為目標的春天藝術節，策展規劃即聚焦於地方文化展演，並兼顧地方文化生活習性，因此與常民的日常生活接軌，提供人民參與文化活動的平台。而舉辦以來即伴隨著爭議、隨後轉變為公部門主辦的臺北電影節，雖然公部門政策與作為或許強化了文化公民權落實的可能，但整個藝文節慶的規

劃，仍存在著市民文化參與受限於電影節特定的文化消費形式與高文化資本的條件，而忽略了實踐「文化平權」的可能。其次，節慶策劃欠缺更完善的市民參與決策機制，並存在著節慶與在地城市脫節難以尋求臺北城市主體性的定位等困境，致使電影節未能激發臺北市市民的公民意識成為有思考力和判斷力的行動者。因此，在臺北電影節尚未真正符合人民文化權利訴求的現況下，政府的文化賦權、民眾的文化參與，以及文化認同型塑等方面，未來仍需持續深化，方能促進文化參與以及落實公民賦權。

此外，本文由雲林縣詔安客語復振運動，亦看見政府政策作為介入語言復振工程時，所遭遇的困境與兩難。目前政府透過學術研究、語言典藏、影像錄製，試圖對瀕危的詔安客語留下更多的紀錄，不可諱言這是必要的。然而若語言的復振僅止於此、僅止於「博物館裡的詔安客語」，脫離了土地、文化與生活，這個語言也等於被宣判死亡。**除此之外，政府還能做什麼？** 政府不貼近人民真實需要的「雲端化」思維，導致語言政策與作為未能與在地需求結合，因此立意再好、做了再多，依舊未能真正解決語言瀕臨消失的困境。廖凰玎研究指出，固然政府透過學術研究與館舍的建置，但語言傳承所產生的知識若無法與社會實踐連結、轉化蓄積成為詔安客家在地的能量，則文化意義生產、詔安客家環境重建、身分認同與知識生產等四者間相互建構的模式，便無法形成詔安客語復振的動態支持系統（廖凰玎 2014）。因此，解鈴仍須繫鈴人。除了官方語言政策（包含推廣與復振）須符合人民需求與社會實踐，「詔安客語」族群自我認同與歸屬的凝聚亦是關鍵。「詔安客語」即便在政府政策協力復振下，也需「詔安客語」族群以語言做為介面，連接起消逝已久的族群歷史與文化脈絡，一同重建族群文化的內外部認同。

相較於《臺灣文化權利地圖》的一個個故事、一片片風景，我們的政府在文化政策作為上，給了人民怎麼樣的一幅「臺灣文化權利藍圖」？以人民為主體的立法精神（《文化基本法》的立法）、執法時的依法作為（《原住民族基本法》、《文資法》）、制定適切且符合人民需要的政策、法規

之間的架接與相互補述（第四章《兩公約》、《文化基本法》與《原住民族基本法》）…等，都是人民期待政府擘劃的「臺灣文化權利藍圖」。然而，**我們的政府聽見了嗎？**

　　文化權利不是一種奢侈的權利，更不是理想而虛幻的權利。做為 21世紀的現代國家與全球都市，臺灣的國家與都市治理不能只滿足公民的基本人權、政治參與權和經濟發展權，臺灣應該進一步推動並落實人民文化權利的新主張。人民的文化參與（包括文化政策的參與）乃是當代公民社會的基礎，更是下一波世界民主發展的指標，臺灣的政府文化部門應與市民、藝文團體、藝文工作者及第三部門共同協力，發展獨立、自主而有活力的「民間文化公共領域」與專業文化第三部門，逐步落實履踐人民基本的文化人權。

　　當前臺灣在地文化權利的實踐，雖然融攝了許多國外的文化權利學理，官方文化政策措施和法規機制，但文化權利的落實確實仍無法單純依賴政府主動的善意來完成（雖然我們仍不願排除文化官僚體系可能反身自省，積極主動為人民賦權的一絲微弱可能）。理論與個案的分析顯示，臺灣文化部門對於人民文化權利主體意識的相對欠缺，對藝文資源投入的不足、分配的不均與政策部門以立法技術不足為藉口所導致的消極不作為，仍須透過臺灣民間文化輿論、第三部門與藝文界的文化行動抗爭，以及常民自主性參與文化政策的監督為後盾，不斷積極施壓、制衡與爭取。當然，也就是這個文化權利不斷流動移轉與交錯融攝的動態過程，造就了臺灣在地文化權利實踐的多樣性與融攝性，使文化權利的實踐成為一個「多義動詞」。臺灣民間逐步覺醒的文化意識，為了爭取自身文化權利而形成的文化公共輿論和民間文化公共領域，展現出人民、藝文工作者的文化生命力，也造就出臺灣獨特的文化權利的土壤與境遇。

結語：文化權利在臺灣－人民為主體的文化權利實踐

　　本書短短十章，雖然試圖從學理上和在地的實踐上試圖描繪、勾勒臺灣文化權利的落實與發展現況，但從實務個案的選擇與理論的推演，乃至於文化權利內涵和範疇的涵蓋上，仍舊存在諸多的不足與侷限性。許多與臺灣人民文化權利至關重要，但本書卻未能處理的議題，例如：國家文化人權機構（如隸屬於臺灣文化部的人權博物館籌備處）的成立與運作，對臺灣文化治理的轉型正義，以及對於臺灣文化人權未來發展的影響議題；臺灣的為數眾多的藝術文化機構（博物館、美術館等）中，關於藝術文化珍寶與資產的保護、創意發展與研究的權利；臺灣藝術文化工作者的生存權、工作權與職業身分認定，以及各個都市街頭藝人對於藝術與文化自由表達權利與都市文化空間管理的衝突議題；與當代臺灣人民文化生活息息相關的智慧財產權、文化生產、流通與消費權；以及與當代民主社會不可分割的出版自由、多元媒體及獨立的公共文化輿論等資訊權利，都是值得臺灣文化界繼續追尋、探索的文化權利重要課題。

　　而在全球化與西方文化政策論述下，臺灣文化權利的發展個案，除了部分展現出與西方相似的發展模式，亦可看見有別於西方的在地特質。臺灣文化權利的概念接枝於西方，取自基本人權、文化公民權與公民社會等概念的養分，轉化、融攝西方論述而揉雜為臺灣自己的文化脈絡與能量。例如民間結合由上而下的政府政策，進而回饋內蘊形成在地萌發的力量，一如肇始於政策、播種於地方、開花於社區的社區總體營造；或是源自地方力量，進而影響政策作為等模式，一如萌發於地方、播種於社區，最後甚至影響政策制定與政府作為的在地文化守護和參與（臺南市公園路321巷的文化資產保存）。然而臺灣複雜的政治、歷史背景與族群關係，以及迥異於西方的文化議題與困境，使臺灣文化權利存在比其他國家更曲折複雜的實踐可能。例如臺灣多元族群或少數群體各自擁有特殊的文化模式，而每個文化主體在社會大環境下又無法置身於政治、經濟影響之外，以致

少數群體的文化權利必須在更艱困的「夾縫中生存」。而在此多重弱勢的困境中，文化權利的議題更值得臺灣每一個人民，以自身文化為起點，去記錄著、也論述著自身文化權利實踐的樣貌，使言說展現穿透與延伸的能力，復振並持續主張文化權利實踐。

現今，即便文化權利實踐依舊存在著政策規劃未符需要、政府作為未以人民為主體、法制未盡周全與落實、經濟與利益開發蠶食鯨吞的侵略等重重限制，但若能藉由臺灣人民的文化權利覺醒，付諸一波波的文化權利行動，相信積極實踐文化權利的充沛動能，能使文化權利實踐的未來充滿無限的潛力與可能，實現再次翻轉文化權利的實質主體，將權利復歸於民，在諸多方面由下而上的影響、甚至撼動政府政策與作為。

依循著旅人手中那本《臺灣文化權利地圖》按圖索驥的旅程，暫時抵達了終點。臺灣文化的細緻與豐美、多樣與融攝性，一如《臺灣文化權利地圖》一書所希望帶給每一個旅者的，是一個個永遠說不完的故事、一片片看不完的風景。

文化權利在臺灣，是美麗，也是哀愁。因為人民始終都應該是文化權利的主體，但也常常無法是如此。在這段旅程中，謝謝你，一路與我們同行。我們曾經幸運地看見文化權利得以主張與實踐，也曾同仇敵愾、一同參與了文化權利的復權與抗爭，也曾歷經了文化權利主體移轉更迭的拉扯與擺盪，更曾陷入過文化權利殊異與普同光譜之間十里迷霧的困惑中。

走過了之後，我們的記憶裡留下了什麼呢？我想起一張張臺灣人民的臉，我想起一句句臺灣人民說過的話，我懷念起 321 巷裡日式宿舍的淡淡木頭香，我的耳邊也迴盪著參與春天藝術節時，在身邊不絕於耳的朗朗笑聲。

這些記憶的主角，都是臺灣的人民。因此，以人民為主體的文化才是有生命、有溫度的；得以實踐以人民為主體的文化權利，才是全臺灣人民之福。

走過了之後，我們又該如何實踐自身的文化權利？我想，或許我們該買一張車票，再一次「舊地重遊」。